济管理学术新视角丛书

城市群结构功能优化升级研究

——以中原城市群为例

Research on Optimization and Upgrading of Urban Agglomeration Structure and Function

郭荣朝　宋双华／著

河南省高等学校哲学社会科学应用研究重大项目（2016–YYZD–01）、河南省教育厅人文社会科学研究一般项目（2019–ZZJH–303，2019–ZZJH–096）、城乡协调发展河南省协同创新中心研究成果

Research on Optimization and Upgrading of Urban Agglomeration Structure and Function

经济管理出版社
ECONOMY & MANAGEMENT PUBLISHING HOUSE

图书在版编目（CIP）数据

城市群结构功能优化升级研究——以中原城市群为例／郭荣朝，宋双华著. —北京：经济管理出版社，2019. 1
ISBN 978-7-5096-6392-9

Ⅰ. ①城… Ⅱ. ①郭… ②宋… Ⅲ. ①中原—城市群—结构优化—研究
Ⅳ. ①F299. 276. 1

中国版本图书馆 CIP 数据核字（2019）第 028961 号

组稿编辑：杨　雪
责任编辑：杨　雪　李玉坤
责任印制：黄章平
责任校对：王淑卿

出版发行：经济管理出版社
（北京市海淀区北蜂窝 8 号中雅大厦 A 座 11 层　100038）
网　　址：www. E-mp. com. cn
电　　话：（010）51915602
印　　刷：三河市延风印装有限公司
经　　销：新华书店
开　　本：720mm×1000mm/16
印　　张：17. 5
字　　数：241 千字
版　　次：2019 年 5 月第 1 版　　2019 年 5 月第 1 次印刷
书　　号：ISBN 978-7-5096-6392-9
定　　价：59. 00 元

前言

城市群经济社会发展已成为我国乃至世界经济社会发展的重要支撑。我国中长期发展规划明确提出：城市群是今后一定时期内社会经济发展过程中的重要内容。本书以中原城市群为例研究城市群结构功能优化升级，对促进城市群经济社会以及生态环境的健康可持续发展具有重要的理论价值和实践意义。本书首先对城市群结构功能优化升级的国内外相关研究进行述评，在此基础上提出了城市群结构功能优化升级模式、城市群结构功能优化升级动力机制。其次以中原城市群为例进行实证分析，深入分析了中原城市群结构功能的现状格局与优化升级机制，指出中原城市群结构功能优化升级趋势以及应采取的对策建议。

本书主要包括两大部分。第一部分包括第一章、第二章、第三章、第四章，主要论述城市群结构功能优化升级的理论框架；第二部分包括第五章、第六章、第七章、第八章，主要对中原城市群结构功能优化升级进行实证研究。

第一章为引言，主要介绍了城市群结构功能优化升级的研究背景、相关概念界定、研究区域概况，以及研究思路和方法、内容框架和研究意义。

第二章为国内外相关研究述评，有关城市群结构功能研究的国外研究水平要高于国内研究水平，一些城市群空间发展理念主要源于国外，尤其是源于城市化水平较高、城市群发展较为成熟的国家和地区；国内城市群空间结构研究主要侧重于实证研究、物质研究，研究方法主要侧重于定性描述，研究人员主要为地理学者和城市规划学者。从经济、社会以及生态环境等综合视角比较研究城市群结构功能优化升级的相关成果较少。

第三章为城市群结构功能优化升级理论模式，从空间相互作用理论、层域理论、产业集群理论、生态学原理、生态系统有序理论以及可持续发展理论的视角来看，城市群结构功能优化升级是其经济、社会以及生态环境之间互利共生、协同进化的结果。因时空条件差异，不同空间尺度范围内的城市群将形成不同形态的“廊道组团网络化模式”。“廊道组团网络化模式”是最优的城市群空间结构优化组合之一，是城市群功能不断提升的前提与基础。

第四章为城市群结构功能优化升级动力机制，城市群区域结构功能优化升级过程是在多种影响因子共同作用下进行的，不同时空条件下各影响因子作用强度存在较大差异。知识经济时代，自然生态环境、社会历史文化以及新经济因素在城市群结构功能优化升级过程中发挥着主导作用，但它们还是要通过传统的交通道路建设、规划编制及实施、产业集群等动力因素而发生作用。及时整合各种动力因素，才能使城市群结构功能不断优化升级，城市群经济社会环境才能可持续发展，实现“人与自然”和谐相处。

第五章为中原城市群结构功能现状格局，受多种要素影响，中原城市群结构功能的现状格局为：经济产业发展质效以及结构水平较低；城市化水平低，中心城市弱小，城市呈方格网状均衡分布，空间差异明显；生态基质逐步碎化，生态廊道受阻，部分生态斑块消失；经济产业、社会文化以及生态环境之间缺乏有效耦合等。

第六章为中原城市群结构功能优化升级机制，主要分析了中原城市群区域自然生态环境约束机制、高速公路建设引导机制、产业集群推动机制、社会历史文化制约机制以及新经济环境影响机制等，及其对中原城市群结构功能优化升级的影响。

第七章为中原城市群结构功能优化升级趋势与对策，首先分析了中原城市群区域结构功能优化模式以及优化升级演变趋势。其次提出了针对中原城市群区域结构功能优化升级的对策和建议。

第八章为结论与创新点，包括本研究的主要结论、创新点和有待进一步探讨的问题。

目录

第一章　引　言

随着经济全球化以及全球城市化的不断推进，城市群经济社会发展在世界经济社会发展中的地位进一步提升，城市群结构功能优化升级对全球发展的支撑作用越来越重要。

第一节　研究背景

一、城市化进程不断加速

1774 年瓦特发明蒸汽机标志着英国工业革命的开始，世界城市化进程不断加快，尤其是进入 20 世纪 50 年代以后，全球城市化呈现出不可抵挡的迅猛势头：从 1800 年至 1950 年的 150 年间，城市化水平仅提高 26.2 个百分点；1950 年以后世界城市化进程快速推进，从 1950 年至 2003 年的 53 年间，城市化水平就提高了 20 个百分点。根据预测，2020 年世界上将有近 60%的人口居住在城市，城市作为区域政治、经济、文化中心的地位将更加突出。我国也不例外，预计到 2020 年我国的城市化水平将达到 58%左右。人类的社会、经济、文化将越来越多地依赖城市（见表1-1）（毕凌岚，2004）。

表 1-1　世界城市化趋势

序号	年份	城市人口（百万人）	城市化水平（%）
1	1800	—	3.0
2	1850	—	6.4
3	1900	—	13.6
4	1925	—	21.0
5	1950	734	29.2
6	1960	1032	34.2
7	1970	1371	37.1
8	1980	1764	39.6
9	1990	2234	42.6
10	2000	2854	46.6
11	2003	3200	49.2
12	2010	3623	51.8
13	2020	4488	57.4

二、城市群经济社会快速发展

20 世纪 50 年代以来，新经济引起的全球化正在以不可逆转的趋势，推动世界经济、政治和社会发生重大变革，世界发展进入新的格局。在这一背景下，国际形势趋于缓和，国际交往频繁；经济资源在全球范围内优化配置和高效流动；科学技术和文化创新空前活跃，国际共享程度增强；国家发展与竞争向纵深推进，城市地位和作用日益凸显，尤其是世界级的城市群（例如，以纽约为中心的美国东北部城市群，以伦敦、巴黎为中心的西欧城市群，以东京为中心的太平洋沿岸城市群等）的作用更加显著。这些新变化引发了新一轮城市革命的蓬勃兴起，城市发展模式不断创新，城市现代化和国际化步伐加快，城市尤其是城市群在世界进程中扮演的角色越来越重要，并已经成为推动世界发展的巨大力量。

2001 年中国加入 WTO，使中国真正步入全球化发展的轨道。与此同时，中国在经历了以农村为重点的改革发展战略取得阶段性胜利和 20 多年持续、快速发展之后，党的十九大又提出实施“乡村振兴”的伟大战略，以城市为中心的新的改革战略正在进行。一场更大规模、更深刻的变革正在中华大地孕育，并以城市群发展为突破口，引发经济的快速增长和民族进步。这是历史的必然，是不可逆转的潮流。

随着城市化的不断推进，我国的城市群已初步形成，而且在经济社会发展过程中的作用已处于主导地位。截至 2016 年，我国 657 个城市贡献着 70%的国内生产总值和 80%的税收。现已基本形成的城市群主要有长江三角洲城市群、珠江三角洲城市群、京津冀城市群、山东半岛城市群、长株潭城市群、中原城市群、哈大城市群、武汉城市群、成渝城市群、福厦城市群、沈大城市群和关中城市群等。2015 年，京津冀、长江三角洲和珠江三角洲三大城市群，以 5. 2%的国土面积集聚了全国 23. 0%的人口，创造了 39. 4%的国内生产总值，成为带动我国经济快速增长和参与国际经济合作和竞争的主要平台。诺贝尔经济学奖得主斯蒂格利茨 2000 年 7 月在世界银行中国代表处说出惊人论断：中国的城市化与美国的高科技发展将是深刻影响 21 世纪人类发展的两大课题。

三、城市群生态环境不断恶化

与城市迅猛发展相伴而生的是日益严重的全球性生态危机。18 世纪英国工业革命以后，生产力水平急速提高，造成了“人定胜天”的假象。尽管前辈哲人明确指出：“我们不要过分陶醉于我们对自然界的胜利。对于每一次这样的胜利，自然界都报复了我们。”然而，受经济利益驱使的人类早就被膨胀的物欲蒙住了双眼，直到真正的灾难降临。例如，片面提高城市容积率，缩小建筑间距，造成了城市“热岛效应”；城市群区域城市空间密度过大，造成污染叠加；城市用地恶性膨胀，耕地的不合理使用，土地的破坏性开发，使耕地减少，耕层瘠薄，植被遭到破坏，土地沙化日益扩大；“三废”排放总量增加，不仅造成水质破坏、形成酸雨等污染事件，同时，还导致水资源、气候资源、生物资源等再生性资源出现严重危机。世界各国环境污染事件不断，城市可持续发展问题堪忧。

英国是率先发生工业革命的国家，然而1952年12月5~8日，一场灾难降临到英国伦敦。地处泰晤士河河谷地带的伦敦城市上空处于高压中心，一连几日无风，风速表读数为零。烟和湿气积聚在大气层中，致使城市上空连续四五天烟雾弥漫，能见度极低。在这种气候条件下，飞机被迫取消航班，汽车即便在白天也须打开车灯，行人走路都极为困难，只能沿着人行道摸索前行。由于大气中的污染物不断积蓄，不能扩散，许多人都感到呼吸困难，眼睛刺痛，流泪不止。仅仅4天时间，死亡人数就达4000多人。两个月后又有8000多人陆续丧生。这就是骇人听闻的“伦敦烟雾事件”。其中，冬季取暖燃煤和工业排放的烟雾是元凶，逆温层现象是帮凶。

巴西圣保罗以南60千米的库巴唐市，在20世纪80年代以“死亡之谷”闻名于世。其原因在于该市处于山谷中，并发生了污染死亡事件。20世纪60年代该市引进炼油、石化、炼铁等外资企业300多家，人口剧增至15万，成为圣保罗的工业卫星城。企业只顾赚钱，随意排放废水废气，谷地浓烟弥漫、臭水横流，有20%的人得了呼吸道过敏症，使2万多贫民窟居民严重受害。而1984年2月25日的输油管破裂死伤数百人和1985年1月26日化肥厂泄漏氨气事件被合称为库巴唐“死亡谷”事件。

类似事件数不胜数，日本在20世纪五六十年代实施了经济倍增计划，在经济高速增长下，环境污染不断加剧，引发了一系列公害事件，一段时间内被称为“公害列岛”。在美国东北部和加拿大东南部西半球工业最发达的地区也发生了著名的北美死湖事件。1989年11月2日在雅典发生了烟雾污染的“紧急状态事件”等。

世界各国城市群在自发形成过程中的各城市规模与自身空间结构、

城市群产业分工（城市群产业的多样化与专业化）和交通网络建设（城市群内部各城市之间、城市群之间的通道建设）等方面盲目发展，城市群非农区域不断增加、农区等生态功能区面积不断减少碎化、生态功能区质量（容量）不断下降，甚至部分生态功能区的生态功能无法修复，各城市生态环境以及城市群区域生态环境破坏严重，城市群生态环境逐步恶化，生态系统极其脆弱。城市群生态环境承载能力不断降低已经成为制约人类发展和提高人民生活水平的重要障碍。“人类渴望自然，城市呼唤绿色”，深刻揭示了城市群生态环境建设应遵循的基本准则，也充分反映了全球城市化时代人们的普遍愿望。

第二节 相关概念界定

一、城市群结构功能优化升级

城市群结构优化包括城市群经济结构（主要为产业结构）、社会结构、生态环境结构以及其空间响应而形成的空间结构等各方面的结构优化。城市群功能升级是指在现有经济社会环境条件下，依据经济社会发展要求和城市群结构演进规律，调整原有功能中不合理的部分，建立合理的功能体系和高效的运行方式，以取得最佳的经济社会环境效益。城市群结构优化与功能升级是相互依存、相互促进的。

实现城市群结构功能优化升级主要包括三大方面：及时进行城市群产业功能转型升级、合理优化城市群生态环境和有序推进城市群空间结构整合。

1. 城市群产业转型升级

城市群产业转型升级，是指在城市群区域范围内根据比较优势和外部环境条件，对各层次产业进行整理，淘汰落后产业，改造传统产业，转变经济增长方式，积极发展具有比较优势的新兴产业和高新技术产业，重点发展特色产业集群，与全球产业链进行有效对接，及时进行城市群产业转型升级，实现产业结构重构和空间重组，形成城市群区域竞争优势。城市群产业转型升级是以劳动地域分工为基础，以协作联合为主导，包括内部组织性和组织化程度改善，外部协调性和协调化程度提高，尤其是上、下游产业以及旁侧产业的衔接度增强，产业集中度提高，产业结构优化，空间结构合理。最终形成城市群区域比较优势资源（尤其是特色优势资源）得以高效循环利用，“减量化（减少资源利用量及废物排放量，Reduce）、循环化（大力实施物料循环利用系统，Recycle）、资源化（努力回收利用废弃物，Reuse）”充分凸显，低消耗、低排放、高效率特征明显的不同层次的联系紧密的特色产业集群。通过构建不同类型“资源→生产→产品（尤其是个性产品）→消费→废弃物资源化”产业链、产业环的有效链接模式，以尽可能少的资源消耗、尽可能小的环境代价实现最大的经济和社会效益，力求把经济社会活动对自然资源的需求、对生态环境的影响降低到最小程度，最终实现城市群区域经济社会环境的健康可持续发展，使城市群综合竞争能力不断提高，推动城市群结构功能优化升级。

城市群产业转型升级过程中要积极培育特色产业集群。第一，要根据城市群区域比较优势资源（特色资源）培育特色产业集群。要围绕城市群区域的比较优势资源（特色资源）发展壮大相关主导产业，拉长产业链条，围绕特色产业链条使城市群区域各城市之间形成合理分工，形成有相关配套产业支撑的特色产业集群。即城市群区域内各城市就同一产业或相近的几个产业能够分工合作，形成密切的产业联系。第二要改善影响特色产业集群发展的要素条件。城市群区域核心城市与一般城市、城市与乡村之间存在着较大差异，空间集聚能力也存在着较大差异，因此，各城市应从改善要素条件入手，通过市场机制打造城市群区域特色产业集群。第三，要加强城市群区域各城市之间的协作与联动发展。城市群区域各城市政府应对本区域的比较优势资源进行梳理，通过城市群区域各城市之间的规划与协调，实现城市之间的错位发展和互补发展，避免盲目发展与重复投资，并从构建城市群特色产业集群的高度出发，进行有效的资源配置和利用，达到城市群区域产业协调发展、合作发展的共赢目标。

2. 城市群生态环境优化

随着世界城市化水平不断提高，城市群非农区域不断蔓延扩大，农区等生态功能区面积不断缩小，河流等生态廊道遭到极大破坏，严重阻断了土地呼吸、植物生长、水系循环尤其是生态流的交换。从城市群内部来看，要保持或不断提高生态环境舒适程度主要有两个途径：第一，直接提高城市群区域生态功能区质量，扩大生态环境容量。例如，提高城市群区域森林覆盖率等，以提高森林在改善城市小气候、净化大气、保健效应、防治水土流失和改善水文条件等方面的生态服务功能，扩大城市群区域生态环境容量。第二，优化重组城市群生态空间结构，使城市群区域各生态功能区的服务功能产生“1+1>2”的效果。在生态功能区面积、质量不变的情况下，通过城市群区域（包括城市内部）生态廊道、生态基质、生态斑块、生态节点等生态功能区优化重组，使其成为“廊道组团网络化”有机整体，城市群区域生态环境容量将会有一定幅度的提高，生态环境舒适程度将进一步改善。因此，城市群生态环境优化整合就是要充分运用生态学原理及相关学科的知识与方法，从生物的生态学属性、生态功能区的完整性、自然环境特征和经济社会条件出发，通过对现有生态功能区的优化组合或引入新的成分，调整或构建合理的城市群生态空间格局，使城市群区域整体生态功能最优，达到经济社会活动与自然过程的互利共生、协同进化，实现自然保护、生物多样性和生态景观的可持续利用。城市群区域生态廊道、生态基质、生态斑块、生态节点等生态功能区有机耦合而形成的“廊道组团网络化”格局是城市群区域生态空间结构优化组合的重要模式之一。生态廊道网络类似于人体血管，生态基质、生态斑块等类似于人体心、肺等重要器官。城市群区域“廊道组团网络化”生态空间格局与经济社会发展的有机耦合，是城市群区域结构优化与功能升级的基础。城市群的生态环境优化受到各种因素影响制约，主要包括政策体制、规划导向、产业集群、交通道路、社会历史文化、新经济环境、自然生态环境等多个方面。因此，在城市群区域的建设发展过程中，要及时构建政策导向机制、规划导向机制、交通道路建设引导机制、产业集群推动机制、经营管理机制、自然生态环境约束机制，等等。通过各种引导机制作用，使城市群区域的城乡建设符合自然生态环境条件正向演变要求，逐步形成“廊道组团网络化”城市群生态格局，不断提高城市群区域各生态功能区质量，扩大生态环境容量，形成更加适宜人们居住的生态环境友好型地区，人与自然和谐共处。城市群区域生态环境优化过程中必须因地制宜、充分合理地利用区域内的自然山水、河湖平原、居民点、人工建设工程等各类要素。要以大的自然地理单元为基础，构建生态基质；以分布其间的湖泊、城镇等生态环境条件为基础，营造生态斑块；架构城市群区域河流、交通道路、大型工程以及城市内部街道绿化等生态廊道网络，最终使生态基质、生态斑块、生态廊道、生态节点等各类生态功能区有机地衔接在一起，形成物质流、能量流高效流动的“斑块—廊道—基质”生态网络系统，使城市群区域人与自然和谐共处、互利共生。

3. 城市群空间结构整合

城市群空间结构整合过程中必须遵循层域理论、劳动地域分工理论、空间相互作用理论、产业集群理论以及生态学理论等。

层域理论。地理学家和社会学家对地理空间的认识过程为：场所→空间→层域。Howitt（1998）首先认为层域和环境、空间、区位等一样，是地理整体的一个组成部分，同时也是地理整体的一个动力因素，而不单纯是地理关系的产物。其次他强调层域不仅仅是简单的自然分类，认为层域除包括尺度、层次这两个一般意义之外，尤其重要的是关系。正是不同尺度和不同层次的要素相互混合纠葛，才形成了我们的社会生活以及本书所探讨的城市群结构优化与功能升级等问题，即企业、城镇、城市（核心城市）乃至城市群层面的经济社会环境之间的极为复杂的关系协调、合理分工与优化整合。

劳动地域分工理论。主要强调企业和区域间的分工，通过企业专业化生产和区域个性特色培育提高自身竞争优势，并达到整体利益最大化。然而，“分工”与“合作”是相辅相成的，没有合作，分工就无从谈起，合作是分工的最终目的；只有合作，没有分工，个体优势无法发挥，整体利益就不可能达到最大化，分工与合作必须有机地结合在一起。城市群区域要维持正常运转，城市内部、城市之间、城市和区域之间总在不断地进行着人流、物流、能量流、信息流和生态流的交换。其间分工合理、布局有序，城市群空间结构处于优化状态，城市群经济社会环境才能健康协调发展。

空间相互作用理论。城市不是孤立的空间实体，要维持城市正常运转，城市内部、城市与城市、城市和区域之间总在不断地进行着人流、物流、能量流、信息流和生态流的交换。空间相互作用把空间上彼此分离的城市整合为具有一定结构和功能的有机体，并形成空间尺度不一的城市群区域。

产业集群理论。产业集群是指相关产业形成地理上的集中性，包括上下游产业的制造商、互补性产品的制造商、专业化基础设施的供应商，以及相关机构（政府、大学、科研机构、行业协会等）。其中的主导产业，也就是特色产业，与全球产业链进行有效链接，从而对区域乃至世界经济发展产生一定影响。

生态学理论。生态学认为，互利共生是两物种相互有利的共居关系，彼此间有着直接的营养物质的交流，相互依赖，相互依存，双方获利。协同进化是指在物种进化过程中，一个物种的性状作为对另一物种性状的反应而进化，而后一物种性状的本身又作为前一物种性状的反应而进化的现象。城市群区域各城市之间就是一种互利共生、协同进化的关系。城市群空间结构合理有序，有利于不同规模、不同层次城镇与乡村的健康可持续发展，使城市群区域城乡融为一个有机整体，继而促进城市群区域经济社会环境可持续发展，人口容量逐步提高；经济社会可持续发展，有利于城市群区域人尽其才、物尽其用，产业布局科学合理，从而使其空间响应——城市群空间结构更加优化；同时，还可以使“三废”排放减少（或实现零排放）、“三废”处理率提高，污染在源头得以治理，生态环境得到进一步改善。

城市群空间结构优化整合措施主要包括：①成立城市群协调机构。协调机构职责为：互通信息，互相协作；共同进行经济、社会文化、生态环境规划整合；重点发展特色产业集群，促进各城市间合理分工；共同整顿城市群市场，加速城市群区域人口流、物质流、资金流、能量流、信息流和生态流的流动。②实施“联通工程”。具体就是将城市群区域公路、铁路、航空、水运、管道等各种通道有机地连接起来，构成快速畅达的网络通道体系，加快生产要素流动。③构建城市群共赢机制。由于城市群区域资源环境的空间临近性和经济社会发展的互补性，因此应消除各城市之间的“行政区经济”束缚，及时推出城市群区域特色产业集群、特色名优品牌产品等。在联动营销、对外宣传方面，也应形成统一的、特色鲜明的城市群整体形象，通过城市群整体形象打造，为各城市赢得新的发展空间、发展机遇，最终达到资源共享、市场共享、效益共享和品牌共建之目的，以便于促进城市群区域结构优化和功能升级。

从城市群生态系统的形成以及演变过程可以看出，城市群区域生态空间结构（由城市群区域生态基质、生态斑块、生态廊道等匹配组成的生态网络）优化合理，也就说明城市群区域城市之间分工明确、产业集群形成、生产力布局合理、人口数量稳定，城市群生态系统运行平稳，进入成熟状态。

城市群生态空间结构是城市群区域经济社会发展的数量、质量及其空间分布等方面情况的生态空间响应。城市群生态空间结构优化重组是影响城市群区域生态环境承载能力的一个关键因素，是决定城市群能否成为“地球生命系统”调控中心的一个关键环节。城市群生态空间结构优化重组是城市群区域经济社会环境可持续发展的基础。

二、城市群生态系统

从生态系统的分类来看（见表 1-2），城市群生态系统是陆地生态系统的一种。它是以人类为中心，由人类主导建立的自然—社会—经济复合生态系统。地球生命大系统的演进经历了四个重要阶段：35 亿～38 亿年前地球生命诞生；26 亿年前原核细胞生物发展产生真核细胞生物；6 亿多年前多细胞生物诞生；20 万年前现代生物学人种——“智人”出现。最初，人类对生态系统的影响并不大。然而人类具有其他动物所没有的突出的学习和创造能力，在漫长的演进过程中学会了制造和使用工具、产生了语言、创造了文字……大约 1.1 万～1.3 万年前，人类学会了驯养动物和种植植物，进入农业文明时代，同时也开始了大规模改造自然环境、影响生态系统运作的历程，此时这种改造和影响还局限于一定的自然地域范围内。200 多年前人类发展进入新的工业文明时期之后，连通世界的贸易网络使人类活动的影响迅速扩展到全球。在人类社会的早期，人类改造和建设的生态系统——无论是村落，还是散落在自然中的农田，都是所在地域更大的生态系统内的异质性“斑块”，是大系统的必然组成部分；随着人类社会的发展，人类在改造自然的基础上创立了农业生态系统，该生态系统随着人类种群数量的增加逐步扩展、升级，到目前为止已经几乎占据了世界上所有的宜耕土地。而原来这些地域广泛分布的自然生态系统已经几乎消失殆尽，只在不便利用的地带还保留有残迹。“城市”也不例外，它是地球生物圈演进到一定阶段的产物，是人工生态系统发展到一定阶段产生系统分工的结果。随着城市化的不断推进，城市区域在这个地球上所占的地域面积越来越大，所产生的问题也越来越强。它和地球上其他所有的自然、半自然和人工生态系统共同组成了地球生物圈（毕凌岚，2004）。

表 1-2　生态系统分类

<table>
<tr><td rowspan="27">自然生态系统</td><td rowspan="14">水生生态系统</td><td rowspan="5">淡水生态系统</td><td rowspan="2">流水（溪、河）</td><td>急流</td></tr>
<tr><td>缓流</td></tr>
<tr><td rowspan="3">静水（湖、池）</td><td>滨带</td></tr>
<tr><td>表水层</td></tr>
<tr><td>深水层</td></tr>
<tr><td rowspan="9">海洋生态系统</td><td rowspan="2">海岸线</td><td>岩石岸</td></tr>
<tr><td>沙岸</td></tr>
<tr><td>浅海</td><td>—</td></tr>
<tr><td>上涌带</td><td>—</td></tr>
<tr><td>珊瑚礁</td><td>—</td></tr>
<tr><td rowspan="4">远洋</td><td>远洋上层</td></tr>
<tr><td>远洋中层</td></tr>
<tr><td>远洋深层</td></tr>
<tr><td>极深海</td></tr>
<tr><td rowspan="13">陆生生态系统</td><td rowspan="2">荒漠</td><td colspan="2">热荒漠</td></tr>
<tr><td colspan="2">冷荒漠</td></tr>
<tr><td>冻原</td><td colspan="2">—</td></tr>
<tr><td>极地</td><td colspan="2">—</td></tr>
<tr><td>高山</td><td colspan="2">—</td></tr>
<tr><td rowspan="3">草原</td><td colspan="2">干草原</td></tr>
<tr><td colspan="2">草甸草原</td></tr>
<tr><td colspan="2">稀树干草原</td></tr>
<tr><td rowspan="5">森林</td><td colspan="2">寒温带针叶林</td></tr>
<tr><td colspan="2">温带落叶阔叶林</td></tr>
<tr><td colspan="2">亚热带常绿阔叶林</td></tr>
<tr><td rowspan="2">热带森林</td><td>热带雨林</td></tr>
<tr><td>热带季雨林</td></tr>
</table>

续表

自然生态系统	水陆交界生态系统	湿地生态系统
		河口湾生态系统
		海岸潮汐带生态系统
半自然生态系统	陆生	人工管理的森林
		人工管理的草原
	水生	人工管理的池塘、河湖水域
人工生态系统	农业生态系统	
	城市群生态系统	

资料来源：李振基，陈小麟，郑海雷，连玉武．生态学［M］．北京：科学出版社，2000；常杰，葛滢．生态学［M］．杭州：浙江大学出版社，2001；毕凌岚．生态城市物质空间系统结构模式研究［D］．重庆：重庆大学博士学位论文，2004.

“地球生命系统”是将系统自组织理论运用于研究地球生命现象领域之后提出的新概念（常杰，1995）。“地球生命系统”是比生态系统高一层级的完整系统，具有组织化程度高、组分关系复杂、相互制约紧密、结构复杂多样、自我调节能力强等特征，但更为重要的是它必须具有一个明确的调控中心，以指导系统达成内稳定、完成发育进化的生命史。自 18 世纪末期人类进入工业化社会以来，地球环境的一系列变化都与城市具有直接和间接的关系。人类活动成为影响和控制地球表层系统中能量流动、物质循环、系统演变的重要因素，城市作为人类活动的聚焦点，在地球生命演化发展的现阶段具有突出的作用，成为“地球生命系统”无可置疑的调控中心。因而“地球生态系统”也以城市发展到具有全球调控作用的时代为形成标志。在此之前，地球上所有的生态系统都是完整系统（包括人工的农业生态系统），均处于一种稳定状态，每一个子系统都可以不依赖上一层次系统独力存在并维持下去。系统间虽有联系，但相互作用十分有限。自城市生态系统诞生之后，发生了翻天覆地的变化。“城市”是一个破缺系统，不依赖同一层级的其他系统，其自身就无法维持下去。它必须与其他系统耦合（主要是农业生态系统）才能存在和发展。虽然“城市”自身功能、结构不够完善，内稳定性差，但是破缺产生了新的动力。“城市”打破了生态系统层次的稳定状态，在各个系统间形成系统分工。建立了上一个层次的内在结构关系和运作机制，促使地球生命向更高的完整系统——“地球生命系统”演进。

另外，从城市的功能演进过程可以看出，最初的城市功能为政治、军事功能。随着农业生态系统的发展和社会分工的细化，一些与政治生活密切相关的生产活动迅速发展，并逐步融入城市。例如手工业。尤其是人类进入工业化社会之后，全球化贸易使城市发展得以脱离自身腹地的限制——城市不再是农业生态系统的子系统，而成为与农业生态系统并列的独立系统，真正的“经济”城市随之诞生。之后城市生态系统加速发展——对全球的生态平衡具有举足轻重的作用。20 世纪后半叶，随着全球贸易、交通、信息网络的建立，城市逐渐成为“地球生命系统”的调控中心。与此同时，人类也不得不面临城市发展对地球生命系统所造成的巨大压力——200 多年来工业化生产模式已经开启了地球生命系统的自毁模式。严重的环境污染已经使空气、水、土壤等人类赖以生存的环境资源严重受损，并造成生命系统本身组分的非正常流失。这已成为进入“信息城市”发展阶段后所面临的难题。近 40 年来信息城市建设实践表明：虽然世界各国在改善环境、控制污染等方面做了大量工作，局部地域环境状况有所好转，但全球生态环境恶化的趋势尚未得以遏制。因此，作为系统调控中心的“城市生态系统”必须尽快趋向更加成熟的发展阶段。进入 20 世纪 90 年代以后，世界各地兴起建设“生态城市”热潮，对生态城市进行了相关探索，目前还没有一座真正意义上的生态城市。从生态学视角出发，生态城市应当被视作城市生态系统演进到“顶级状况”的一种设想。生态城市是组成城市的各个子系统经过全面有机协作而呈现的稳定状态——空间环境、城市社会、城市经济、城市自然等各个子系统都具有内在多样纷呈、结构功能匹配合理、运行状态稳定，并且总体平衡

（毕凌岚，2004）的特点。

第三节 研究区域概况

一、中原城市群区域范围

中原城市群包括：河南省的郑州市、洛阳市、开封市、平顶山市、安阳市、鹤壁市、新乡市、焦作市、濮阳市、许昌市、漯河市、三门峡市、南阳市、商丘市、周口市、信阳市、驻马店市、济源市；山西省长治市、晋城市、运城市；河北省邯郸市、邢台市；山东省聊城市、菏泽市；安徽省蚌埠市、淮北市、阜阳市、宿州市、亳州市 30 座城市。

二、中原城市群区位条件

改革开放以来，随着我国经济社会的快速发展，东部沿海地区已经形成了长江三角洲、珠江三角洲和京津冀三大城市群。与此同时，辽中南城市群、山东半岛城市群、中原城市群、长株潭城市群、武汉城市群、关中城市群、成渝城市群等城市群也正在形成。城市群有力地带动了全国发展，已成为我国参与国际经济竞争的战略高地。其中，中原城市群已经成为河南省经济社会快速发展的重要支撑。中原城市群与周边地区的二级城市群（山东半岛城市群、武汉城市圈、关中城市群）相互补充、相互促进，同时中原城市群和其他二级城市群共同支撑着国家一级城市群（长江三角洲城市群、珠江三角洲城市群、京津冀城市群）的可持续发展。

中原城市群地处中原地区，通道区位优越。交通条件主要包括铁路网、公路交通网和航空运输网等。中原城市群处于京广线、太焦—焦枝线、京九线、京沪线与陇海线、宝阜线、宁西线、焦菏线、长泰线、邯黄线以及京广、徐兰、京沪等铁路客运专线组成的“四纵六横”铁路交通网中；京港澳高速公路、大广高速公路、二广高速公路、德商高速公路、京台高速公路、连霍高速公路、洛（洛阳）南（南京）高速公路以及许（许昌）日（日照）高速公路、宁西高速公路、青兰高速公路等高速公路形成快速通道网络；以郑州新郑机场为中心的航空港已开辟国内外客运航线173条、货运航线34条，客运吞吐量已达2430万人次以上、货运吞吐量达50万吨以上，分别位居全国的第13位和第7位。同时，中原城市群还是我国重要的光纤电缆等通信网络的主要组成部分，京广铁路客运专线、陇海铁路客运专线，以及中原城市群城际快速通道（现已开通郑州至开封的城际快速通道——郑开大道，以及郑州—开封、郑州—焦作等城际铁路）等通道网络的建设，使中原城市群的通道区位越来越重要。

中原城市群地处东部沿海开放地区与中西部地区的结合部（见图1-1)，是我国经济由东向西梯次推进发展的中间地带。交通条件便利，高速公路通车里程居全国前列，郑州等机场可实现与国内外主要枢纽机场的快速连通，“米”字形高速铁路网和现代综合交通枢纽格局正在加速形成，立体综合交通网络不断完善。

三、中原城市群自然环境条件

以平原为主的地形特征。中原城市群地势西高东低，山地丘陵主要分布在京广线以西地区，主要包括太行山脉、秦岭余脉、大别山脉等，其间分布许多带状河谷平原，如伊、洛河中下游河谷平原，汝河中下游河谷平原等。京广铁路沿线及以东地区是华北平原的重要组成部分，包括坡积洪积平原、洪积平原、洪积冲积平原、冲积平原、冲积湖积平原等多种类型。平原地区海拔多在200米以下，其中100米以下地区面积占50%以上。

暖温带半湿润大陆性季风气候。中原城市群年平均气温12~15℃，无霜期200~230天，全年日照时数2100~2600小时，日照百分率45%~46%，光合有效辐射量大部分地区为57~59千卡/平方厘米。

矿产资源丰富，空间组合良好。中原城市群在全国占有重要地位的矿产资源主要有：煤炭、铝土、石油、天然碱、金银、铅锌、石油等。煤炭主要分布于郑州、洛阳、平顶山、漯河、许昌、长治、晋城等地，铝土主要分布在陇海线两侧的洛阳与郑州之间。矿产资源空间组合较好。例如，焦作、济源的煤炭、耐火黏土、黄铁矿，郑州、洛阳之间的煤炭、铝土、耐火黏土、石英砂等。

近些年来，中原城市群经济社会快速发展对自然资源的需求量大幅度增加；居民生活水平不断提高对自然生态环境的要求更高；加之经济发展过程中“重外延，轻内涵”以及生产力布局的一些失误等，致使水资源日益匮乏、土地资源压力增大、市区大气污染严重、固体垃圾堆积、噪声污染增强、农畜产品污染超标等，中原城市群区域生态功能区日益碎化，生态空间结构遭到破坏，生态环境承载能力不断降低，城市群生态系统极其脆弱。

四、中原城市群经济社会文化条件

2017年中原城市群GDP为67585.28亿元，占全国GDP总量的8.17%；人口16752.64万，占全国人口总数的12.05%；人均GDP为40343元，只有全国人均GDP的67.62%。中原城市群拥有较为完备的产业体系，装备制造、食品加工、汽车制造、电子制造、新材料制造等产业集群优势较为明显；连南接北，贯通东西，尤其是郑州市现代综合立体交通枢纽正在加速形成。2016年底国家先后提出，将中原城市群建设成我国经济发展新的增长极、重要的先进制造业和现代服务业基地、中西部地区创新创业先行区、内陆地区双向开放新高地和绿色生态发展示范区，建设现代化郑州大都市区，支持郑州建设国家中心城市（见表1-3）。

表 1-3　2016 年中原城市群各城市市辖区基本情况一览

名称	市辖区建成区面积（平方千米）	市辖区人口（万人）	市辖区 GDP 总量（亿元）	人均 GDP（元）	市辖区地方公共财政收入（万元）	市辖区人均地方公共财政收入（元）
郑州市	457	988.1	9130.2	93143	10111833	10233.61
开封市	129	523.04	1934.96	36997	1132123	2164.51
洛阳市	216	710.1	4343.1	63759	3026563	4262.16
平顶山市	73	549.3	2015.3	36688	1244603	2265.80
安阳市	82	512.85	2268	44201	1174474	2290.09
鹤壁市	64	164.96	832.59	50472	556089	3371.05
新乡市	118	576.90	2384.81	41338	1480562	2566.41
焦作市	113	375.51	2342.80	62398	1241772	3306.89
濮阳市	59	363.93	1620.56	44529	721626	1982.87
许昌市	108	440.89	2642.10	59926	1318896	2991.44
漯河市	67	265.03	1165.10	43961	759870	2867.11
三门峡市	49	226.87	1460.81	64398	1001216	4413.17
南阳市	150	1005.02	3377.70	33609	1670678	1662.33
商丘市	63	729.86	2217.89	30388	1174346	1609.00
信阳市	94	880.53	2226.55	25286	946542	1074.97
周口市	70	876.22	2517.03	28726	1038582	1185.30
驻马店市	80	615.50	2002.64	32537	1053862	1712.20
济源市	55.07	73.10	612.47	83785	365020	4993.43
长治市	59	345.50	1477.50	42887	985278	2851.75
晋城市	46	233.30	1151.50	22039	893229	3828.67
运城市	66	533.60	1336.10	25112	591100	1107.76
邯郸市	172	1051.40	3666.30	34883	2045018	1945.04
邢台市	90	735.16	2236.36	30420	1114802	1516.41
聊城市	101	606.43	3064.06	50562	1874983	3091.84

续表

名称	市辖区建成区面积（平方千米）	市辖区人口（万人）	市辖区GDP 总量（亿元）	人均GDP（元）	市辖区地方公共财政收入（万元）	市辖区人均地方公共财政收入（元）
菏泽市	125	873.60	2820.18	32282	1850447	2118.19
蚌埠市	145	381.25	1550.66	40673	1338791	3511.58
淮北市	85	222.80	929.00	41696	591763	2656.03
阜阳市	124	809.30	1571.10	19413	1334441	1648.88
宿州市	79	565.69	1503.91	26585	956248	1690.41
亳州市	62	516.90	1184.00	22946	870239	1683.57

资料来源：国家统计局．中国城市统计年鉴 2017［M］．北京：中国统计出版社，2017；市辖区人口、GDP 总量、人均 GDP 数据由各地市 2017 年国民经济与社会发展统计公报整理所得。

中原城市群是中华文明的发祥地，历史文化源远流长，曾长期成为我国政治、文化、经济中心，洛阳、开封、安阳、南阳、许昌、邯郸等地都是我国的历史文化名城。

第四节 研究思路和方法

一、研究思路

在界定城市群结构功能优化升级等概念、述评相关研究成果，概括提炼城市群结构功能优化升级模式以及相应的演变动力机制等理论探讨的基础上，以中原城市群为例，对其进行实证分析。即在实地考察调研分析中原城市群结构功能演变过程、现状格局、存在的问题的基础上，深入研究其发展演变过程的动力机制，再在此基础上对中原城市群的生态结构功能、经济产业结构功能、城镇空间结构功能等方面演变趋势进行分析预测，最后提出实现中原城市群结构功能优化升级的路径与对策建议。

二、研究方法

1. 定性分析与定量分析相结合

利用收集到的社会经济环境方面的数据以及从 TM 数字图像中的数据建立城市群数据库，根据相关数学模型以及 RS、GIS 等技术手段进行定量分析；结合空间发展演变趋势进行定性定量预测。

2. 现状分析与历史文脉分析相结合

了解过去、现在，是为了更好地预测未来。因此，在城市群空间结构演变过程中不仅要了解现在，也要了解过去，这样才能科学地预测未来城市群生态空间结构的演变趋势，有针对性地提出调控对策。

3. 传统分析方法与现代分析方法相结合

传统分析方法和现代分析方法各有优势，只有相互结合、优势互补，才能进行科学合理的预测。

4. 经济社会文化分析与自然生态环境分析相结合

经济、社会、文化分析固然重要，但自然生态环境在未来城市群空间结构功能优化升级发展中的地位越来越重要。未来城市群的发展趋势必定是经济、社会、文化与自然生态环境的有机结合。

第五节　研究内容框架

城市群结构功能优化升级研究的内容框架主要包括理论研究和实证分析两大部分（见图 1-1）。

第一部分理论研究，包括第一章、第二章、第三章、第四章，主要对城市群结构功能优化升级等相关概念进行界定，简述研究区域的区位

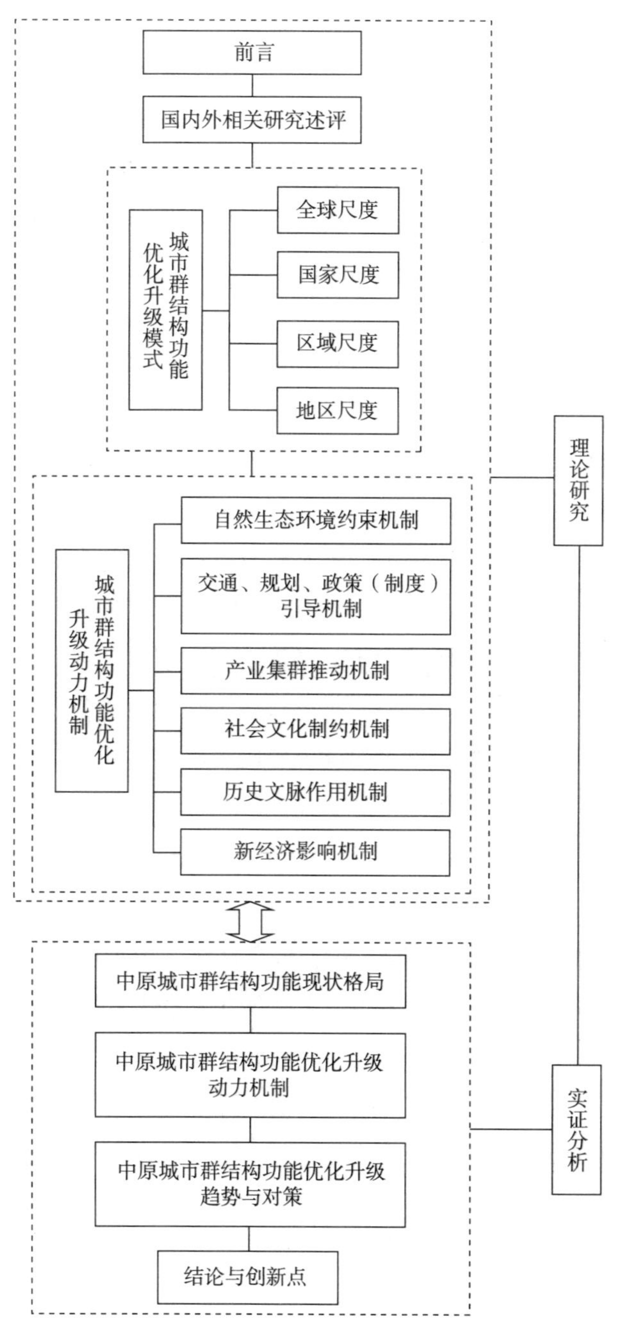

图 1-1　中原城市群结构功能优化升级研究框架

条件、区域范围、自然环境条件以及经济社会文化条件，明确研究思路方法等；对国内外的相关研究进行述评；在阐述产业集群理论、空间相互作用理论、生态学、生态系统有序理论、可持续发展理论等相关理论的基础上，深入分析其对城市群结构功能优化升级的支撑作用，构建全球尺度、国家尺度、区域尺度和地方尺度等不同尺度范围内的“城市群廊道组团网络化”结构功能优化模式，深入探讨城市群结构功能优化升级的动力机制。

第二部分为实证分析，包括第五章、第六章、第七章和第八章，主要对中原城市群的结构功能优化升级进行实证分析，即中原城市群结构功能现状格局特征、优化升级的动力机制、演变趋势和相应的对策建议，以及最后的结论与对策。

第六节　研究意义

一、理论意义

城市群结构功能优化升级研究，可以系统地探讨城市化推进过程中，尤其是城市群快速发展过程中，城市群结构演变发展过程、现状格局、存在的问题以及城市群结构功能优化升级趋势，提出处于不同尺度范围内城市群结构优化发展模式。并根据中原城市群结构功能演变过程和演变趋势，提炼出市场经济条件下城市群结构功能优化升级的相关理论以及解决实际问题的思路与对策，为城市群持续健康发展提供理论支撑。

二、实践意义

中原城市群实证研究具有典型的示范作用，有利于我国中部崛起战略的顺利实施，有利于中原城市群经济社会发展与生态环境的持续协调发展，并使其逐步进入良性互动发展状态；有利于资源整合，提高中原城市群区域的综合实力和区域综合竞争能力，以应对经济全球化带来的挑战。

第二章　国内外相关研究述评

任何事物的发展都有其历史必然性。梳理城市群发展研究的学术史，将会为城市群结构功能优化升级研究奠定良好的基础。

第一节　国内相关研究

一、城市组群相关概念探讨

姚士谋（1992）从区域空间布局的角度分析，概括了城市群（Urban Agglomeration）的概念，2001 年他将城市群概括为：在特定的地域范围内具有相当数量的不同性质、类型和等级规模的城市，依托一定的自然环境条件，以一个或两个超大或特大城市作为地区经济的核心，借助现代化的交通工具和综合运输网的通达性，以及高度发达的信息网络，发生与发展着城市个体之间的内在联系，共同构成的一个相对完整的城市"集合体"。吴启焰（1999）阐述了城市群与大都市带的区别，指出城市群是大都市带的低级形态或基础。徐清梅等（2002）认为 MIR（都市连绵区）是城市群发展的更高级阶段。姚士谋（2001）则指出城市连绵区范围最大，其次是城市群，最小的是城市地带或大都市地区。王兴平（2002）认为在都市区的区域空间序列上，存在这样的演化发展过程：一般城市—都市区—城市密集区—城市群—大都市区—都市连绵区—都市带。胡序威（2003）则认为，像“长三角”和“珠三角”那样的都市连绵区是城镇密集地区的城市化向高级阶段发展后所出现的空间结构形态。然而，也有学者认为城市群具有顶层属性，都市圈、城市带、多中心城市群、都市连绵区都是城市群的一种特殊类型（戴宾，2004）。

综上所述，国内多数专家学者认为城市群是城市群体地域空间结构发展的一个特殊阶段，但并非最高级阶段。

二、城市组群宏观空间布局

城市组群宏观空间布局可以理解为经济结构、社会结构和文化结构与区域自然结构相交织，在地域空间上的投影（薛东前，2003）。顾朝林（1992）依据城市群分布形态、核心城市多寡、城市数量，把城市群地域空间结构划分为块状城市密集区、条状城市密集区、以大城市为中心的城市群三种类型。按城市组合的空间布局形式及城市本身的空间形态，将城市群分为组团式集聚城市群、沿交通走廊发展的带状城市群、地区分散式的放射状城市群和集群式的城市群组（姚士谋，1992）。崔功豪（1992）结合长江三角洲城市群研究，前瞻性地将城市群结构划分为二种类型：城市区域（City Region）、城市群组（Metropolitan Complex）和巨大都市带（Metropolis）。朱英明（2002）将城市群地域结构演变过程划分为：分散发展的单核心城市阶段、城市组团阶段、城市组群扩展阶段和城市群形成阶段。官卫华（2003）根据城市群空间演化态势将城市群的空间结构演化过程划分为：城市区域阶段、城市群阶段、城市群组阶段和大都市带阶段，并提出不同发展阶段应具备的量化指标。张京祥（2000）将城镇群体空间形成过程概括为具有共性的四个阶段：独立城镇膨胀阶段、城镇空间定向蔓生阶段、城镇间向心发展阶段、城镇连绵带（区）形成阶段。朱英明（2002）将城市群空间等级结构划分为：国家级城市群、地区级城市群和地方级城市群。刘小飞（2005）以“长三角”城市群为例采用定量方法对城市群空间层级进行划分。方创琳（2005）将中国城市群划分为三个等级，其中一级城市群包括长三角城市群、珠三角城市群、京津冀都市圈 3 个，二级城市群包括山东半岛城市群、成都城市群、武汉城市群等 11 个，三级城市群包括滇中城市群、天山北坡城市群等 14 个。

1. 全球层面

大都市带在保持整体功能的完整性的同时，每个城市又各具相当的独立性和自身特色，从而使取长补短、优势互补、共同发展成为可能。波士顿—华盛顿大都市带、东海道大都市带等国际性大都市带的经济兴衰对国际经济都会产生影响（阎金明，2003）。在可预见的未来，全球将出现三大组团，即以伦敦、巴黎为首的欧洲组团，以纽约、洛杉矶为首的北美组团和以东京为首的亚洲组团（顾朝林等，2000）。这些巨大城市化地带，以其独有的集聚优势，对国家和地区的经济发展起着不可替代的重要作用，这些庞大城市化地带造成国家经济、人口、产业过分集中于这一地带，相应地也带来一系列矛盾和严重后果。主要表现在：区域生态平衡遭到破坏，加剧国家和地区经济发展的区域不平衡；城市基础设施的连绵扩展吞食大量良田；企业外迁造成城市政府财税锐减，中心城市衰退（顾朝林等，2000）。

2. 国家层面

代合治（1998）分析了我国城市群的空间分布态势：城市群分布的地域广泛，由东向西梯次递减，沿海、沿江、京广沿线及东北地区有望崛起巨型城市群。朱英明（2002）认为城市群基本空间单元为城市组群，例如，沪宁杭城市群是由苏锡常、杭嘉湖和宁镇扬三个城市组群组成的空间布局呈“>”形的城市群。张祥建、郭岚、徐晋（2003）认为“长三角”城市群包括 5 个次级城市群，即上海都市区、宁镇扬城市群、苏锡常城市群、通泰城市群和杭州湾城市群。苗长虹、王海江（2005）将我国城市群分为“三大梯队”，其中的第一梯队包括“长三角”“珠三角”和京津冀城市群。目前，伴随着我国城镇化战略的实施，经济全球化的深入发展，大城市群的发展无论在东部沿海地区，还是在中西部内陆地区都已成为区域经济发展和城镇化的主导和关键，其发展状况直接影响着我国经济社会的发展（苗长虹，2005）。

3. 区域层面

苗长虹、王海江（2005）将我国城市群分为“三大梯队”，其中的第二、第三梯队城市群，从某种意义上来说属于区域层面上的城市群。何剑、王良健、许抄军（2004）通过分形理论将长株潭城市群划分为五个层级。关中城市群也被划分为一级圈层、二级圈层和三级圈层（薛东前，2003）。因此，城市群体结构可以划分为核心首位城市带、城市组群发育带、城市个体发育带、城市群腹地带四个圈层结构，但由于自然生态环境条件等因素的影响，城市群空间结构形态往往与理想状态相偏离（薛东前，2003）。

4. 地区层面

中国科学院《西部开发重点区域规划前期研究》报告中指出，西部开发应重点培育三大都市区经济和兰州—白银、滇中、天山北麓、呼和浩特—包头—鄂尔多斯、银川—吴忠、南宁—钦州—防城港—北海、黔中七个城市群，使七个城市群成为地区经济发展的增长极。郭荣朝（2005）提出鄂豫陕省际边缘区的发展重点是尽快构建南襄城市群，以此带动省际边缘区的健康发展。这些潜在的城市群，其形成发展过程中产生的影响均属于地方层面。

总之，工业社会城市的增长潜力基本上取决于该城市的规模，而城市规模也决定了该城市在中心地等级结构中的层次；然而在信息社会，城市的发展潜力却取决于该城市与全球其他城市的相互作用强度和协同作用程度，并不完全取决于它的规模大小。因此，未来较小的城市也可以通过联系网络，利用相互作用和相互协同，在特定的更新方式中靠专业化优势来获得较大的发展活力。这种通过网络分享知识和技术的过程将最终导致多极多层次世界城市网络体系的形成（顾朝林等，2000）。

三、城市组群空间结构形态演变动力机制

1. 产业经济推动机制

城市群内部城市产业关联程度不高，一是无法形成专业化城镇，二是一些城镇“计划经济”时期植入的国营大中型企业和军工企业与地方经济联系很少，城市之间难以形成互动（党兴华、赵景，2005）。苏雪串（2004）认为城市群的形成具有一定的客观必然性：首先是产业结构演进和梯度转移的结果；其次是产业要素聚集机制作用的结果。刘静玉、王发曾（2004）认为产业集聚驱动、产业扩散驱动是城市群形成发展的重要动力机制。张祥建、郭岚、徐晋（2003）以“长三角”城市群为例，分析了“长三角”产业发展困境：产业结构严重趋同、产业自主创新机制不完善、产业集群化水平不高。因此，扩大经济实力，优化经济结构，强化经济基础，协调经济社会发展，不断提高对外开放水平是推动城市群发展的主要驱动因素（杨建，2004）。参照“经济主要联系方向”（周一星，1998）概念和“市场流”（赵燕箐，2001）概念，依据中国城市群空间演化特征（姚士谋，1992，2001），确定城市主要的经济腹地，对大区域内城市群规划与实施具有重要意义（姚士谋，2005）。

2. 交通、规划、政策（制度）引导机制

由于杭州湾跨海大桥的开工建设和苏崇越江通道的立项建设，将使宁波、南通和上海的地理接近性大大加强，宁波、南通的城市等级有可能上升为仅次于上海的二级城市，在沿海和上海一起成为“一线三点三连星”共同对外开放的局面（沈玉芳，2004）。目前影响我国城市群发展的主要因素是制度障碍：城市群跨界需求与行政区分割的障碍、缺乏城市群一体化发展的协调政策、没有形成有效的空间管理机制，制度创新应是发展我国城市群的关键所在（崔大树，2003）。

3. 自然生态环境约束机制

城市群空间结构形态的理想状态呈同心圆形，自然环境条件使其实

际形态偏离于理想状态的重要因素（薛东前，2003）。国外各大城市群都位于中纬度地区的平原地带，而且沿海、沿河、沿湖分布（王乃静，2005）。城市群环境突出表现为对资源利用的同质性增加了对自然资源的压力以及对环境污染的叠加作用（蒋志学，1996）。城市群空间布局不合理是造成跨区域环境污染叠加的重要原因之一（王树功、周永章、麦志勤等，2003）。资源短缺和环境质量急剧恶化日益成为制约“长三角”城市群发展的重要障碍因素（张祥建、郭岚、徐晋，2003）。要重视城市发展与自然要素的整合，要有一个合理的度（姚士谋、陈彩虹、陈爽等，2005）。因此，城市群生态环境规划是城市群能够可持续发展的动力因素，它通过调控人与环境的关系、调控城市群各个城市之间的关系，实现并维护城市群生态系统的动态平衡，以避免工业化社会带给人类社会诸多的环境和生态问题（赵曦、沈清基，2001）。

4. 社会文化制约机制

朱英明、于念文（2002）认为企业或企业集团组织及其行为日益影响城市群地域结构的变化。刘静玉、王发曾（2004）也认为企业区位选择行为驱动、政府宏观调控行为驱动是城市群形成发展的重要动力机制。

行政因素对广东城市化产生十分显著的作用，设立“特区”“县改市”、县级市升格为地级市等使整个珠江三角洲都是建制市；20 世纪 90 年代末到 21 世纪初广东部分城市内部改县级市或县改为区，以及城市内部的城市与城区合并，产生多个大型城市，增强了城市的直接影响区域，从而促进城市总体发展实力和城市群发展（陈德宁，2004）。陶松龄（2002）指出长三角城镇空间的演变是在政府力与市场力共同作用下的结构优化过程。行政体制的地域分割和缺乏有效的区域协调机制是“长三角”城市群发展过程中的障碍因素之一，阻碍着该地区经济资源的自由流动和跨地区合作（张祥建、郭岚、徐晋，2003）。构建一套评估政府能力的指标体系，通过因子分析和聚类分析，对“长三角”16 个政府能力进行评估比较，提出地方政府能力建设的政策建议，以此推动“长三角”政府资源配置与整合能力，使“长三角”城市群发展成为“世界第六大城市群”（张钢、徐贤春、刘蕾，2004）。

城市圈的本质是经济文化圈，没有经济文化的紧密联系，城市圈是圈不起来的；当今世界著名的城市圈往往都是经济文教科技最发达的地区；城市圈要注重卫星城镇建设，不仅要与主城合理分工，还要注重卫星城的文化教育、医疗保健建设（朱铁臻，2004）。

5. 新经济条件影响机制

新经济条件下（信息社会）形成新增长动力、新经济组织、新区位因子（顾朝林等，2000），并形成新空间现象：空间集聚—扩散过程的异化、“核心—边缘”效应的变化、枢轴区域的加速增长、世界及区域城市体系的重新构建（张京祥，2000）。Glaeser 等曾检验了以下两种假说：①城市发展主要决定于产业内的知识溢出；②跨产业的知识溢出是产量和就业量增长的主要推动力量。城市群创新域、产业链以及创新资源互动是新经济条件下推动城市群快速发展的关键动力机制之一。构建山东半岛“城市创新圈”对提升城市核心竞争力，带动山东经济实现跨越式发展，全面建设小康社会具有重要意义（隋映辉，2004）。

总之，城市群空间结构形态演变过程是一个社会、经济演化的过程，是一个空间自组织的过程，是一个空间被组织的过程（张京祥，2000）。集聚与扩散将仍然是城市群地域结构演化的重要动力机制，知识经济将赋予城市群地域结构全新的内涵，城市居住空间结构演变将成为影响城市群地域结构的重要因素（朱英明，2002）。例如：经济、交通、政策、区位和社会心理是京津空间扩展的影响因素，点轴机制和政府行为机制是京津空间扩展的动力机制（戴学珍等，2000）；宏观政策机制、投资机制、市场机制、辐射机制仍是长江三角洲城市群形成的重要原因（宁越敏、施倩、查志强，1998）。集聚和扩散是城市群空间结构形态形成的理论基础（许学强、周春山，1994）。构建城市群 GIS，共建共享地理、人口、经济、资源等空间信息基础设施，增强其相互依赖程度，提高其互动强度，经济、社会、环境之间互促互进，将会进一步促进城市群健康可持续发展（林珲、孔云峰，2004）。

四、城市组群空间扩展模式

综观国外各大城市群的发展历程，主要有两大发展模式：核心城市带动的城市群发展模式和多中心齐头并进的城市群发展模式（王乃静，2005）。齐康等（1997）以江苏省为例对城市化进程中的国民收入、人口、产业、基础设施等进行了区域空间分析，并对城市群空间发展的模式进行了探讨。吴启焰（1999）认为，尽管城市群的空间布局形态各异，但其空间扩张形式却可以解释或分解为两种扩张模式：点—环状扩张及走廊—串珠状梯度扩张。基于城乡关联方式的城镇群体空间类型包括极化型城镇群体空间、均衡型城镇群体空间和均质型城镇群体空间（张京祥，2000）。长江三角洲地区独特的社会经济发展模式促使其生成了一种不同于其他地区的城镇群体空间模式：城镇、村庄的散点状分布与无序发展，工业的社区地域性分散，整体空间的无序连绵。20 世纪 90 年代以来“长三角”开始构建网络状开放式城镇组织体系，并形成独特的城镇群体空间形式（张京祥，2000）。

五、中原城市群等区域空间发展构想

针对不同城市群区域，学者们提出了不同的空间发展构想（周国华等，2001；胡刚，2002；康路、薛德升、许学强，2003）。与此同时，中原城市群城市体系结构（王发曾，2007）、产业结构（李学鑫、苗长虹，2006）也得到了一定研究，中原城市群总体规划从生态基质、生态廊道建设等方面提出了城市群区域的生态建设方案（河南省发展和改革委员会，2004）；田国行（2004）利用 GIS 技术对洛阳市绿地信息进行采集、分析、处理、存储，利用 GIS 空间分析功能分析了洛阳市绿地空间结构、布局、数量、形态以及存在问题，模拟了城市绿地空间格局，为城市生态空间结构优化提供依据；王发曾（2004）、丁圣彦（2004）等分别对开封市生态空间、水域空间变化过程与成因进行了相关研究。

中原城市群区域生态空间发展构想缺乏系统研究。

六、城市群区域生态建设战略

肖笃宁（2004）从区域生态安全、人类活动生态影响的判定与调控等方面提出了包括生态敏感区、生态脆弱区、生态压力区等不同区域的生态建设战略。他认为，景观生态建设的模式设计与优化组合是新的历史时期景观生态学面临的重要挑战之一。邬建国（2004）认为，空间格局对过程（物流、能流和信息流）具有重要影响，而过程也会创造、改变和维持空间格局。生态空间格局优化包括土地利用格局优化、景观规划与设计优化等。生态空间格局优化重组是城市群区域生态建设战略的主要任务之一。

第二节　国外相关研究

一、早期研究成果

英国学者霍华德（E. Howard，1898）的“田园城市模式”，强调把城市与区域作为整体的研究思想；英国学者格迪斯（P. Geddes，1915）运用区域综合规划方法，提出城市演化的三种形态：城市地区（City Region）、集合城市（Conurbation）以及世界城市（World City）；恩温（R. Unwin，1922）提出“卫星城”理论，并付诸大城市的调整重组实践；芬兰沙里宁（E. Saarinen，1918）提出“有机疏散”理论模式，拟定了著名的大赫尔辛基方案；德国地理学者克里斯泰勒（W. Christaller，1933）提出了著名的中心地理论，第一次把区域内城市系统化。后来杰弗逊（M. Jefferson，1939）和哲夫（G. K. Zipf，1942）分别对城市群体的规模分布展开理论探讨，而且后者首次将万有引力定律引入城市群的空间分析。美国芝加哥生态学派也陆续提出了同心圆（W. Burgess，1925）、扇形（H. Hoyt，1936）、多核心（D. Harris & E. L. Ullman，1945）三大经典模式（张京祥，2000）。

二、“二战”以后研究成果

1. 城市空间结构

“二战”以后，西方城市开始重建，各城市在城市空间结构规划建设中大力拓展绿地，注重城市生态基质、生态斑块、生态廊道、扩散廊道（dispersal corridors）以及栖地网络（habitant network）等概念在城市生态规划中广泛应用。以英国的《新城法案》为标志，城市生态环境建设进入一个新的高潮。城市建设不仅注重绿地面积的增加，而且还十分重视城市生态功能区的合理布局，尽量利用绿地将城市各不同功能用地连接为一个有机整体，并在莫斯科、华沙、平壤、华盛顿、巴黎、堪培拉、新加坡等城市付诸实践。

20 世纪 80 年代以来，随着环境意识的不断增强，生态城市建设逐步受到人们的重视。城市生态空间结构优化组合出现一些新特点。较有影响的是美国马里兰州的圣查理新城，北距华盛顿 30 千米，规划人口 75 万，由 15 个邻里组成 5 个村，每村都有自己的绿带，且相互联系形成网状绿地系统。澳大利亚城市依托优越的土地资源条件，规划建设“自然中的城市”，城市生态空间规划以河流、湿地为骨架，形成“楔形网状”布局结构。

20 世纪 80 年代以来，随着景观生态学的迅速发展，景观生态规划理论开始形成并在城市生态空间结构中体现出来，生态规划目的从单纯供人们使用和改善空气质量转变为维持城市生态系统的协调运转，保护生物多样性和维持城市中物质能量的合理流动循环，为人类提供良好的自然生境，有利于城市居民身心健康。代表性学者有 Bardshawhethal、Buckley 等。生态学理论的广泛应用，使城市生态规划显示出对生态空间格局和过程的重视。

1984年，在大伦敦会议（GLG）领导下开展了大伦敦地区野生生物生境综合调查，并在伦敦城区进行相关实践，确定了有保护意义的地点达1300余处，包括森林、灌丛、河流、湿地、农场、公共草地、公园、校园、高尔夫球场、赛马场、运河、教堂绿地等。通过保护，目前伦敦有狐、鼹獾、美洲豪猪、灰松鼠等小型哺乳动物及30余种鸟类，城市综合生态环境质量得到明显改善（张崇宝，2005）。

2. 城市群空间结构

维宁（R. Vining，1942）从理论上进一步阐明城市群存在的合理性与客观性。邓肯（O. Duncan，1950）在《大都市与区域》中首次引入"城市体系"（Urban System）观点，并阐明了城镇体系研究的意义（周一星，1995）。法国学者戈德曼（Jean. Gottmann）在他的《大都市带：东北海岸的城市化》（*Megalopolis*：*The Urbanization of the Northeast Sea Board of the United States*）中探讨它的空间生长模式。"大都市带"被视为全新的城市群体概念（Jean. Gottmann，1961）。法国佩鲁（F. Perroux，1955）的"增长极理论"和"点轴发展理论"，是城市群研究的一大理论贡献。美国学者乌尔曼（E. L. Ullman，1957）提出的空间相互作用理论，对城市群内外空间相互作用机制研究影响深远。弗里德曼（J. Friedmann，1964）结合罗斯托（W. W. Rostow）的经济发展阶段理论，提出经济发展与空间演化相关模式，反映了城市群的发展阶段与过程。瑞典学者哈格斯特朗（T. Hagerstrand，1968）提出现代空间扩散理论，揭示空间扩散的多种形式，加深了城市群空间演化研究。20世纪70年代，小林博氏在对东京大都市圈的研究后总结前人观点归纳并强化了城市群发展过程的三个概念：大都市地区（Metropolitan Region）、大城市区（Metropolitan Area）、城市化地带（Urbanized Area）。哈盖特（P. Haggett）和克里夫（A. D. Cliff）1977年提出区域城市群空间演化过程模式。库默斯（I. B. F. Kormoss）和霍尔（P. Hall）分别对西北欧城市群和英格兰大都市带进行了研究。希腊学者杜克西亚斯（C. A. Doxiadis，1970）大胆预测世界城市发展将形成连片巨型大都市区（Ecumunoplis）。加拿大地学者麦吉（T. G. McGee，1980，1994）对东南亚发展中国家城市密集地区进行研究后提出“城乡融合区”（Desa-kota）的概念，并认为这些地区已出现类似西方大都市带的空间结构。林奇（K. Lynch，1980）构建扩展大都市（Dispersed Metropolis）模式。卢德耐里（D. A. Rondinelli，1985）总结了区域城市群体相互联系的七种类型。麦克尔劳林（J. B. Mcloughlin，1985）强调城市群应当通过理性规划的约束达到空间持续平衡发展。联合国人类聚落中心使用 Urban Agglomeration 作为衡量大城市规模的标准。经济全球化和以信息技术为标志的革命极大地促进城市群研究。弗里德曼（J. Friedmann，1986）对城市体系的等级网络进行研究，划分了城市等级，指出城市体系的等级关系将成为跨国公司纵向生产地域分工的体现。范吉提斯（Y. N. Pyrgiotis，1991）、昆曼与魏格纳（K. R. Kunzmann & M. Wegener，1991）都对经济全球化与区域经济一体化背景下跨国网络化城市体系进行了研究，认为大城市带实际上是产业空间整合的产物，作为新的地域空间组织形式，将占据全球经济的核心位置。欧盟基于区域经济一体化发展的需要，1993 年就开展跨境的“欧洲空间发展展望”（European Spatial Development Perspective）规划，至 1997 年已取得阶段性成果（张京祥，2000）。富田禾晓（1995）则以都市空间为经，以结构演变为纬，从人口、第三产业、居住、消费、通勤、中心地等级和职能对日本的城市群深入研究。帕佩约阿鲁（J. G. Papioannou，1996）展示了全球城市系统网络化发展的模式，并对城市群的发展寄予厚望（林先扬、陈忠暖、蔡国田，2003）。美国规划师莱特及斯泰因提出了与自然生态空间相融合的区域城市（Region City）模式；魏克纳吉、莱斯以“生态脚印”的概念来反证人类必须有节制地使用“空间”这种资源（张京祥，2000）。进入 21 世纪以来，国外对城市群的研究更加深入。Jungyul Sohn（2003）比较分析了信息技术（IT）对芝加哥都市连绵区、汉城都市连绵区空间结构形态的影响。John I. Carruthers（2003）分析了政治的不连续对美国都市连绵区边缘地区空间结构变化的影响。Ivan

Tosics（2004）从人居环境方面分析了欧洲城市可持续发展以及欧洲城市空间结构的发展状况。

第三节 相关研究述评

综上所述，有关城市群结构以及发展模式的一些理念的提出主要源于西方发达国家，尤其是源于城市化水平较高、城市群发展较为成熟的国家和地区；国内城市群结构功能优化升级研究侧重于实证研究、物质研究，由于多种原因影响研究方法主要侧重于定性描述；中原城市群结构功能优化升级研究多侧重于某一方面（或局部）的研究。从经济社会生态环境等方面综合系统研究城市群结构功能优化升级的相关成果较少；采用先进技术（如 RS、GIS）对城市群结构功能演变进行动态监测、科学预测及其时序安排的规划引导性成果还不多见；尤其是在2016 年中原城市群发展规划获得国务院批准，其范围由 9 个城市扩展为 30 个城市，以及 2016 年国家发展和改革委员会在《促进中部地区崛起“十三五”规划》中明确提出支持郑州建设国家中心城市以来，中原城市群结构功能优化升级尚无系统研究。因此，基于产业转型升级、生态环境优化、空间结构整合的中原城市群结构功能优化升级研究不仅对城市地理学和城市群的科学发展具有重要理论价值，而且对中原城市群的经济社会发展、生态环境优化、空间结构重组以及城市群的功能升级具有重要指导作用。

第三章　城市群结构功能优化升级理论模式

2016年3月，《中华人民共和国国民经济和社会发展第十三个五年规划纲要》明确提出：加快城市群建设发展。优化提升东部地区城市群，建设京津冀、长三角、珠三角世界级城市群，提升山东半岛、海峡西岸城市群开放竞争水平。培育中西部地区城市群，发展壮大东北地区、中原地区、长江中游、成渝地区、关中平原城市群，规划引导北部湾、山西中部、呼包鄂榆、黔中、滇中、兰州—西宁、宁夏沿黄、天山北坡城市群发展，形成更多支撑区域发展的增长极。促进以拉萨为中心、以喀什为中心的城市圈发展。建立健全城市群发展协调机制，推动跨区域城市间产业分工、基础设施、生态保护、环境治理等协调联动，实现城市群一体化高效发展。城市群健康持续协调发展已经成为世界乃至我国经济社会可持续发展的主导力量。

第一节　空间相互作用理论与城市群结构功能优化升级

一、空间相互作用理论

城市不是孤立的空间实体，要维持城市的正常运转，城市与城市之间、城市和区域之间总在不断地进行着人口流、物质流、能量流、信息流和生态流的交换，这些交换被称为空间相互作用（Spatial Interaction），正是通过这些相互作用，才能把空间上彼此分离的城市结合为具有一定结构和功能的有机体，形成不同空间尺度的城市群区域。城市之间的相互作用基本内容如下：

城市吸引区。1931 年赖利（W. J. Reilly）提出“零售引力规律”，他认为：一个城市对周围地区的吸引力与其规模成正比，与二者之间的距离成反比。在此基础上，1949 年康弗斯（P. D. Convers）提出“断裂点”概念，他认为：城市规模越大，其吸引力区也越大，断裂点就会被推向更为靠近规模小的城市的地方。

相互作用模式。各种相互作用模式的产生旨在寻求空间组织中相互作用的特点和规律。主要有引力模式和潜力模式。引力模式认为：两城市之间的相互作用与这两个城市的人口规模（被视为城市的质量）成正比，与它们之间的距离成反比。潜力模式是用来计算某个城市与空间系统中其他所有城市（也包括自身）的相互作用量。某个城市的相互作用总量表现为每个人或每个单位质量的相互作用量（许学强，1996）。

在城市空间相互作用基本理论的基础上，弗里德曼提出了“核心—边缘”理论，克里斯泰勒（W. Christaller）、廖士（A. Lösch）相继提出了“中心地”理论和“廖士景观”。1957 年，戈特曼根据对美国东北海岸城市密集地区的实地考察提出了“大都市带”概念，至此，在世界城市化进程中，“大都市带”成为极其重要的城市群生长模式（谷海洪，2006）。

二、空间相互作用理论与城市群结构功能优化升级

城市群区域空间相互作用理论，呈现出城市在区域空间中的吸引关系和规律。引力模型和潜力模型展现了城市对周边地区的吸引力与其城市规模成正比、与其距离成反比的相互作用规律。“核心—边缘”理论研究了城市与周边地区的相互关系，阐明了核心区在空间系统发展中作

为主要动力的关键作用。“中心地”理论说明了区域或国家内的城市等级及其空间分布的形态，中心地的功能就是为周围腹地提供中心性商品和服务品。中心地规模与中心地数量成反比，与腹地大小成正比，中心地规模越大，提供的商品（或服务）档次越高、种类越多，不同层次的中心地之间存在着相互依赖关系。

空间相互作用理论说明城市群区域各城市之间、城乡之间以及城市内部各功能区之间时时刻刻进行着人流、物质流、能量流、信息流和生态流的交换，不仅城市内部各功能区具有明确的分工，而且各城市之间、城乡之间也具有明确的分工。城市群区域的各种分工合理有序，城市群经济才能可持续发展，城市群社会才能不断进步，城市群生态空间结构才能处于优化状态，城市群生态环境才能满足经济社会可持续发展的需求。与此相同，城市群区域结构功能优化升级，城市群生态环境才能不断提高，城市群生产力布局逐步趋向合理，经济才能持续发展，城市群社会发展才能不断进步。由此可以看出，空间相互作用理论是城市群区域结构功能优化升级的基本理论之一，没有城市群区域的空间相互作用，就谈不上城市群区域产业结构、生态环境结构以及空间结构的不断优化，更谈不上城市群区域经济社会环境功能的不断升级。

第二节　层域理论与城市群结构功能优化升级

一、层域理论

层域理论。地理学家和社会学家对地理空间的认识过程为：场所（Place）→空间（Space）→层域（Scale）。在自然地理学以及 GIS 和遥感中，Scale 一直是核心和前沿问题。Howitt（1998）首先认为 Scale 和环境、空间、区位等一样，是地理整体（Geographical Totalities）的一个组成部分，同时也是地理整体的一个动力因素，而不单纯是地理关系的产物。其次他强调Scale不仅仅是简单的自然分类，认为Scale除开包括尺度（Size）（如County、Province、Continent）、层次（Level）（如Local、Regional、National）这两个一般意义之外，尤其重要的是关系（Relation）（Philippe Aghion，1998），正是不同尺度和不同层次的要素相互混合纠葛，才形成了我们的社会生活及本书所探讨的城市群结构优化与功能升级等问题（顾朝林，2000）。

二、层域理论与城市群结构功能优化升级

随着世界城市化水平的不断提高，在全球尺度、国家尺度、省级尺度以及地区尺度的城市群空间一体化过程中“廊道组团网络化空间结构优化组合模式”逐步形成。即无论哪一个尺度的城市群往往都是由一个或两个大城市或特大城市作为地区经济中心，引领城市群区域经济社会可持续发展。城市群区域内部又由几个次一级的大城市或中等城市与其周围的城镇形成若干个城镇组团，它们与特大城市之间通过快速通道等紧密地联系，有机地组合在一起，形成“廊道组团网络化空间结构优化组合模式”。“廊道组团网络化空间结构优化组合模式”的形成往往包括雏形期、成长期和成熟期三个阶段（见图3-1）（郭荣朝、苗长虹，2008）。

城市群“廊道组团网络化空间结构优化组合模式”不仅使城市群区域经济社会空间结构成为一个有机整体，同时还使城市群区域经济社会空间与生态空间进行了较好的耦合，最终使城市群空间一体化获得更好的空间绩效。

城市群区域的城市化推进使非农区域不断扩大，农区等生态功能区面积不断缩小，二者之间是一种此消彼长的关系。从城市群内部的发展过程来看，推动城市群空间一体化并获得更好空间绩效的途径主要有：①优化产业布局，不断形成产业集群。产业布局趋向合理，其空间响应的城市群空间结构就会逐步优化。城市群经济空间结构、社会空间结

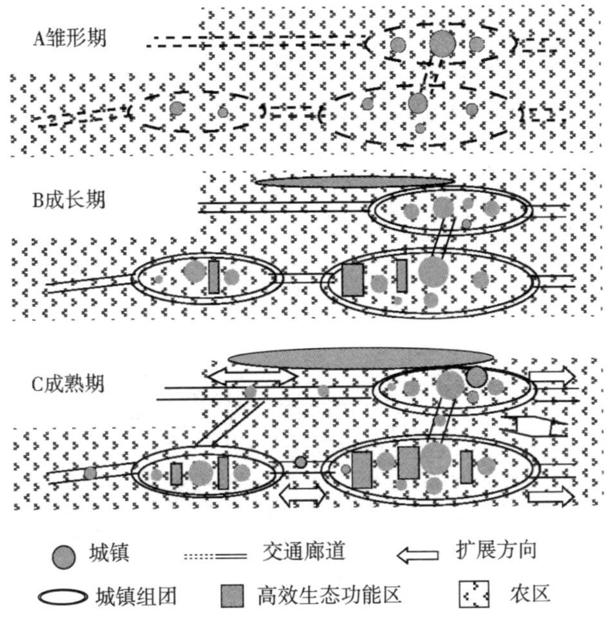

图 3-1　城市群“廊道组团网络化空间结构优化组合模式”

构、生态空间结构相互耦合，为城市群经济社会环境的可持续发展奠定了良好基础。城市群区域各城市之间分工明确，优势互补，各城市之间共赢成为城市群发展的主旋律。与此同时，由于城市群区域各类产业集群不断形成，企业内部、企业之间、产业集群内部和产业集群之间的“资源→生产→产品→消费→废弃物资源化”的清洁闭环流动模式将逐步形成，城市群区域以尽可能少的资源消耗、尽可能小的环境代价实现最佳经济效益和社会效益，力求把经济社会活动对自然资源的需求、对生态环境的影响降低到最小程度，最终达到城市群经济社会资源环境相互协调的可持续发展状态（见图 3-2）。②提高生态功能区质量，重组生态空间结构。要保持或不断提高城市群生态环境承载能力或舒适程度以满足城市群经济社会的可持续发展，其途径主要有：第一，直接提高生态功能区质量，提高生态环境容量。例如，提高森林覆盖率等。第二，优化重组生态功能区空间结构。在生态功能区面积、质量不变的情况下，通过城市群区域（包括城市内部）生态基质、生态斑块、生态廊道的优化重组，使其成为一个有机整体，城市群区域生态环境容量会有一定幅度提高，生态环境舒适程度进一步改善。上述两种途径并非完全隔离，而必须有机整合，城市群区域生态环境承载力才会提高。

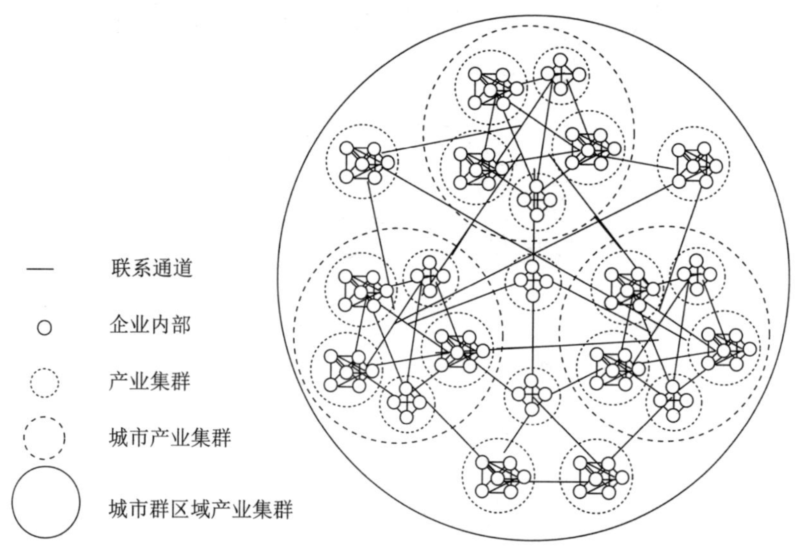

图 3-2　城市群区域产业集群循环流动模式

因此，城市群区域生态环境质量（Q_e）是时间（T）与各生态功能区的面积（M）、质量（Q）、空间结构（S）等因子的函数。具体可用公式（3-1）表示。

$$Q_e = f(T, M, Q, S\cdots) \tag{3-1}$$

城市群生态空间结构组合状况（S）则取决于城市群区域耕作区（C）、林区（F）、牧区（P）、水面（W）等生态基质、斑块以及河流（R）等生态廊道的空间组合关系。城市群区域生态空间结构优化高效的组合模式可用公式（3-2）表示。

$$S = \mathrm{Max}(\sum C_i, \sum F_i, \sum P_i, \sum W_i, \sum R_i\cdots) \tag{3-2}$$

城市群空间结构优化重组是一个复杂的系统工程，必须通过充分调研、科学预测、合理规划，才能使现实演变状况更接近“理想状态”，才能使人为主动的重组符合自然演进规律并达到最佳效果（郭荣朝、苗长虹，2010）。

第三节　产业集群理论与城市群结构功能优化升级

一、产业集群理论

产业集群又叫产业簇群，它是指相关产业形成地理上的集中性，包括上下游产业的制造商、互补性产品的制造商，专业化基础设施的供应商，以及相关机构（政府、大学、科研机构、行业协会等）。

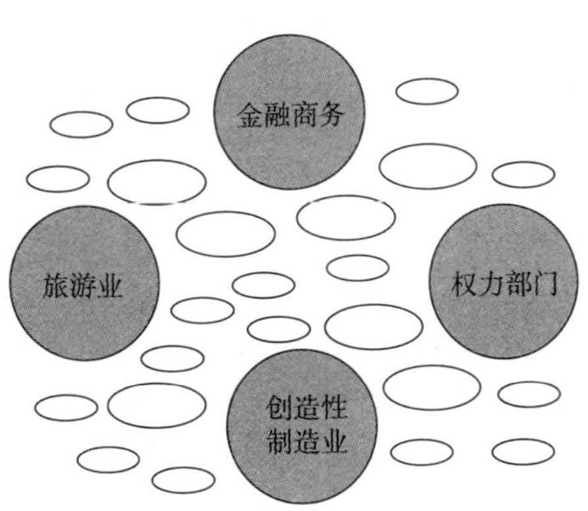

图 3-3　某城市群特色产业集群示意

由图 3-3 可以看出，某城市群的四个主导产业集群为：金融商务服务（银行、基金、债券、保险）；权力部门（政府机构、贸易协会、经济组织）；旅游业（宾馆饭店、旅游景点、娱乐场所）；创造性制造业（研发机构、高新技术产业、传统产业的改造）。除此之外，还分布着一系列相关产业集群，对四个主导产业集群起着加固作用。其中，四个产业集群间具有很强的互补性，其间相互支撑、相互促进，并通过创造性制造业、金融商务、旅游业等特色产业集群与全球产业链进行链接，从而对区域乃至世界经济发展产生一定影响（尹继佐，2003）。

二、产业集群理论与城市群结构功能优化升级

产业集群理论要求非农产业（企业）发展要由工业化初级阶段的分散布点，向条件优越的小城镇集中。随着工业化的不断推进，工业产品供应不断增多，市场竞争日趋激烈。产业（企业）发展规模由小变大，以规模效益取胜于市场。与此同时，上下游产品衔接、相关企业合作加强，产业发展进入集群阶段。即企业不断向城镇工业园区集聚。由于园区基础设施配套、中介服务完善、上下游以及旁侧产业有机整合，因此集群效益大为提高。特色产业集群形成于城市比较优势资源（特色资源）基础之上，各城市资源环境条件、原有经济基础、社会历史文化背景有着很大差异。不同城市的同一产业集群效益存在很大差异。因此，根据城市比较优势资源，培育和发展特色产业集群将使城市产生比较竞争优势，产生更好的经济效益和社会环境效益。城市特色产业集群是城市地域范围内包括小城镇层面产业集群整合的结果。城市地域范围内分工合理促使城市特色产业集群形成，城市特色产业集群的形成发展是城市结构优化与功能升级的象征。城市群特色产业集群是城市群区域比较优势资源（特色资源）得以合理利用的集中体现。特色产业集群具有很强的地域性，不同的城市群区域其资源条件、经济基础、科技水平、社会文化习俗等资源要素有着很大差异，适宜发展不同产业，从而形成各具特色的产业集群。城市群区域比较优势资源作为生产要素存在或者作为消费者偏好可以为企业提供具有比较优势的生产要素和较稳定的广阔市场，通过市场对资源要素优化配置逐渐形成特色产业，特色产业的上下游产业和旁侧产业相互衔接，便形成同类产业的不断集聚。因此，产业集群是城市群区域各城市分工合作、协同发展的结果，也是城

市群区域结构优化与功能升级的集中体现（夏维力、李博，2007）。产业发展与城市群区域结构功能优化升级相互影响、相互促进，共同发展。产业集群理论，尤其是特色产业集群理论是城市群区域结构功能优化升级的重要理论基础之一。

第四节　生态学原理与城市群结构功能优化升级

一、生态学原理

生态学概念首先是德国生物学家赫可尔（Ernst Haeckel）于1869年提出，他将生态学定义为：研究生物与环境之间相互关系的科学（E. P. Odum，1981）。1898年波恩大学的A. F. W. Schimper教授的《以生理为基础的植物地理学》和1909年丹麦植物学家E. Warming的《植物生态学》两书的发表，标志着生态学作为一个独立学科的诞生（孔繁德，2001）。目前，生态学已发展成为一个跨学科、综合性的现代学科体系。现代生态学理论的研究对象主要包括种群生态学、群落生态学、生态系统生态学和景观生态学等内容。

种群生态学。种群（Population）是指在特定时空内同种个体的集合。种群生态学是研究种群与环境之间相互关系的科学，研究的重点是种群的时空分布和数量动态的规律及其调节机制。人类只有掌握了自然种群的空间特征、数量特征、遗传特征和动态规律，才能科学利用生态规律开展经济社会活动，推动经济社会环境持续和谐发展。

群落生态学。生物群落是指在特定时空内的各种生物种群有规律的组合体。主要包括：植物群落、动物群落和微生物群落。群落生态学是研究生物群落与环境相互关系及其规律的科学。生物群落的空间结构特点表现为：垂直结构指垂直方向上的成层现象，是生物充分利用空间的自然选择的结果；水平结构指群落配置或水平格局。

生态系统生态学（Ecosystem Ecology）是以生态系统为研究对象，对生态系统的组成要素、结构与功能、发展与演替，以及人为影响与调控机制进行研究的生态科学。其主要研究任务包括：自然生态系统的保护与利用，生态系统调控机制，生态系统退化机理、恢复模型及其修复研究，全球性生态问题研究与生态系统的可持续发展研究。

景观生态学（Landscape Ecology）是德国著名植物学家 C. Troll 于 1939 年首先提出来的。景观是指由不同土地单元镶嵌组成的，具有明显视觉特征的地理实体，是由不同镶块（生态系统）相互作用构成的统一体。景观是复合生态系统，景观生态学是研究由相互作用的生态系统组成的异质地表的结构、功能和变化的科学，是比生态系统更高一个层次的研究，它强调空间格局对生态系统功能的和生态过程的影响。Forman 和 Gordron（1986）提出了景观生态学的七条原理，即景观结构和功能原理、生物多样性框架、物种流原理、养分再分配原理、能量流动原理、景观变化原理和景观稳定性原理（蔡晓明，2000）。由于景观生态学重视人地关系，能够充分发挥与经济学、社会学等学科交叉的优势，在区域规划、土地利用、自然保护、生态旅游等领域得到了广泛应用（贾春宁，2004）。

生态位原理。生态位是指种群在群落中与其他种群在时间上和空间上的相对位置及其资源利用和机能关系（何兴元，2002）。它在物种间的关系、生物多样性、群落结构及演替和种群进化等方面已广为应用。城市中的资源和空间较自然界更为有限，而城市森林中的每个物种的生存都需要一定的空间和资源，这样会引起与同样需要的物种间的激烈竞争。竞争和选择的结果使种群间产生了生态位隔离，避免和减少了生态位重叠，使城市森林在一定范围内表现出生物多样性特点（郭清和，2005）。

生物多样性导致群落稳定性原理。生态系统是一个控制论系统，通过反馈调节，维持系统的稳定状态。生物群落与环境之间保持生态平衡的稳定状态的能力，是与生态系统物种及结构的多样性、复杂性呈正相关。这是由于在复杂的生态系统中，当食物链（网）上的某一环节发生异常的变化，造成能量、物质流动的障碍时，可以有不同的生物种群间的代偿作用给予克服。城市森林中若有多种生活型、生态型和基因型植物种、种群的存在，将增强城市森林生态系统的稳定性。

生态演替原理。生态系统的演替是指生态系统随时间的变化，一个类型的生态系统取代另一个类型的生态系统的过程。演替通常是以稳定的生态系统为发展的顶点，表现为一个群落取代另一个群落。

生态平衡原理。当生态系统达到动态平衡的最稳定状态时，它能够自我调节和维持自己的正常功能，并能在最大程度上克服和消除外来的干扰，保持自身的稳定性。当外来干扰超越生态系统自我调节能力，而不能恢复到原初状态时，谓之生态失调或生态平衡的破坏。也就是说，生态系统存在一个稳定性阈值。干扰超过生态系统稳定性阈值，将会造成生态系统崩溃。生态系统稳定性阈值取决于生态系统的成熟程度。城市生态系统物种种类少，食物网、食物链较简单，遇到外界干扰，其结构很容易被破坏。由于系统自身的生态阈值较低，仅靠自身的自我调节能力维持生态平衡是不能实现的，必然要不断地向系统输入能量、物质和信息，以维持其有序的耗散结构，达到稳定的生态平衡状态（郭清和，2005）。

景观的多样性可导致自然界中景观的稳定性。景观多样性是景观生态学研究的一个主要内容。Forman 和 Gordron（1986）将景观生态学的研究内容概括为三个方面：景观结构、景观功能和景观动态。景观结构即景观组成单元的类型、多样性及其空间关系。景观结构、景观功能和景观动态是相互依赖、相互作用的有机联系整体，结构与功能相辅相成，结构在一定程度上决定功能，而结构的形成和发展又受到功能的制约。因此，从某种角度讲，景观的多样性可导致自然界中景观的稳定性（田国行，2004）。

生态系统通常与一定空间范围相联系，以生物为主体，生物多样性与生命支持系统的物理状态有关。各要素稳定的网络式联系，保证了系统的整体性。城市生态系统中的植物与植物间、动物与动物间，以及城市生态环境与人类间存在着密切的关系。这种关系通过城市群区域的生态“点”斑块（Patch）、“线”廊道（Corridor）和“面”基质（Matrix）的有机结合并与城市内部的敞开空间连接成网络，保持了城市群区域生态系统结构的整体性，增强其抗干扰能力和边缘效应。形成网络结构的城市群区域生态系统所发挥的作用是许多小的分散的城市生态斑块所无法替代的（郭清和，2005）。

生态系统是由生物和非生物两大部分组成的，非生物部分是指生物生存的空间环境系统，它是生态系统的物质和能量来源；生物部分也称生命系统，包括动物、植物和微生物群落。生态系统结构包括物种结构、营养结构和空间结构。其中，生态系统空间结构是指生物群落的空间格局状况，包括群落的垂直结构和水平结构，以及这些空间格局随时间变化的情况。生态系统的基本功能包括生物生产、能量流动、物质循环和信息传递四个方面。

在自然生态系统中，一般情况下生命系统生长的空间大多是由各种地质活动造就的，因此“空间”常常是作为一种环境要素存在。生物对空间的建设分为两种类型：一是在某些自然生态系统中，一些生物有一定的空间建设能力——主要是植物，也包括某些海洋动物，如珊瑚虫。二是具有高度发达、成熟的社会组织的社会性生物。其空间建设所用材料部分或全部来自于环境或其他生物。主要为自身——附带也为一些其他生物提供栖居场所。人类在定居过程中建设形成的空间规模随着人类种群增加和智能水平提高而迅速膨胀，已经逐渐突破了“客观”范畴——不仅极大地改变了定居地的自然空间状态，而且形成了自己种群特有的空间建设和利用规则。人工建设的物质空间子系统包括：基础设施系统、道路系统、绿地系统、城市水系、各种用途的建筑群、设施及其周边环境等。其中的绿地系统是以人类为主导与城市植物共同建设而成的。即使是绿地系统中保有的一些原始地带，往往也是出于某些特殊需要而刻意保留的。城市水系往往结合自然地形和天然水系建设。由于水系具有多种功能，所以建设情况更为复杂——主要用于游憩和景观的水道常常与水生生态系统和水岸过渡带生态系统的建设者（多是各种水生、湿生植物）共建；对用于水上交通的部分，主要人类交通设施需要进行改建；有些部分又与基础设施系统的排水系统（包括雨水、污水）结合，受到这些功能的影响。水体的连通性、流动性对水系的不当建设和使用很容易产生负面影响，造成其他连带价值损失。基础设施系统主要包括各种管道系统，常见的有给水、排水、供热、电力、电讯几类。每一类往往又根据不同的用途细分，例如，电信就可以分为有线电话、有线电视、信息网等（毕凌岚，2004）。

软质环境。软质环境包括经济、社会、文化三大子系统。它们是由人类创造的，是人类社会所特有的“环境”，一般不以物质实体的形式出现，但却在某种程度上决定了物质空间子系统的功能、形态和组织结构。有时甚至会进一步干扰城市生态系统本底的物理要素。例如，采用不同能源结构的经济体系会造成城市大气成分的不同改变。软质环境三大子系统的某些要素和作用规律主要针对人类特有的种群内部组织结构，以“关系”的形式存在。它们可能会对物质空间环境产生影响，也可能不会。但是还有一些要素却明确地限制了物质空间环境的形态、结构，对物质空间子系统具有决定性作用。例如，中国古代“礼制”中社会组织等级划分的物质表现就直接包括了对住宅形态、城市形制的规定。这些社会和文化要素在整个封建社会阶段以法律的形式对中国城市的物质空间子系统建设进行绝对界定，其影响力在现在中国的城市物质空间子系统的建设还有所体现（毕凌岚，2004）。

综上所述，生态学的研究对象——生态系统具有明显的空间特性，与自然空间结构相互吻合。人类经济社会活动与自然生态规律有机耦合，经济社会环境互利共生、协同进化、可持续协调发展；否则，将使城市群区域经济社会环境三者之间进入恶性循环状态。

二、互利共生理论与城市群结构功能优化升级

生态学认为，互利共生是两物种相互有利的共居关系，彼此间有着直接的营养物质的交流，相互依赖，相互依存，双方获利（李博，2000）。

城市群生态环境与城市群经济社会发展之间也是一种相互依存、共生共荣的关系。共生导致有序，共生的结果使城市群结构合理有序，城市群生态环境持续保持良好状态，自然资源得到合理利用，经济社会可持续发展，系统获得多重效益，功能得以提升。共生者之间差异越大，系统多样性越高，从共生中受益也就越大（杨士弘，2003）。城市群结构合理，城市群生物多样性越高，城市群生态环境良性循环，将会促进城市群经济社会的快速健康发展；城市群经济社会可持续发展也有利于城市群结构的进一步优化，使城市群生态环境质量不断提高。城市群结构与城市群经济社会发展之间有着直接的物质流、能量流、信息流、生态流的密切交流关系，二者相互依赖，互利共生（见图3-4）。

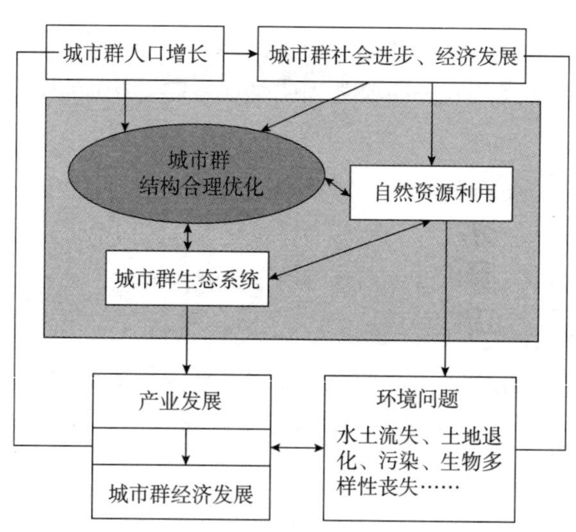

图3-4　城市群结构合理优化与社会经济共生机制

三、协同进化理论与城市群结构功能优化升级

客观世界的物质系统是由若干个子系统组成的，各子系统之间存在着某种关联，当子系统之间的关联足以束缚子系统的状态，使系统总体在宏观上显示出一定结构时，子系统之间便形成了协同，协同导致有序（Haken，1976）。各子系统协同发展过程中，子系统之间既相互激发又相互制约、连锁反馈地耦联在一起，但有些子系统变化快，有些子系统变化慢，在它们相互作用中慢的子系统控制着快的子系统。在生态学上，协同进化是指在物种进化过程中，一个物种的性状作为对另一物种性状的反应而进化，而后一物种性状的本身又作为前一物种性状的反应而进化的现象（李博，2000）。

城市群结构与城市群经济社会之间就是一种协同进化关系。城市群结构合理有序，有利于城市群生态环境改善，继而促进城市群经济社会发展；城市群经济社会可持续发展，有利于生产力合理布局，有利于加大生态建设资金、技术投入，使“三废”排放减少、“三废”处理率提高，污染在源头得以治理，生态环境得到进一步改善，最终使城市群结构更加合理有序，系统功能得以提升［见图 3-5（a）］。反之，城市群结构不合理，城市群各城市之间交叉污染，城市群生态环境日趋恶化，这种由于经济行为导致的环境污染使生态差异量和种类量减少，环境质量下降，生产和经济系统在遭受环境和其他条件恶化影响下的恢复性就低，就会严重影响城市群经济社会的可持续发展；城市群经济社会不能健康发展进一步导致城市群财力不足，严重制约着投入于城市群生态环境建设方面的人力、物力、财力，城市群生态环境日趋恶化，城市群生态空间结构更加杂乱无序，最终将形成恶性循环［见图3-5（b）］。因此，我们要避免造成“城市占耕地—耕地占林草地—林草地退化后泥沙占水体—尘雾罩城市—城市群经济社会不能持续发展”的恶性循环局面，要通过宏观和微观措施不断调整城市群生态空间结构，使其合理有序；同时也纠正了生产力布局中的不合理现象，使城市群发展能够不断

适应自然生态环境，最终实现其协同进化目标。

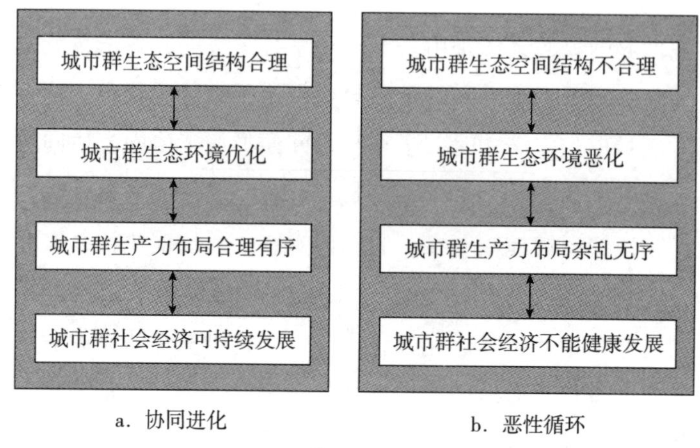

图 3-5 城市群结构与社会经济协同进化机制

第五节 生态系统有序理论与城市群结构功能优化升级

一、生态系统有序理论

生态系统是以生物为主体的有生命的动态开放系统，该系统不断与外界进行着物质、能量和信息交换。生态系统具有以下几个特征：复杂有序的层级系统构成整体性；生态系统具有开放的自维持、自调控功能；生态系统具有动态的、生命的特征。

有序是关于规律性的一个笼统概念，在不同的学科中含义不同。有序和无序在哲学范畴的种类很多，可以是时间有序、功能有序、等级有序，也可以是空间结构有序。有序常常与无序伴生。在物质世界中，有序一般是指事物内部诸要素和事物之间有规则的联系、转化及系统的组织性；无序是指事物内部诸要素或事物之间混乱，且无规则的组织，在运动转化上的无规律性。有序和无序是相对而言的，在一定条件下是可以实现互相转化。在城市群地区，城市化的强烈干扰往往使自然生态环境的自然演变过程发生改变，原有的自然生态格局被打破，使自然生态系统趋于无序。

作为客观物质世界中广泛存在的现象，有序和无序可以被统计度量。例如，可以用熵来度量，它可以为保持自然生态系统趋向有序创造条件。

熵是衡量一个系统有序程度的量。一个系统内部的能量和物质流动会引起系统成员的状态和系统内部的排序结构或有序程度发生变化，同样这种变化也会导致产生这种能量和物质流动。在一个有序或不均衡的系统中，很微小的能量流就可以对系统的功能和行为产生很大的影响。这个系统越是有序或越是不平衡就越敏感，这种影响力就会越大。例如，一定质量的冰只需要少量的能量就会变成0℃的水，而它的分子排列方式由无序变为有序。这里的有序指的是分子空间排列具有一定的规律性（见图3-6、图3-7）。

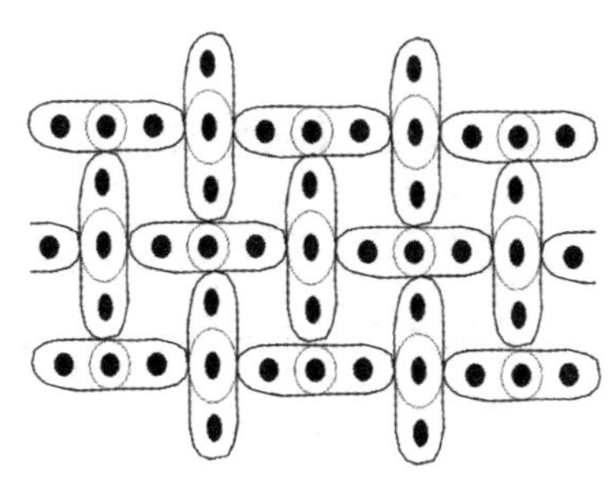

图3-6　水的结构示意图

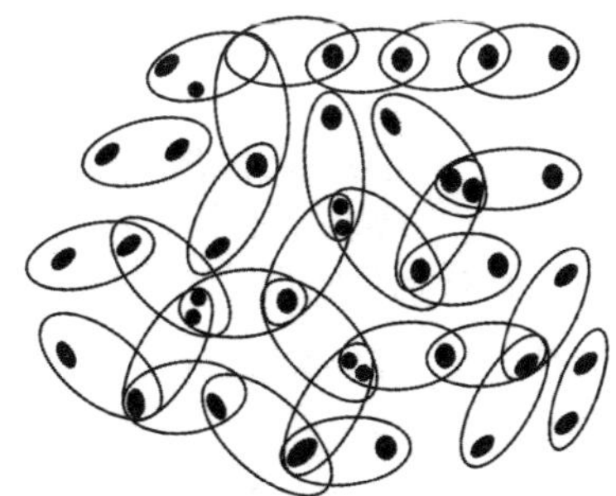

图3-7　冰的结构示意图

熵是对系统状态的一种定量化描述，它表征着系统状态的复杂与有序程度，不同组织结构的熵也不同。因此，熵可用来表征特定系统的宏观有序程度：

$$S=-\sum_{i=1}^{n}P_i\log_2P_i$$

根据最大熵原理，一个具有 N 个子系统的封闭系统，取其最大熵，此时系统有最大可能对称平衡的结构，其熵为：

$$S_{\text{Max}}=\text{Max}\left[-\sum_{i=1}^{n}P_i(t)\log_2P_i(t)\right]=\log_2N$$

系统的有序度可用熵表示为：

$$R=1-\frac{S}{S_m}$$

其中，S 为系统的熵；S_m 为系统的最大熵；P_i 为集中信息出现的概率，R 越大，表示系统有序化程度越高，系统的组织程度越高效。

由热力学第二定律得出的熵增加原理只适用于孤立体系，对敞开体系不适用，系统的有序性应该用熵补偿原理给予说明。当把系统和其环境作为一个体系时，才符合熵增加原理。系统内部也要连续不断地进行各种不可逆过程。通过环境的熵增大，向系统输入负熵流，补偿系统不可逆过程中的熵产生，从而使系统维持有序。这样，系统有条件长期保持有序结构，不但不会趋向简单和混乱，反而会越来越复杂，有序地走向演化和发展（张学真，2005）。

二、生态系统有序理论与城市群结构功能优化升级

生态系统有序理论与城市以及城市群的可持续发展有着密切关系。芝加哥学派的代表人帕克（R. E. Park）在其标志性著作《城市》中，明确提出了社会和城市研究的人类生态学方向。首先，帕克等人运用一些生态学概念，如演替、竞争、新陈代谢来描述人口迁移不同阶段的社区功能和社会秩序，并提出一些社会无序的标识，如疾病、犯罪、疯狂与自杀等；其次，该学派将城市看作一个封闭的功能系统（社区），这一功能系统可以视为有机体，特别关注有机体的时空变化特征。其突出贡献在于伯吉斯构造的理想城市模式——同心圆结构（见图 3-8）。麦

肯齐对这种结构形成的解释是，在移民的迁入过程中，城市的内部结构不断地进行调整，特定的文化群体和阶层在城市内进行着集中与分化过程，最终形成城市有机体的空间结构。

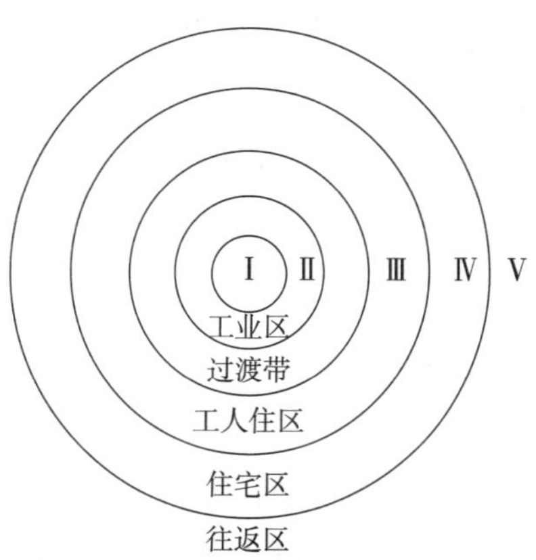

图 3-8　标准同心圆结构城市模型

另外，美国国家科学基金（NSF）资助的长期生态系统动态研究项目，主要致力于 5 个核心领域的生态系统研究，包括初级生产研究、代表营养结构的种群研究、有机质的储存和动态变化研究、营养的输送与动态变化及生态系统干扰研究（Nancy B.，2000）。1980 年，美国长期生态研究项目成立 LTER（长期生态研究）网络，并联络了 20 多个在生态系统研究方面富有成效的站点，覆盖从热带到极地、从海岸到内陆的不同类型的生态系统。所有 LTER 的共同点就是考虑两个变量，自然要素（地质基础、气候、水文过程、物种和其他地理要素）与人类活动相关的要素（土地利用、物种引进、资源消费、废弃物生产等）。上述两类变量共同作用于生态系统的动态变化过程中，对任意一个方面的缺失都不能很好地理解生态系统的长期动态变化。1997 年，LTER 吸收两个城市案例（巴尔的摩、凤凰城），首次对城市中的生态学研究与城市生态学研究加以区分。指出前者是研究城市中的生态过程与其他环境的差异，城市（人口集中与人类活动）对生态过程的影响等，主要研究内容包括城市中的动植物分布特征、物质多样性与外来物种的影响等，城市过程与城市环境变化对物种空间分布的影响等。后者则是真正将城市作为生态系统来研究，即如何将城市中的不同组成部分联结为一个有机整体，研究有机体与环境之间的能量与物质联系，有机体的新陈代谢、景观单元（Patch）的动态变化、土地利用的生态影响、生态足迹（Ecological Footprint）的估计等。

如果将生态系统理解为地理空间单元的生物及其非生物环境之间的相互作用关系，那么城市无疑就是一类生态系统。考虑到城市是典型的人类主导的生态系统，除了生态学家考虑的生态系统生物与非生物环境、生态系统结构及生态系统的功能和过程外，社会制度、文化行为、建筑环境等也是城市生态系统中的重要组成部门，这些问题也应纳入城市生态系统研究框架内。为了使自然因素与人类活动因素两类变量能够实现真正意义上的综合，巴尔的摩与凤凰城的生态系统研究采用图 3-9 的一体化研究框架。

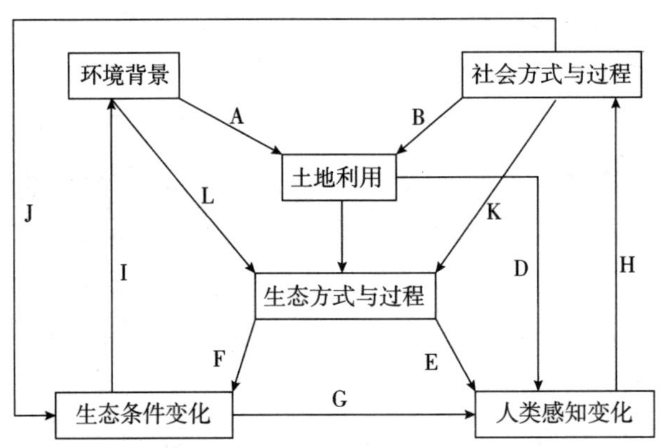

图 3-9 综合自然与人文变量的一体化城市群生态系统研究框架

注：箭头方向表示相互作用与反馈。A 为环境背景决定了土地利用范围的可能性；B 为社会决策与人的行为是土地利用变化的驱动力；C 为土地利用方式决定了生态方式；D 为土地利用变化的人类感知与反应；E 为生态方式与过程变化的人类感知与反应；F 为生态方式与过程变化导致的生态条件变化；G 为生态条件变化引起的人类感知的变化；H 为人类感知变化反馈到社会系统；I 为生态条件变化引起的环境背景变化；J 为社会系统对生态条件变化的控制；K 为社会系统对生态方式和过程的控制；L 为环境背景直接影响生态方式与过程。

LTER 的城市生态系统研究形成了一套较为完整的研究思路。它以流域（Watershed）为系统边界，便于分析系统的输入与输出，借助 GIS 手段监测和模拟土地利用变化，采用分层次的景观动态分析方法，这对于空间异质性较强的城市生态系统研究是很重要的。

分层次的景观动态分析方法认为一定规模的景观单元与一定的生态过程是相互联系的，景观单元景观决定其生态过程，而景观单元结构和排列方式随时间变化，因此需要动态分析。由于一定景观单元还可以被划分为更小的景观单元或被组成为更大的景观单元，因此采用分层次分析方法。一种灵活的分层次方法的重要性表现为，城市生态系统中许多生态过程可能发生在不同规模的景观单元上，如一些社会过程可能发生在一个“邻里”（社区或小区）的规模范围内，而其生态影响并不一定局限于同一规模范围内。同样地，资源的集中消费与废弃物排放在特定的景观单元内，但却与更为广泛的区域问题相联系。因此，景观单元的缩小与扩大规模分析，对解决具体问题是重要的。

可以说，巴尔的摩和凤凰城的城市生态系统研究，不仅建立了一体化的城市生态系统的理论框架，而且在研究方法上也取得了重要进展。尽管这项研究还处于起步阶段，但在推动城市生态系统研究方面是卓有成效的，是继 MAB 之后在城市生态系统研究方面最重要的实践领域，对城市生态学理论体系的完善发挥着重大作用（贾春宁，2004）。

1984 年，我国召开首届全国城市生态科学讨论会，至今已有 40 多年的研究历史。1999 年 8 月，昆明全国城市生态学术会议总结了近年来我国城市生态理论与研究进展，提出了城市复合生态系统研究框架，建议城市生态研究在“对象上要从以物为中心转向以人为中心，空间尺度上要重视区域和流域研究，时间尺度上要重视中跨度间接研究，研究方法上要从描述性转向机理性，研究目的要从应急型、消耗型转向预防型、效益型”，主要研究内容可以概括为表 3-1（贾春宁，2004）。

表 3-1 城市复合生态系统研究框架

基础研究	生态资产动态（盈与亏，价值核算，指标体系） 生态服务功能（强与弱，序的测度、冲突分析） 生态代谢过程（滞与竭，水、能、土、木、矿） 生态调节机制（乘与补，反馈控制，竞争、共生、自主） 系统综合方法（时空、量、构、序的综合，硬件、软件的整合）
应用研究	生态产业与产业生态工程（纵向耦合，影响评价，产业孵化机制） 生态社会与生态建筑（形与神的耦合，价值准则、规划设计手段） 生态景观与城郊边缘效应（构与序的协同，宏微观调和对策，远近补偿机制） 生态健康与生态文化（生理与心理健康，文化和历史的延续，能力建设方法） 区域及流域的生态规划、生态恢复和生态管理方法及绩效评价指标

国内外城市生态系统的研究说明：城市群生态系统是城市群社会经济有序发展的基础。城市群社会经济系统是一个开放系统，必须把社会经济系统与其周围的生态环境系统作为一个体系，才能够符合熵增加原理，通过生态环境的熵增大，向系统输入负熵流，补偿经济社会系统不可逆过程中的熵产生，从而使系统稳定有序地发展。反之，周围生态环境被破坏，无法或不能及时向经济社会系统输入负熵流，经济社会系统就无法有序发展，生态环境将对经济社会发展起着重要的约束作用。

生态环境系统有序发展与城市群结构功能优化升级之间有着密切的关系。例如，水和冰的空间排列明显不同，水和冰在自然生态系统中的作用也具有明显差异，甚至决定着不同的生命有机体能否存在。城市群区域经济社会环境的空间组合是否符合自然演变规律，是否能够有序排列，即城市群区域的结构是否优化，在某种程度上直接影响着城市群系统功能的有效发挥与实时升级。

第六节　可持续发展理论与城市群结构功能优化升级

一、可持续发展理论

1. 可持续发展理论的产生

可持续性观念源远流长。然而现代可持续发展理论源于人们对愈演愈烈的环境问题的热切关注和对人类未来的希冀。世界人口的爆炸式增长、自然资源的日渐短缺和生态环境的不断恶化，是现代可持续发展理论产生的背景。

可持续发展理论的产生过程大致可以划分为三个阶段。可持续发展理论的萌芽时期（20 世纪 50~70 年代）。这一时期，不少资源经济学家、环境经济学家和经济学家分别从资源最优利用、环境保护等方面进行大量研究，其理论和观点隐含了不少可持续利用、可持续分析和可持续发展的思想，为可持续发展概念的产生提供了认识基础。这一时期的代表性人物主要有 Curacy Wamtrup、Bishop、Forester、Carson、Boulding 等。20 世纪 60 年代，R. Carson 在其《寂静的春天》一书中，揭示了人类活动对生态环境的影响，引起世人瞩目。其后，以 D. L. Meadows 为首的美国、德国、挪威等一批西方科学家组成的罗马俱乐部通过运用多种宏观模型模拟人口增长对资源消耗过程，提出世界趋势的研究报告——《增长的极限》。报告指出：如果目前的人口和资本的快速模式继续下去，世界将面临一场“灾难性的崩溃”，而避免这种前景的最好方法是限制增长，即“零增长”。该报告对世界工业化和城市化发展所做的估计进一步激发了人们从生态学视角研究城市问题的兴趣。1971 年 MAB 委员会在巴黎会议上提出了 14 个研究项目，其中项目 11 为

“城市和工业系统能量利用的生态学前景”，确立了 MAB 的城市系统生态学研究方向。MAB 致力于建立城市系统的生态学范式基础，针对城市问题，开展跨学科综合研究，以便更好地理解复杂系统（城市）及其与内陆腹地之间的关系。20 世纪 70 年代以来，MAB 计划组织了不同学科的科学家（包括生物地理学家、生物化学家、社会科学家及政治学家），在世界范围内建立了 150 个研究基地，其中有代表性的包括中国香港、德国的法兰克福、瑞典的哥特兰岛、新几内亚的莱城、阿根廷的布宜诺斯艾利斯、韩国的首尔等。MAB 城市系统生态学研究对于指导城市开发规划与管理决策支持意义重大，并发挥重要的示范作用。20 世纪 80 年代中期以后，MAB 城市研究的 4 个重要领域为：开发包括城市地区及其周围地区在内的城市化与环境变化之间的相互关系模型；研究城市化带来的人口变化以及城乡人口流动的环境结果；示范领域的研究集中于城市的能量与物质循环研究；城市绿地的规划管理，包括市民对绿地的需求及土地利用与自然环境的负荷等（John Celecia，2000）。此外，1972 年联合国人类环境会议通过了《人类环境宣言》，提出了人类应该统一的 7 个共同观点和必须遵循的 26 项共同原则。阐述了人是环境的产物，也是环境的塑造者，保护和改善人类环境关系到各国人民的福祉与经济发展，是人民的迫切愿望，是各国政府应尽的职责，要为当代和子孙后代保护环境，为了在自然界获得自由，人类必须保护自然等观点，这些都为可持续发展观的诞生提供了基本的理论基础。

可持续发展理论的提出与探索时期（20 世纪 80 年代至 1992 年）。这一时期，可持续发展成为最引人注目的词汇，也是可持续发展概念热烈讨论和可持续发展理论提出与探索阶段。其中，影响较大的可持续发展的内涵包括下述三个方面：可持续发展的目标是发展，确保人类生存；可持续发展的本质是寻求经济、社会与资源环境之间的动态平衡；可持续发展的核心在于当代人、区际与代际之间的公平。

可持续发展理论丰富与发展时期（1992 年以来）。1992 年在里约热内卢召开《环发大会》，提出可持续发展战略。在联合国《21世纪议程》发表之后，世界各国政府相继制定《国家21世纪议程》，提出相应的可持续发展战略、行动计划。世界资源研究所（WRT）、国际环境发展研究所（IIED）、联合国环境规划署（UNEP）联合声称，可持续发展是我们的指导原则，并据此研究现实与未来的世界发展与人类生存问题。这些可持续发展纲领性文件以及国际研究机构、各国学者的大量的理论探索与实践，使可持续发展理论进入丰富与发展时期。20世纪末期以来，可持续发展研究重点如下：着眼于全球、强调区际和国际联合行动；着眼于第三世界国家结构调整、环境与可持续发展；着眼于环境保护与生态平衡研究等。世界各国可持续发展战略主要涉及：转变过去的单纯经济增长、忽视生态环境保护的传统发展模式，追求生态环境与经济发展动态平衡的新经济发展战略；由资源型经济过渡到知识经济，综合考虑社会、经济、资源、环境效益与协调发展；通过产业结构优化与调整、技术开发与创新、清洁生产与持续利用，进一步发展循环经济，使经济、社会、资源、环境进入有序良性循环和持续稳定发展阶段。

在各国可持续发展战略实施过程中，为了科学衡量和评价各国可持续发展进程和择优选择并探索其路径，各国理论界和实践界的专家学者非常重视可持续发展的评价理论和实践研究，尤其是区域可持续发展的指标体系更是人们关注的焦点。国际上较有影响的评价指标体系包括：经济合作与发展组织（OECD）1990年提出的“压力—状态—响应”（PSR）要领框架模型；联合国可持续发展委员会（UNCSD）1996年提出的可持续发展指标体系；英国1995年提出的可持续发展指标体系；美国1996年提出的可持续发展指标体系；世界银行（WB）1995年的新国家财富指标、真实储蓄率指标；联合国统计局提出的环境—经济综合核算体系（SEEA）（Bartelmus P.，1993）；人类发展指标（HDI）（UNDP，1997）；等等。

2. 可持续发展理论内涵

可持续发展理论内涵。1987年，联合国环境与发展委员会在《我们共同的未来》报告中，将可持续发展解释为既要满足当代人的需要，又不危及后代人满足其需要的能力构成的发展。可持续发展的含义在全球达成共识并非易事，但是，世界环境与发展委员会在1998年给出的概念，在最概括意义上得到了广泛接受和认可，并在1992年联合国环境与发展大会上得到全球范围内的共识。可持续发展具有明确的内涵。其中首先是发展，要看到发展是人类永恒的主题。其次是协调，这是可持续发展的核心内容。既强调代内公平，又强调代际公平。只有实现了经济社会与生态环境的协调，才有可能实现经济社会的可持续发展。

可持续发展理论趋向。可持续发展理论建立与完善沿着三个方向揭示其内涵和实质，即经济学方向、社会学方向和生态学方向。与此同时，可持续发展的研究还涉及自然环境的加速变化、自然环境的社会效益、自然环境的人文痕迹等，力图把当代与后代、区域与全球、空间与时间、结构与功能等有机地统一起来。

可持续发展理论的经济学方向，是从区域开发、生产力布局、经济结构优化等作为基本内容。该方向的一个集中点是力图用“科技进步贡献率抵消或克服投资的边际效益递减率”，作为衡量可持续发展的重要指标和基本手段。该方向的研究以世界银行的《世界发展报告》（1998）和莱·布朗发表的《经济可持续发展》（1996）为代表。

可持续发展理论的社会学方向，是以社会发展、社会分配、利益均衡等作为基本内容。该方向的一个集中点，是力图把“经济效益与社会公正取得合理的平衡”，作为可持续发展的重要指标和基本手段。该方向以联合国开发计划署的《人类发展报告》（1998）及其衡量指标“人文发展指数”为代表。

可持续发展理论的生态学方向，是以生态平衡、自然保护、资源环境的永续利用等作为基本内容。该方向的一个集中点，是力图把“环境保护与经济发展之间取得合理的平衡”，作为可持续发展的重要指标和基本原则。该方向以挪威原首相布伦特兰夫人（1992）和巴信尔等

（1990）的研究报告和演讲为代表。

可持续发展遵循的基本原则。具体包括：公平原则、持续原则、协调原则、资源环境价值原则、公众参与原则、生态安全原则、区域特色原则等（关琰珠，2002）。

公平原则不仅强调同一代人中某一区域的发展不能建立在牺牲其他区域利益的基础之上（代内公平），而且还强调当代人的发展不能建立在牺牲后代人利益的基础之上（代际公平），最终形成代内权利公平、代际权利公平。可持续发展既要求得空间维度上的同代人的公平，还要求得时间维度上的代际公平。

持续原则是指人类的经济社会活动不能超过资源承载力、环境容纳量以及生态承载力所允许的范围，以保持经济、社会、生态环境的持续和谐发展。其中，生态持续发展是基础，经济持续发展是条件，社会持续发展是目的。在城市群生态空间结构优化重组过程中，必须正确运用持续性原则，使城市群区域的各生态功能区达到最优组合，以提高城市群区域生态承载能力，保持生态资源再生速度大于生态资源消耗速度，生态环境容量增速大于污染物排放增速，生态抵御能力大于生态破坏能力，促进城市群区域向着经济繁荣、社会文明、环境优化、资源持续利用、生态良性循环的方向发展。

协调原则是指城市群区域经济社会活动与自然生态环境之间和谐相处、协调发展，使城市群区域以及城市群区域与其他地区之间形成的系统整体功能最优化、经济社会生态效益最大化。

资源环境价值原则。可持续发展思想的新理念——环境就是资源，即环境是有价值的。环境资源价值原则要求人类必须树立新的资源价值观，重新认识和理解环境的重要作用，通过科学的分析计算，正确反映出环境的真实价值以及其对经济社会发展的重要作用。通过立法变环境资源无偿使用为有偿使用，实现环境资源市场化。

公众参与原则是指通过教育引导使公众正确认识和运用可持续发展理念，主动自觉地保护环境资源、节约环境资源、防治环境污染和生态破坏，共创、共建、共享城市群区域优美的环境。

生态安全原则。随着社会的发展，生态安全已与国防安全、经济安全、政治安全等成为国家安全的重要组成部分。生态安全是指国家生存和发展所需的生态环境处于不受或少受破坏与威胁的状态，国家资源达到有效管理和合理使用，并对国家可持续发展具有良好的支撑和保障能力（孟旭光，2002）。

区域特色原则。我国地域辽阔、人口众多，自然资源环境复杂多样，区域差异较大。区域特色要求一个地区的经济社会发展必须与当地的自然资源环境有机地结合起来，立足区域特点，利用区位优势，创造优美环境，将环境资源优势转化为经济优势，促进区域经济、社会和生态环境全面持续发展。

我国在可持续发展的理论研究与实证研究方面，有着独特的思路。不仅在上述三个方向进行了研究，而且独立地开创了可持续发展的第四个方向，即系统学方向。其突出特色是以综合协同的观点，去探索可持续发展的本源和演化规律。以“发展度、协调度、持续度的逻辑自洽”作为中心，有序地演绎了可持续发展的时空耦合与三者互相制约、互相作用的关系，建立了人与自然、人与人关系的统一解释基础和定量评判规则。该方面的研究以中国科学院的《中国可持续发展战略报告》（1999，2000）为代表。

二、可持续发展理论与城市群结构功能优化升级

城市群区域各城市之间除了具有一定强度的经济社会相互作用外，还必然存在一定强度的生态环境的相互作用。城市群区域各城市之间在生态环境方面的相互作用，一方面是通过各城市对城市群区域生态系统的资源（包括区域生物资源和所处的水圈、土壤岩石圈中的所有资源）利用的形式表现出来的；另一方面是通过各城市对区域生态系统排放污染物的形式表现出来。当城市群区域各城市所共用的某一种生态资源在数量上足够大，并且质量较高时，各城市取用这种资源时往往感觉

不到另一个城市的影响；同样，当城市群区域环境容量相当大，使各城市排放某些污染物对城市群生态环境的质量影响不大时，各城市对城市群区域内其他城市在生态环境方面的作用也感觉不明显。但是，当城市群区域的规模及其耗用的城市群区域生态系统的资源数量超过一定界限后，各城市就会明显感觉到，某些城市耗用某些资源的不断增加的结果，必然使另一些城市耗用资源时在数量上和质量上遇到种种困难；同样，当城市群区域各城市所排放的污染物超过了区域生态系统的环境容量后，各城市也会受其他城市排放的污染物的危害（陈军飞，2004）。

从可持续发展理论出发，城市群区域各城市之间的经济、社会、环境的发展必须协调。城市群区域各城市的经济社会发展或生产力布局必须从城市群区域经济社会发展的角度出发，按照各个城市在城市群区域的定位（或社会分工）安排经济社会发展，进行生产力布局，使城市群区域各个城市的经济社会发展形成一个有机整体。城市群区域经济社会发展必须与城市群区域的生态环境容量协调一致。即城市群区域经济社会发展必须与城市群区域的资源优势、资源存量相一致，能够充分发挥城市群区域的区域优势。更重要的是，城市群区域经济社会发展必须与城市群区域的生态环境容量相一致，即城市群区域各城市所排放的污染物不能超过城市群区域生态系统的环境容量。因此，城市群区域的可持续发展主要表现为经济社会的可持续发展、生态环境的可持续发展。城市群区域结构功能优化升级是城市群区域经济社会环境质量提高、系统功能不断提升的重要前提。反之，城市群区域可持续发展是城市群区域结构功能优化升级的保证。

第七节　城市群结构功能优化升级模式

一、城市群结构功能优化升级演变过程

根据上述理论，城市群结构功能优化升级过程主要经历以下四个阶段：

1. 单个企业发展阶段

工业化初级阶段，工业产品供不应求，企业形成主要依据各个地点的资源情况和交通状况等，企业空间分布呈现比较均匀的散点状。改革开放初期，我国村办企业的快速发展就是一个典型的例证。

2. 小城镇产业集群发展阶段

随着工业化的不断推进，工业产品供应不断增多，市场竞争日趋激烈。企业发展规模由小变大，以规模效益取胜于市场。与此同时，上下游产品衔接、相关企业合作加强，产业发展进入集群阶段。即企业不断向城镇工业园区集聚。由于园区基础设施配套、中介服务完善、上下游以及旁侧产业有机整合，因此集群效益大为提高。

3. 城市层面特色产业集群阶段

特色产业集群形成于城市比较优势资源（特色资源）基础之上，各城市资源环境条件、原有经济基础、社会历史文化背景有着很大差异。不同城市的同一产业集群效益存在很大差异。因此，根据城市比较优势资源，培育和发展特色产业集群将使城市产生比较竞争优势，产生更好的经济效益和社会环境效益。城市特色产业集群是城市地域范围内包括小城镇层面产业集群整合的结果。城市地域范围内分工合理促使城市特色产业集群形成，城市特色产业集群的形成发展是城市空间结构优化的象征。

4. 城市群层面特色产业集群阶段

城市群特色产业集群是城市群区域比较优势资源（特色资源）得以合理利用的集中体现。特色产业集群具有很强的地域性，不同的城市群区域，其资源条件、经济基础、科技水平、社会文化习俗等资源要素有着很大差异，适宜于发展不同产业，从而形成各具特色的产业集群。城市群区域比较优势资源作为生产要素存在或者作为消费者偏好可以为企业提供具有比较优势的生产要素和较稳定的广阔市场，通过市场对资源要素优化配置逐渐形成特色产业，特色产业的上下游产业和旁侧产业相互衔接，便形成同类产业的不断集聚。集群效应将引导研发、中介服务等机构的不断加入，将进一步提高集群效益，特色产业集群逐步形成。因此，城市群特色产业集群是城市群区域各城市分工合作、协同发展的结果，也是城市群空间结构优化的集中体现（见表 3-2、图 3-10）。上述四个阶段既是产业发展的一个升华过程，也是城市群区域空间结构不断优化的过程，二者相互影响、相互促进。

表 3-2　城市群空间结构演变过程

产业集群演化阶段	单个企业	产业集群（企业集群）	城市特色产业集群	城市群特色产业集群
空间演变形式				
产业分布特点	均匀分散分布	以城镇工业园区集群分布为主	以城市产业集聚区集群分布为主	以城市群产业集聚区集群分布为主
产业集群形成动因	供不应求，卖方市场	供应增加，出现竞争	市场竞争日趋激烈	全球范围竞争更加激烈

世界城市化水平不断提高，世界城市群“廊道组团网络化模式”逐步形成。城市化使非农区域不断扩大，农区等生态功能区面积不断缩小，二者之间是一种此消彼长的关系（郭荣朝、苗长虹，2010）。

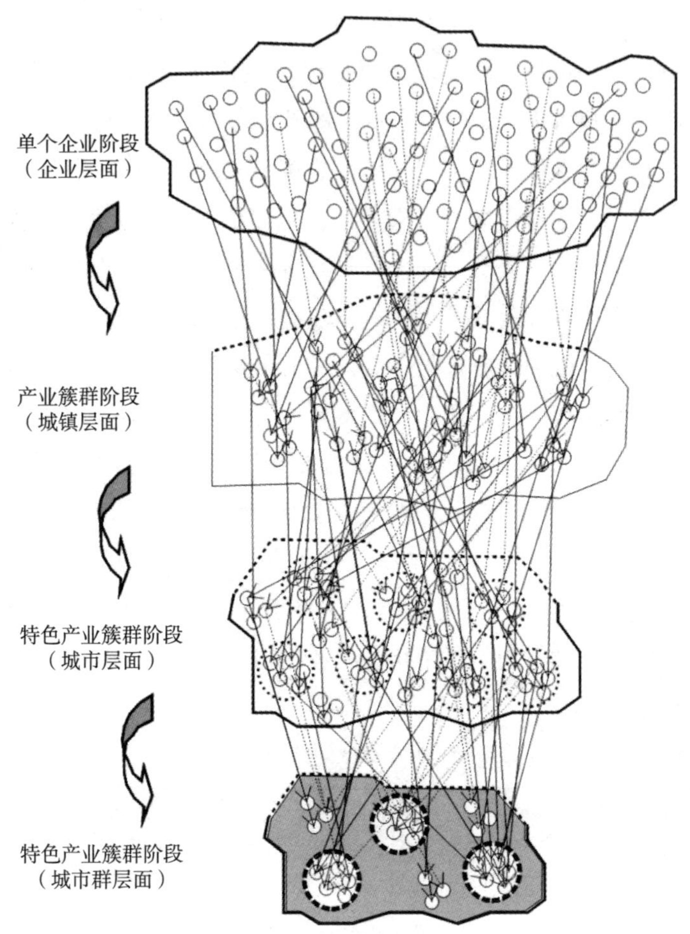

图 3-10　城市群特色产业集群与空间结构优化关系

二、城市群区域结构功能优化升级模式

1. 城市群区域城镇廊道组团网络化模式

因时空条件差异，城市群特色产业集群发展水平差异，使区域尺度范围内的“廊道组团网络化”城市群空间结构优化模式形成三个变种。①“带状廊道组团网络化”城市群空间结构优化组合模式。城市群特色产业集群发展初期阶段的平原地区（或山区），基础设施建设使复合

通道地带（交通走廊、信息通道等组合而成）生产要素流动集聚增强，城市群特色产业集群首先在复合通道地带形成，并呈现出带状廊道组团网络化城市群空间优化组合模式［见图 3-11（a）］。②“放射状廊道组团网络化”城市群空间结构优化组合模式。城市群特色产业集群成长阶段的平原地区（或多条谷地相互交叉的山区），随着基础设施建设力度的进一步加强，由带状复合通道逐步演化为放射状复合通道，城市群生产要素整合范围进一步扩大，整合深度进一步增强，城市群特色产业集群进一步发展，放射状廊道组团网络化城市群空间优化组合模式逐步形成［见图 3-11（b）］。③“同心圆状廊道组团网络化”城市群空间结构优化组合模式。城市群特色产业集群成熟阶段的平原地区，随着基础设施建设的进一步完善，城市群区域范围内的生产要素完全整合为一个有机整体，城市群特色产业集群也进入稳定发展时期，其空间响应为“同心圆状廊道组团网络化”城市群空间结构优化组合模式［见图 3-11（c）］（薛东前、王传胜，2002）。

城市群空间结构优化是一个复杂的系统工程，必须在充分了解城市群区域内部各类资源要素状况和外部环境条件的基础上，科学分析预测产品的市场需求趋势，才能明确城市群区域比较优势资源，继而通过特色产业集群培育推动城市群空间结构优化，通过城市群空间结构不断优化来促进特色产业集群发展壮大，最终使特色产业集群与城市群空间结构优化进入良性互动状态，使特色产业集群发展达到最佳效果，使人为主动的城市群空间结构优化更加符合经济社会环境演进规律，更接近“理想状态”（郭荣朝、苗长虹，2010）。

2. 城市群区域生态廊道组团网络化模式

种群是指在特定时空内同种个体的集合。生物群落是指特定时空内各种生物种群有规律的组合体。人类只有掌握了自然种群以及生物群落的空间特征、数量特征、遗传特征和动态规律，才能科学利用生态学及相关学科理论优化重组城市群生态空间结构，使城市群区域生态环境承载能力最大，以此推动城市群区域经济社会环境健康可持续发展。

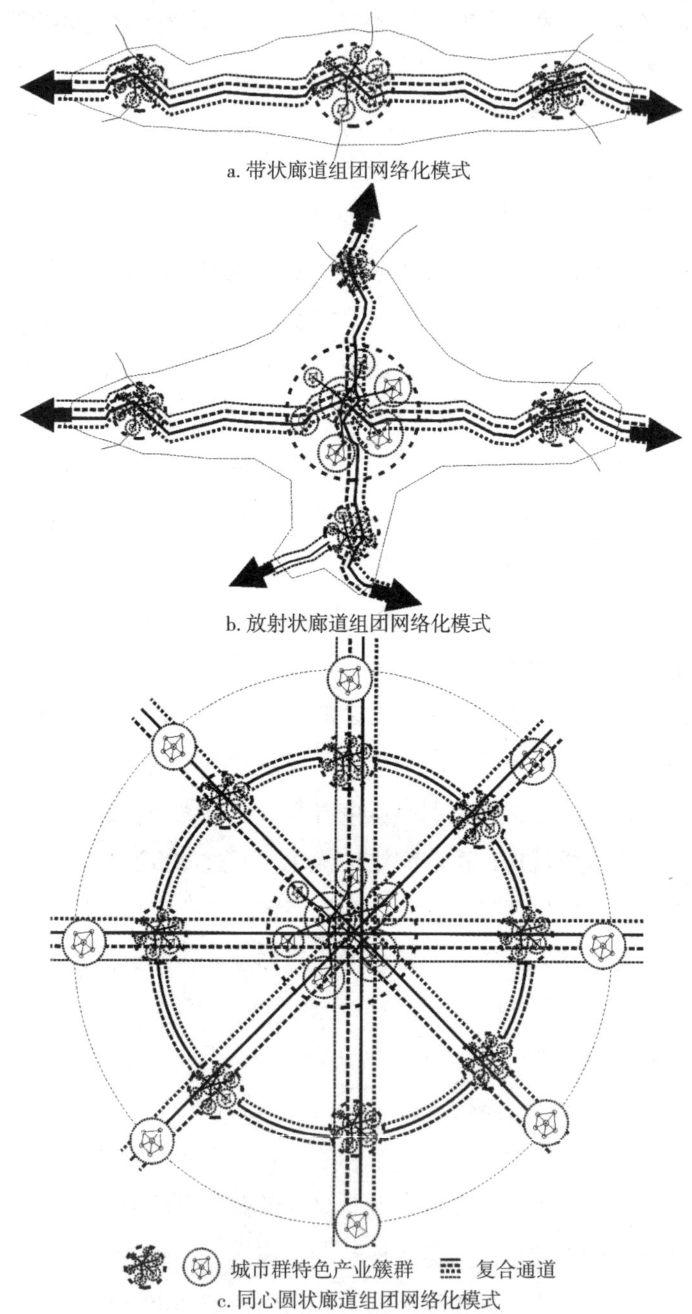

图 3-11 “廊道组团网络化”城市群空间结构优化模式（区域尺度）

为此，本书构建了“廊道组团网络化”城市群生态空间结构优化组合模式。它是在城市群区域背景基础上，将生态廊道、生态斑块、生态基质等生态功能区按照空间相互作用、互利共生和协同进化原理，进行有机整合而形成的“廊道组团网络化”格局。①生态廊道。包括自然生态廊道（如河流等）、人工生态廊道（如交通道路等）等。②生态斑块。包括城乡聚落生态斑块，农区中的森林、草地斑块，山区中的农地斑块等。③生态基质。山地生态基质往往与森林等密不可分，然而林区是由不同种群组合而形成的各类生物群落（各种林相）斑块组成，其间往往由相应的生态廊道将其有机地联系在一起。同理，农区（耕作区）生态基质、草地生态基质和水体生态基质等，也可以细分为不同的生物群落斑块。生态廊道网络类似于人体血管，生态基质、生态斑块等类似于人体心、肺、肾脏等重要器官。“廊道组团网络化城市群生态空间结构优化组合模式”与城市群经济社会发展空间布局的有机耦合，是城市群区域经济社会环境可持续发展的基础（见图 3-12）。

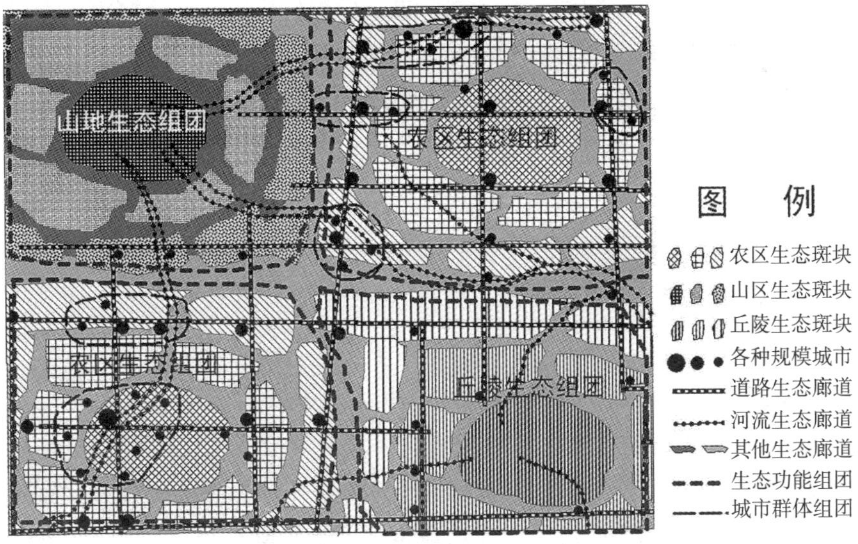

图 3-12　廊道组团网络化城市群生态空间结构优化组合模式

城市群生态空间结构优化重组是一个复杂的系统工程，必须通过充分调研、科学预测、合理规划，才能使现实演变状况更接近“理想状态”，才能使人为主动的重组符合自然演进规律并达到最佳效果（郭荣朝、苗长虹、夏保林等，2010）。

第八节 相关案例

一、全球尺度——世界城市群“廊道组团网络化模式”

随着经济全球化和全球城市化的不断推进，世界城市（World City）已经形成。以纽约为中心的美国东北部城市群，以伦敦、巴黎为中心的西欧城市群，以东京为中心的太平洋沿岸城市群等世界级城市群相继出现。世界各城市群之间相互影响、相互协同、互利共生，并通过交通、信息等快速通道有机地联系在一起，世界城市群逐步进入“廊道组团网络化”发展时代（见图 3-13）（顾朝林，2000）。

各城市群区域为确保其经济社会环境的可持续发展，在城市群区域的生态功能区质量提高以及城市群生态空间景观优化方面做了大量工作，采取了诸多措施。例如，纽约规划协会（Regional Plan Association, RPA）于 1922 年应运而生，RPA 作为一个非营利性的区域规划组织，致力于通过研究、规划和倡导以提升纽约州、新泽西州相邻区域的生活质量和经济竞争力。在 RPA 成立的 80 多年里，为城市群区域持续发展构建了交通体系、保护了开敞空间、推动了美好社区的设计。尤其是 1996 年 RPA 进行的第三次区域规划，面对全球经济增长缓慢和未来发展的不确定性、发展方向的不可持续性、多元化社会分化依旧严重和环境污染城市蔓延等诸多问题，规划提出了旨在提升生活质量的 3E 目标［即经济（Economy）、环境（Environment）、公平（Equity）］。通过 5 个战役［即植被（Greensward）、中心（Centers）、机动性（Mobility）、

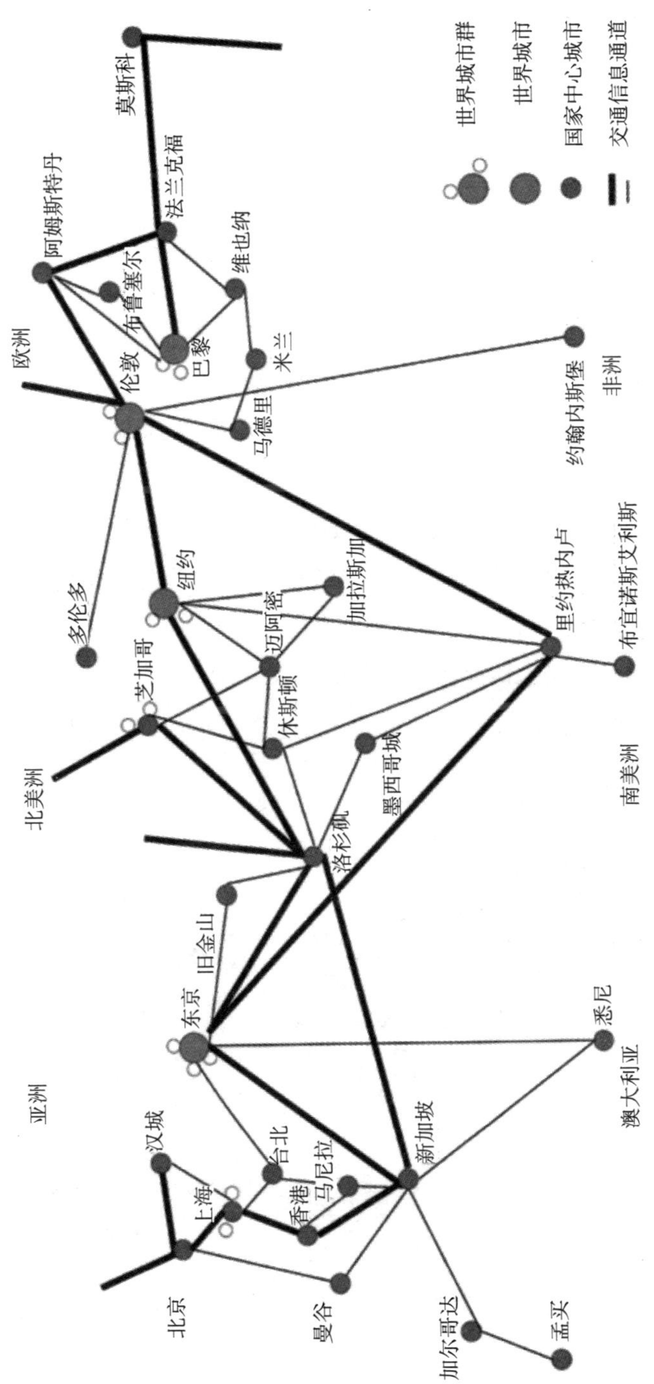

图 3-13 城市群“廊道组团网络化模式”（全球尺度）

劳动力（Workforce）、治理（Governance）]来整合 3E，实现城市群区域生活质量的提高。其中首要的“植被”行动，就是通过绿色保护带的划定来建设区域性生态绿地，一个类似受到保护的生态绿廊与城市森林、公园一道将城市中心区和保护地连接起来。创建一个由 11 个自然系统组成的生态网络，这个生态网络将长期保护区域生态设施：分水岭、野生动植物种群、森林、农场、河道等。以此优化城市群生态空间结构，保证城市群区域森林、分水岭、河口、农田等绿色基础设施，确立未来增长的绿色容量。同时，这 11 个生态储备地作为城市永久的发展边界，还起到了限制郊区无序蔓延的控制作用（谷海洪，2006）。

美国城市理论家刘易斯·芒福德（Lewis Munford）认为：“当自我与自然环境的契合丧失时，城市就开始衰败和恶化。”按照芒福德的观点：自然高于人类，人类只能顺应自然而生存，与自然协调发展（刘易斯·芒福德，2000）。日本关西都市圈各城市之间互利共生、协同进化，对生态环境由最初的不适应逐步转化到适应状态，并通过河川径（支）流等交通信息廊道联结成一个有机整体，城市群生态空间结构逐步得到优化协调（见图 3-14）。

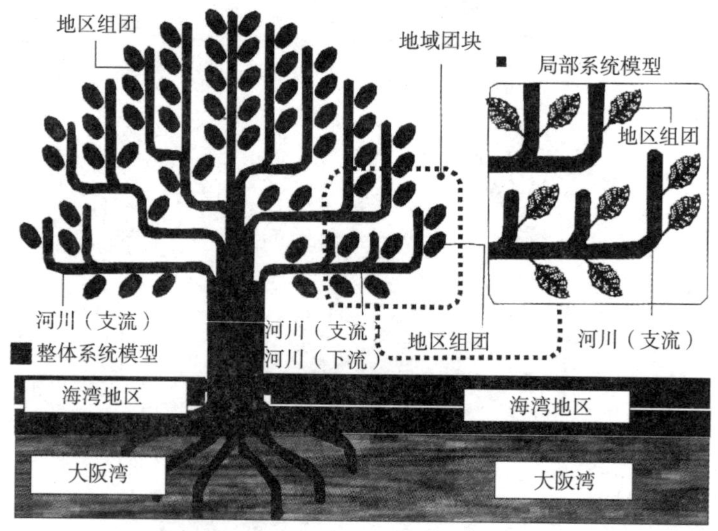

图 3-14　日本关西都市圈发展构想模型

二、国家尺度——中国城市群“廊道组团网络化模式”

随着中国城市化的不断推进，东部沿海地区已形成长江三角洲城市群、珠江三角洲城市群和环渤海地区城市群。中西部地区，中原城市群、武汉地区城市群、长株潭城市群、关中地区城市群、成渝地区城市群已经显现。城市群之间通过交通、信息等快速通道有机地联系在一起，中国城市群“廊道组团网络化模式”逐步显现（见第一章的图1-1）（顾朝林，2002）。

珠江三角洲城市群各城市间已由20世纪80年代初的各自为政逐步演变成为相互协调、互利共生之统一体，从而对城市群生态空间结构产生重要影响［见图3-15（a）］，并在遵循自然生态环境条件的基础上最终形成经济繁荣、结构优化、布局合理、设施完善、环境优美、秩序良好的城市群，珠江三角洲城市群生态空间结构进一步合理有序［见图3-15（b）］（广东省委省政府，2004）。

三、省级尺度——区域城市群“廊道组团网络化模式”

因时空条件差异，区域经济社会发展水平存在较大差异，使区域尺度范围内“廊道组团网络化”城市群发展模式形成三个变种：①经济社会发展水平较高的平原地区可形成理想的“同心圆状廊道组团网络化模式”。②经济发展水平较低的平原地区或山区往往沿交通走廊形成的“线状廊道组团网络化模式”。③经济发展水平较低的平原地区（交通枢纽）或山区（多条谷地交叉地带）也可形成“树枝状廊道组团网络化模式”（薛东前，2003）。城市群区域城市密度过大或某些主要城市距离过近将直接影响城市群生态空间结构优化。

城市群空间布局不合理造成了跨区域环境空气污染叠加。城市群区域，城市与城市、城区与郊区之间排放源之间的污染扩散、混合或特大城市之间的羽流影响效应，构成区域性大范围污染扩散和混合现象，如酸雨、大量气溶胶、温室气体进入对流层后，经大尺度环流的动力效

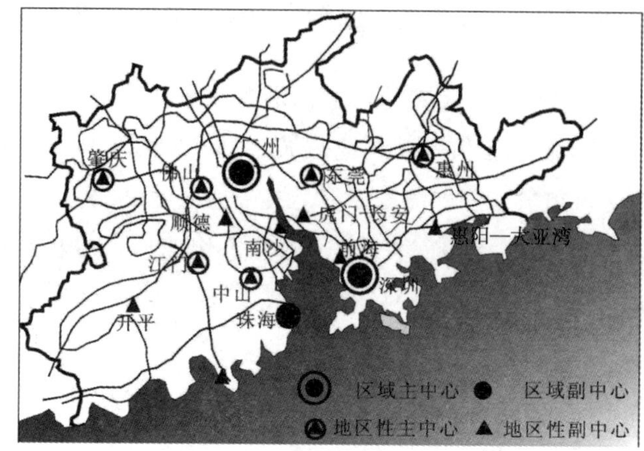

a. 珠江三角洲城市群主要中心城市

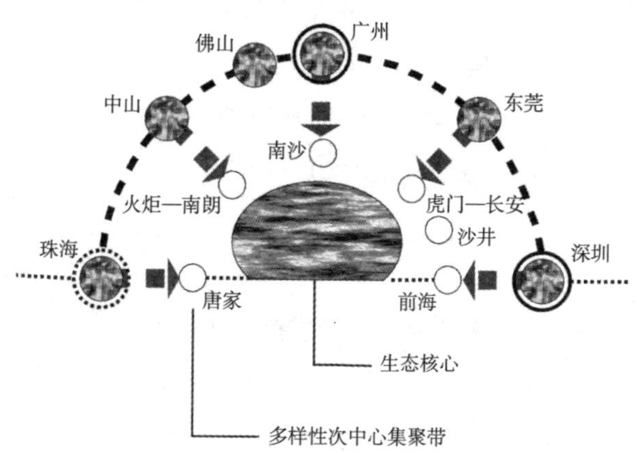

b. 珠江三角洲城市群生态空间结构规划

图 3-15 珠江三角洲城市群廊道组团网络化模式（区域尺度）

应，形成污染物的远距离输送和二次污染物再扩散。多尺度区域性污染特征改变了城市群区域形成的局地大气辐射分布特征及热量平衡，影响了城市边界层以及城市群的环境气候动力、热力结构影响下的环境污染时空变化（徐祥德，2002）。

辽宁中南部城市群空间结构的一个显著特点就是辽中地区大城市布局过于集中。目前，辽宁中部地区共有 3 个特大城市（沈阳、鞍山、抚顺）和两个大城市（本溪、辽阳）。5 个城市分布在以沈阳为中心，半径 100 千米的范围内，所围成的面积约 8800 平方千米，城市间最短直线距离为 10 千米，最长直线距离为 60 千米。城市密度过大、大城市过于集中致使该地区用水矛盾最为突出，辽河水系污染最为严重，本溪、鞍山、沈阳等都曾因大气污染严重而世界闻名（马雁军，2005）。计划经济体制下，辽中南各地区经济发展主要建立在对本地区自然资源开发利用基础上，由于地区利益驱动，各地过分追求自我体系，使地区企业类型趋同，造成生产要素分散、国家财力分散，导致社会资源浪费，产业集中度偏低。沈阳、大连、鞍山、本溪、抚顺 5 个重要地区的主要行业在本地区工业中的份额比较接近。城市群内，互相攀比、无原则竞争不时出现，包括吸引外资时无原则地许以各种优惠政策，同类企业相互竞争造成不必要的内耗等。辽中南城市群由于受计划经济体制和刚性生产的影响，政府在经济规划中或是凭经验办事或是盲目效仿，往往不能与企业进行有效沟通，不能了解企业的真正需要。同时，政府至今仍停留在用“支柱产业”来带动其他产业发展的六七十年代的认识水平上，片面地强调地区比较优势，从而造成各地区产业优先发展目标的一致性和区域产业结构趋同。辽中南地区经济结构雷同使企业之间没有形成真正的专业化分工，技术关联度低，也没有形成基于地域文化背景之上的相互认同和协作关系。致使企业技术创新资金使用效率低下，创新风险和不确定性加剧，创新成本增大，创新乏力。辽中南城市群经济结构趋同和企业缺乏活力使整个区域承担更大的经济与社会风险，而经济和人口的高度集中，为该区域生态环境带来潜在危机（樊杰、盛科荣，2004）。

另外，辽中南城市群区域还存在着城乡二元化现象严重、土地利用矛盾突出等问题。辽中南城市群区域除南部部分地区外，大多数农村“三农”问题依然突出，农民收入依然较低，城乡可支配收入比由 1980 年的 1.6∶1 扩大到 2002 年的 2.0∶1。由于二元经济结构的存在，弱化了城乡之间的市场关联。辽中南城市群区域以工业经济为主的城市体系与以农业经济为主的乡村体系之间没有形成有效的市场联系，特别是中等城市和小城镇间尚未形成一体化的关系。城市土地利用矛盾主要表现在体制性问题突出。即：市场经济体制与计划经济体制并存；土地利用与土地管理方面的“一手硬、一手软”，重“用”忽“管”；旧城改造与新区建设脱节；城市土地市场的不完善性；城市发展过分偏重规模而不是效益。城乡二元化和城市土地利用问题的存在，使辽中南城市群区域发达的大中城市与缺乏生气的小城镇并存，大中城市过于集中（全国50万人口以上的大城市人口占城市人口总数的56%，这是相当高的比例，而辽中南城市群高达67%）。畸形的城市规模结构不利于生产力合理布局、资源的合理开发利用、城乡环境的改善和经济社会效益的提高，也严重阻碍着城市群区域生态空间结构的优化重组（刘贵清，2006）。

城市群生态空间结构的合理与否，主要取决于城市群区域产业空间布局是否合理。城市群产业空间体系不是几个大城市的简单相加，也不是城区面积的简单扩大，而是城市之间的深度联合，是城市功能的重新定位，是城市资源的重新整合，是城市要素的相互补充。要想共谋发展，就必须心平气和地实现真正融合，对经济、社会、环境进行全面的科学规划，实现科学发展，这样才能实现多赢的局面，才能实现城市群区域生态空间结构的优化重组，以提高城市群区域的生态环境容量。

四、地区尺度——地方城市群“廊道组团网络化模式”

南（南阳）襄（襄樊）城市群“廊道组团网络化模式”形成演变过程如图3-1所示。构建南襄城市群不仅有利于克服“行政区经济”束缚，推进市场经济建设，在鄂豫省际边缘区形成新的经济增长点，带动贫困落后地区发展；还将产生产业集群效应，使城市群区域分散布局的小型企业逐步迁移到城市群区域内相应城市或相应重点小城镇的工业园区，便于上游产业、下游产业、旁侧产业相互衔接，集中进行“三废”排放处理；同时，还将克服城市群集聚效应而导致的土地、水源等自然资源的短缺，缓解城市群高速发展与水土资源短缺之间的矛盾；增加城市群绿化面积，恢复城市群自然环境脉络，还原城市群生态系统；提高城市群建成区周边土壤和生态环境的安全系数。因此，在南襄城市群区域内根据自然地理条件有计划、有步骤地建设不同功能的高效率的生态功能区，与农区以及各城市内部生态系统有机衔接，形成合理有序的城市群生态空间结构，进一步提高生态环境容量，为人们的生产生活提供更加舒适的自然生态环境（郭荣朝、苗长虹，2008）。“城市与乡村彼此融合为一体而构成所谓区域单位的要素。因此我们不能将城市离开他们所在的区域单独研究”（《雅典宪章》，1933），而应从城市群区域乃至更大的范围探析城市群生态空间结构的层次关系，使其成为一个有机整体（田国行，2004）。

第九节　结语与讨论

从产业集群、空间相互作用、可持续发展、生态系统以及生态学原理的视角来看，城市群结构功能优化升级模式是城市群经济社会发展与生态环境保护之间相互影响、相互作用，而形成的一种互利共生、协同进化的廊道组团网络化模式。

城市群范围内产业转型升级、社会发展协调，是对内外部经济社会环境条件的充分利用，形成合理的劳动地域分工，形成不同层面的产业集群，尤其是不同空间尺度的特色产业集群，与全国乃至全球的产业链进行了良好的衔接，发挥着城市群应有的功能作用。

城市群范围内城市规模大小合理、密度适宜，城市群产业发展合理，空间组织有序，城市群结构优化高效，城市群功能得到有效提升，城市群经济社会与生态环境之间互利共生、协同进化，城市群健康协调可持续发展。

小至一个地区，大至全球，“廊道组团网络化模式”是城市群结构演化的必然趋势。因时空条件差异，不同区域范围内的城市群将形成不同形态的“廊道组团网络化模式”（空间相互作用模式），具体包括：①同心圆状廊道组团网络化模式；②线状廊道组团网络化模式；③树枝状廊道组团网络化模式。

城市群“廊道组团网络化模式”形成的城市群结构功能有利于“人与自然”和谐相处。城市群“廊道组团网络化模式”进一步将城市与乡村有机地联系在一起，高效率的经济社会生态功能区得以建设，城市群结构合理有序、功能得以充分发挥，城市群区域生态环境容量大幅度提高，城市群区域经济社会环境相互协调可持续发展。

第四章　城市群结构功能优化升级动力机制

城市群区域健康持续协调发展已经成为我国乃至全球经济社会环境健康可持续发展的主导力量（顾朝林，2000；姚士谋，2001；苗长虹，2005）。随着我国城市化进程的不断推进，各个城市群区域的结构不断优化、功能不断升级，其动力机制主要包括以下五个方面。

第一节　自然生态环境约束机制

一、自然生态环境

自然资源是指在现有科学技术水平条件下自然界中一切能为人类生产和生活中所利用的自然物质要素，包括地壳的矿物岩石、地表形态、地上与地下资源、海洋资源、水资源、太阳光能、热能以及生物圈的动、植物等。由此定义可以看出，自然资源的范围并不是固定不变的。现在还不属于自然资源范畴的一些物质，随着科学技术水平的提高，将来可以为人类生产生活所利用，将自然而然地归属于自然资源。而狭义的自然条件则是指除去自然资源以外的所有影响人类生产生活的诸多自然因素，如自然地理位置、地质条件、水文条件、气候条件、土壤生物条件等。

自然条件和自然资源因素不仅是城市群产业空间结构形成的基础和载体，也是其可持续发展的支撑。在城市群产业空间结构漫长的历史演化过程中，包括地质、气候、水文、地形和土壤肥沃程度等在内的自然条件，不仅是人们聚集居住的基本条件，还直接影响着工农业的生产和交通运输的布局，进而影响到人口密度和城镇规模，从而影响到城市群产业空间的大小。最初的城市群产业空间大都布局在自然条件优越，区位条件较好的地点。譬如，气候适宜，水源充足，土地广阔肥沃的地区就可能出现城镇群落，就目前全国的城市群产业空间布局而言均是如此。例如，胶济铁路沿线能源资源，对城市群产业空间结构的现在及未来发展，都有着较大的影响和制约作用。该区有煤、铁、金、铝土矿等自然资源，济南、青岛、淄博、青州等重要的工矿业中心，属温带季风气候区，光热充足，气候温和，大部分处于低丘陵和平原地区，土壤肥沃，农业耕地面积广，垦殖复种指数较高，农业开发历史悠久，农业发达，集约化水平高，农产品丰饶，盛产粮食、棉花、烟草、蔬菜、果品和海产品等，是山东重要的农业生产基地。良好的农业基础不仅为城市群兴起和发展提供了物质保证，而且在一定程度上决定城市群的工业结构：以农产品加工的轻工业占主导地位，如青岛的轻纺、食品工业，青州的卷烟工业。

自然条件是城市群区域产业结构转型升级，尤其是特色产业集群形成演化的先决条件，但不能成为城市群区域产业结构未来发展演化方向的决定因素。而且随着交通运输条件的改善和经济全球化的推进，自然资源对城市群产业集群演化发展的影响程度逐步降低（刘贵清，2006）。

二、自然生态环境与中国古代城市选址

居住、游憩、工作、交通是《雅典宪章》界定的城市四大功能。因此，自然生态环境是城市选址中起决定作用的首要因素。温和的气候，肥沃的土壤，丰富的物产以及良好的地形地貌和山川河流在城市选址过程中备受关注。

我国古代的城市选址就非常重视自然生态环境。自然生态环境优越的所谓的古三河地区（河内——黄河以北的华北平原，河东——今山西西南部，河南——黄河以南的华北平原）因此成为我国最早的城市密集区。它不仅是我国城市起源时期夏朝城邑建设的集中地区，同时还是商朝都城频繁迁徙首选地区（迁徙是为了寻求更好的自然生态环境以利生存）。富庶的关中地区是我国古代城市建设的又一个重心地区。春秋战国时期是我国古代少有的城市自由发展时期，积累了丰富的城市建设经验，产生了成熟的城市规划理论，对城市选址有了科学的认识。《管子》中有许多论述，比如《乘马篇》中的“凡立国都，非于大山之下，必于广川之上。高无近旱，用水充足，下无近水而沟防省……”，《度地篇》中的“故圣人之处国者，必于不倾之地，而择地形之肥沃者，乡山，左右经水若泽，内为落渠之泻，因大川而注焉。乃以其天材、地之所生，利养其人，以育六畜。天下之人，皆归其德而惠其义。……此所谓因天之固，归地之利。内为之城，城外为之廓，廓外为之土阆。地高则沟之，下则堤之，名之曰金城”。齐国临淄旧为商代夷迹薄故氏故地，带山披海，自然条件优越，城池建在地势较高的临淄河冲积扇形地面的前缘，城北是黄河三角洲的南端，那里水草丰美，是天然的牧场，城东北是莱州湾，多产鱼盐，城南山区矿藏丰富。临淄自姜尚营建开始，历西周、春秋、战国三个时期，到公元前221年为秦所灭为止，共830年之久，城市发展极其繁荣，号称“冠带衣履天下”（田银生，1999）。

三、自然生态环境与城市群结构功能优化升级

加拿大生态经济学家 William Ress 和其博士生 Mathis Waokenagel 于20世纪90年代初提出用生态足迹测度生态可持续发展状况。生态足迹（Ecological Footprint）是指每个人平均占有的可耕地面积和海洋面积，即为每个人可提供可支配的食品营养物、水、能源、住房、交通工具、各类消费品以及处理废弃物所占有的土地（陆地）及海洋的面积（马光、胡仁禄，2003）。生态足迹说明特定时段特定空间范围的生态承载

力（自然环境容量）具有一定限度，人类社会经济发展所需要的资源以及所排放的废物必须控制在这一限度，才能维持生态、经济、社会的可持续发展。

“城与乡，不能截然分开；城与乡，同等重要；城与乡，应当有机结合在一起，如果问城市与乡村哪一个更重要的话，应当说自然环境比人工环境更重要”（芒福德）。城市的发展不应阻碍城市群区域的自然演进过程，城市的发展需要围绕着自然生态环境的完整来进行（麦克哈格，1992）。城市群自然生态环境（如地形条件、气候条件、水资源条件、生物多样性条件、土地利用条件）状况如何，城市群生态环境容量如何，直接影响着城市群生态空间结构演变方向及其合理化程度，继而影响到城市群经济社会环境能否可持续发展（王如松、周鸿，2004）（见图 4-1）。

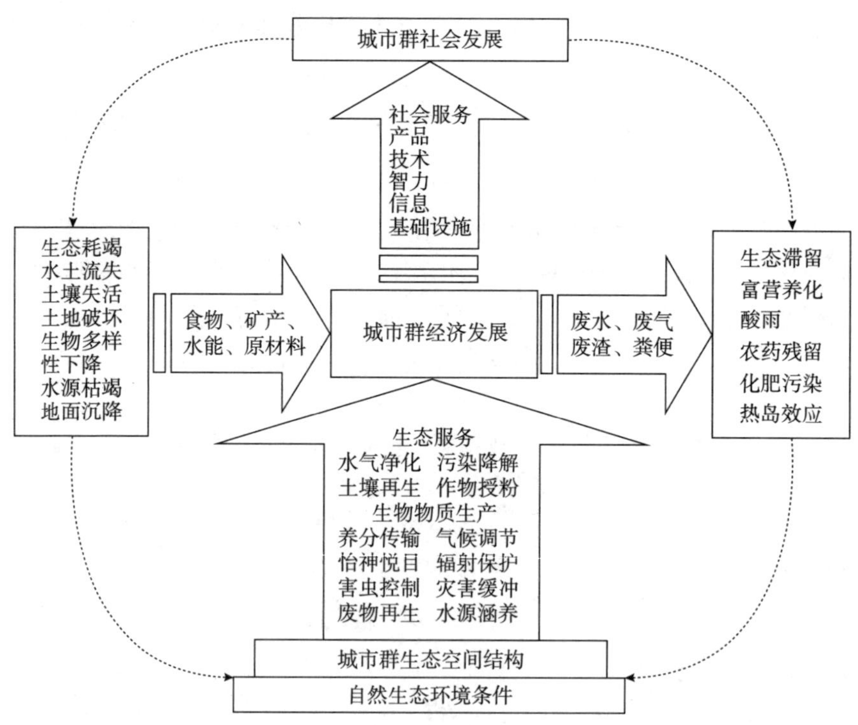

图 4-1　自然生态环境与城市群生态空间结构

水资源在一定时空条件下是有限的。水资源能够满足城市群的建设规模和发展速度时，水对城市群的建设和发展发挥着促进作用；当城市群的规模和发展速度超过水资源的承受能力时，水对城市群的建设和发展就起着制约作用。水资源对城市发展的作用在不同的城市发展阶段有不同的特点（见表 4-1）。

表 4-1　水资源利用与城市发展关系

项目	城市化初期	城市化中期	城市化后期
城市发展特征	规模小，布局分散	规模扩大，布局集中	规模与结构达到一定水平
水资源地位	支撑条件	保障条件	保障、引导条件
需水特征	规模小，就地取材	规模大，增长快	规模大，增长缓慢
水资源供需特征	规模小，非网络化，利用率低，地点平衡	供水规模大，网络化，利用率提高，地区平衡	供水规模大，网络化，利用率提高，输水距离长
水资源供应成本与距离	低，输送距离近	中，输送距离延长	高，输送距离长
水资源利用的制约因素	资源可利用量，投资	资源可利用量，成本	资源可利用量，成本，环境因素

资料来源：张学真．城市化对水文生态系统的影响及对策研究［D］．长安大学博士学位论文，2005.

城市建设无序发展，为“热岛、雨岛、混浊岛、干岛和湿岛”（简称“五岛效应”）的生成铺垫了温床。大量高层建筑，众多的立交桥、高架桥拔地而起。这些建筑物阻碍了风向的流动，使热量难以散发。原先纵横密布的河道被填埋，机动车排放大量的热气促成地面气温急剧上升，尾气中含有大量有毒有害颗粒物，它们在大气中飘浮很难消散。城市“热岛效应”给城市的发展和人民生活造成多种负面影响，是一种环境公害。

城市市区大比例面积的土地地面永久密闭，使其彻底失去其生产力和生态功能。大量的基础设施和开发区建设，极大程度地改变了土地利用方式，减少了农田、绿地和水域面积，挤占了水域空间（张学真，2005）。城市对土地和空间的挤占造成城市群地区自然生态环境空间减少，使自然生态朝着人工生态方向发展，表现为生物量减少，种群减少，结构简单化。城市人口的高度密集和大面积土地功能的转化，造成城市群地区绿化覆盖率降低，植被的生态作用处于次要地位，人居环境不断恶化。1998 年底，我国城市建成区的平均绿化覆盖率只有 26.6%，城市人均公共绿地面积仅为 6.1 平方米，大多数城市的人均占有绿地面积不足 4 平方米。远低于我国规定的人均绿地标准 7~11 平方米和联合国规定的城市人均绿地标准 50~60 平方米。

全球城市化是当今世界的发展趋势，非农地区面积逐步扩大、连为一体，农区等生态功能区面积逐步缩小、碎化，二者此长彼消。因此，只有提高某些生态功能区质量，扩大生态功能区生态环境容量；或者通过生态功能区空间结构优化重组，提高生态环境承载能力，这样才能不断满足城市化推进而增加的生态需求。例如，美国、日本在城市化推进过程中也出现过“环境污染严重”等现象，美国华盛顿—巴尔的摩都市区通过提高区内森林覆盖率使其生态环境容量与其城市化发展需要基本吻合（宗跃光，2005），日本通过对城市群区域生态空间结构重组和提高森林覆盖率来满足城市化发展需要，并形成了良好的长效机制（纸野桂人，1994）。

四、自然生态环境与山东半岛城市群结构功能优化升级

山东半岛城市群包括济南、淄博、潍坊、青岛、烟台、威海、日照、东营 8 个城市，城市群地跨鲁东丘陵、鲁中山地、山前平原和鲁北滨海黄河三角洲 4 个地理区域。其自然环境条件，如山脉、海域、河流等自然空间打破了各城市之间的行政界限，生态环境空间范围进一步扩大，各城市之间依靠生态功能区、生态廊道等紧密相连。城市群中心层片、组群层片、网络系统基本形成，城市群生态系统功能呈现多样化分

工趋势，并形成了规模较大的斑块和廊道体系，以济南和青岛为中心、以胶济铁路为发展动脉的雁型城市群发展格局初具规模。自然生态环境对城市群生态空间结构产生较大的影响。

然而，城市群本身就是自然环境与经济社会环境综合统一的有机体，经济社会的高度密集特点以及其发展过程中不合理成分的存在（东部青岛、烟台、威海三市的主导产业趋同、重复建设、内耗严重等问题）带来了物质资源的密集，并引起环境污染、生态破坏等生态环境问题的密集，影响到城市群生态空间结构的优化，进一步加大了区域可持续发展的压力。例如，2003 年山东半岛城市群地区工业废水排放量 8959.9 万吨，工业废气排放量 56056.9 标立方米，工业固体废弃物排放量 3244.4 万吨，分别比 2000 年增加 2195.9 万吨、1328.48 标立方米、528.7 万吨，呈逐年递增趋势。

随着山东半岛城市群产业空间结构的进一步调整，城市群自然环境条件将得到合理利用，城市群生态空间结构也将得到较好的优化，城市群生态环境得到较好改善，最终使山东半岛城市群的生态环境质量得到进一步的提高，生态承载能力进一步增强。

第二节　交通道路建设（规划、政策）引导机制

一、交通道路建设

交通道路（包括交通工具、交通设施）的发展和完善，其结果导致客货空间位移过程中时间和费用的节约。从城市群产业聚集和城市群产业空间结构的角度看，有利于加快城市地域扩展。对城市群产业空间结构而言，产业空间距离的相对缩短，联系与合作的进一步加强，是区

域经济一体化的前提，也是城市群产业空间结构之间经济技术合作的基本条件。区域经济联系的纽带是城市群产业空间结构建构的重要规划手段，而且直接影响着城市群产业空间结构空间的演变方式和发展方向。交通技术的每一次创新都对城市群产业空间结构空间的演变起着不可替代的作用。

交通道路建设对城市群产业空间结构演化具有重大的影响。一方面促进了城市群空间扩展并改变着城市外部形态，并对城市空间扩张具有指向性作用；另一方面直接改变着城市群的区域条件和作用范围，会出现新的交通优势区位，产生新城市或城市功能区，进而改变原有的城市群产业空间结构。随着区域经济的发展，城市群产业空间结构内部向心集聚的同时，扩散辐射作用也不断强化。但在这一过程中，沿交通通道的轴线集聚与扩散是城市产业空间结构扩展最普遍的形式。

例如，交通道路建设对浙中地区城市群产业空间结构现状和城镇空间分布的影响很大，点轴效应非常明显。几条交通轴线（如浙赣铁路、杭金公路、330 国道、义东公路、永东一线等）沿线地区，集聚了大部分的重要城镇。这些城市（镇）集中了大部分主要产业、市场以及其他生产要素，是城市群产业空间结构点轴式空间开发的主要增长极。今后随着杭金衢（杭州—金华—衢州）、甬金（宁波—金华）、金丽温（金华—丽水—温州）、诸永（诸暨—永康）、台缙（台州—缙云）、东永（东阳—永康）等高速公路的建成通车，将会产生新的交通区位优势，在高速公路的交会点与出入口附近地块由于空间可达性较好，土地升值，将出现新一轮的据点开发，掀起新的城市功能区块开发热潮，促进高速公路带状组团式的城市产业空间结构体的形成（刘贵清，2006）。

二、交通道路建设与城市群结构功能优化升级

交通道路建设，将激活城市群区域的交流活动，加速产业要素的流

动与转移，增强城市群的吸引、辐射能力，高新技术产业相应也会得到较快发展，产业结构重构、空间结构重组，使城市群整体经济实力增强。地方财力增强，又使城市群区域信息高速公路、交通网络体系、环境保护等基础设施建设进一步完善，从而带来生产规模扩大，产业结构升级，产业间、地区间关联度增强，形成分工合作的产业群体、统一发达的市场和完善的信息体系，形成优化高效的城市群生态空间结构；同时国内外资金技术、智力资源支持流入量加大，继而形成具有特定内在联系和功能的廊道组团城市群高等级开放经济系统（见图 4-2）（韩增林、尤飞、张小军，2001）。城市群区域的交通网络成为城市群产业空间体系日趋完善的重要条件，各城市之间以交通网络为依托，形成既彼此合作又各具特色地域生产综合体。因此，交通道路建设对城市群生态空间结构重组具有重要的引导作用，交通道路规划建设合理与否，对城市群生态空间结构能否优化具有重要影响。

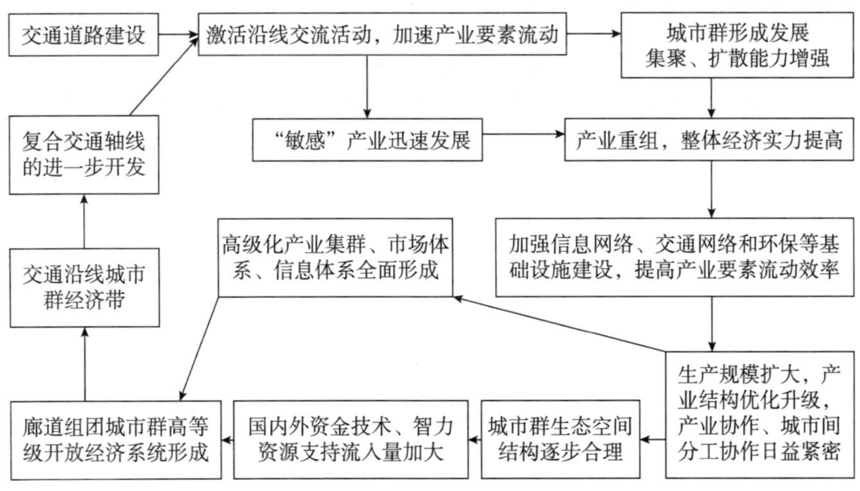

图 4-2　交通引导与城市群生态空间结构

规划、政策同交通道路建设一样对城市群生态空间结构演变具有重要的导向作用。

三、交通道路建设与珠三角城市群结构功能优化升级

珠江三角洲是指：北至清远，西达高要，东抵惠州，南包括香港、澳门在内的广大地区。改革开放初期，珠三角城市群区域城市发展各自为政，经济虽然得到快速发展，但自然生态环境遭到严重破坏。如果把珠三角城市群区域的经济增量减去整治自然生态环境的投入，珠三角的经济净增量很小，有些年份甚至出现负值。自20世纪90年代以来，珠三角根据其自然生态环境状况以及社会经济发展趋势，依托交通网络，形成了以广州（天河高新区，南沙资讯科技园区）和香港（数码港等）为两极，以广深轴线为中枢，发展信息产业、软件开发及网络经营等高新技术产业，带动相关产业调整与整合，形成了融高新技术开发和相关服务、配套产业于一体的新经济集聚区，也是珠三角城市群的经济旗舰。具体包括：中部广佛都市产业圈、东岸港深都市产业圈和西岸珠澳都市产业圈。与此同时，珠三角城市群生态空间结构得到有效整合，形成了以珠江口为生态核心的生态基质、生态廊道、生态斑块等联为一体的城市群生态空间结构（见第三章的图3-15）（刘贵清，2006）。

第三节　产业整合推动机制

一、产业整合的基本理论

产业是一个比较模糊的概念，英文“Industry”有“工业”“产业”“行业”等几种译法，意义比较宽泛。按照马克思主义的产业划分理论，产业是指从事国民经济中同一性质生产或其他社会、经济活动的企事业单位、机关团体的总和。按照产业结构理论，产业概念伸缩性较大，这里的产业既可以划分为“第一产业”“第二产业”“第三产业”

等更大范围，也可以体现行业概念，如“电子产业”“煤炭产业”“食品产业”等。按照产业组织理论，产业概念范围较小，更强调市场结构和企业竞争，划分方法是以“提供具有密切替代关系的产品和服务”为原则。可以从不同的角度来理解，如从产出的角度，产业是同类产品及其可替代产品的集合；从生产的角度，产业是同类产品及其可替代产品的生产活动的集合；从经济实体的角度，产业是生产经营同类产品及其可替代品的企业的集合。本书所说产业是一个比较宽泛的概念，在分析传统产业转型时，主要指产业结构中的三次产业或行业的概念，而在分析现代意义上的产业系统转型时，主要指产业组织理论中的产业概念，更强调产业的组织方式和与之对应的消费模式的转型（郭丕斌，2004）。

产业结构演变与整合理论。结构演变趋势理论根据是否考虑外贸因素对产业结构的影响，可分为封闭型产业结构理论和开放型产业结构理论。前者主要涉及三次产业的演变和工业内部结构演变规律问题。如配第—克拉克定理，在生产力发展水平较低阶段，第一产业在三次产业中占绝对重要的比重，随着生产力水平的进一步提高，第二产业占据重要比重，当生产力水平达到较高阶段时，第三产业所占比重处于主导地位，其顺序为：第三产业、第二产业和第一产业。后者主要研究国际分工和国际贸易对产业结构的影响，内容主要涉及绝对成本说、比较成本说、动态比较成本说等，这种演变最终体现为资本在国际间的流动和产业在国际间的转移（郭丕斌，2004）。那么产业结构是如何调整和整合的？其相关理论主要有：刘易斯的二元结构转变理论、赫希曼的不平衡增长理论、罗斯托的主导部门理论和筱原三代平的两基准理论。

城市群产业整合，是指在城市群区域范围内根据比较优势，对各个层次的产业进行整理，实现产业结构重构和空间组合，形成区域竞争优势。它是以分工为基础，以协作和联合为主导，包括内部的组织性和组织化程度的改善，外部的协调性和协调化程度的提高，尤其是上下游产业以及旁侧产业的衔接度进一步增强，产业集中度加强，产业结构优化，产业空间布局协调合理。最终形成一种以资源高效循环利用为核心，以“减量化（减少资源利用量及废物排放量，Reduce）、循环化（大力实施物料循环利用系统，Recycle）、资源化（努力回收利用废弃物，Reuse）”（简称3R）为原则，以低消耗、低排放、高效率为特征的新的可持续经济增长模式，即循环经济（Recycle Economy）。其实质就是通过建立“资源→生产→产品→消费→废弃物资源化”的清洁闭环流动模式，以尽可能少的资源消耗、尽可能小的环境代价实现最大的经济和社会效益，力求把经济社会活动对自然资源的需求、对生态环境的影响降到最低程度，最终达到经济社会资源环境相互协调的可持续发展状态。

产业整合与规模经济。区域间产业整合可实现规模经济。在市场经济条件下产业要素流动受市场供求结构变化和价值规律调节，总是自发的流向边际效益最高的区位和产业。企业追求目标——利益最大化，因此同一产业内不同企业之间往往会通过产业整合来提高产业集中度，以实现规模经济，实现效益最大化。产业整合有利于资源（生产要素）优化配置，进一步提高经济效益；产业整合有利于结构升级，不断提高其优化程度；产业整合有利于减少（降低）环境成本，提高资源的利用率，使产业发展的生态效益和社会效益不断提高。

城市群产业结构升级的概念分为狭义和广义两种，狭义的产业结构升级是指由于技术含量、技术层次的不断提高带来产业结构水平的提高。广义的产业结构升级是指产业结构的整合化、柔性化、知识化、外向化有机结合的演变过程，这也是城市群产业结构的普遍变化趋势。

产业结构的整合化是指产业要素、部门结构调整、重组、优化及一体化发展过程，城市群产业结构整合化促进了产业的聚集、规模效应的发挥及产业群的形成，改变城市群产业缺乏关联、无序竞争的状态，实现产业空间结构系统整体能力增强和功能放大。在我国长江三角洲城市群，产业整合化驱动下的产业空间效应集中体现在以上海为中心，形成了沿江、沿海和周边城市群产业空间结构3条空间关联渠道。

产业柔性化。从劳动地域分工和工业生产组织理论角度，企业为了获得最大效益，企业纵向联合、空间分散的生产组织方式，比纵向联合、空间集聚的生产组织方式要优越；而纵向分离、空间分散的生产方式，也就是柔性方式最为优越。而从企业的联系费用来看，企业在空间一定范围内不可能分离得太远，还需要一定的集聚。

企业选址行为无论是对微观空间结构，还是在城市群产业空间结构的演进上都起着日益重要的作用。第一，企业的选址受到多重因素的影响，其中主要是运输导向和当地投入品导向。产业集聚原理表明，产业集群的空间区位的形成，其机制是地方化经济和城市化经济，规模报酬递增是产业集群的根本动因。与此相应，产业集聚进一步引致人口的空间集中。第二，在城市群产业空间结构内，企业选址与城市的规模等级体系有关。企业从土地和劳动力成本考虑出发，其纵向联合、空间分散的生产组织方式，比起纵向联合空间集聚的生产组织方式来要有利些。而从企业的联系费用考虑，企业在空间上不应分离过于遥远，需要一定的集聚。城市群产业空间结构内企业将占地多、技术含量低的加工环节迁往较低层级的城市，而将公司总部研发机构迁入较高层级的城市，就是上述两个方面综合考虑的结果，从而导致城市群产业空间结构地域结构发生变化。

随着世界经济的国际化、企业集团化，城市的国际化和开放性水平进一步提高，新的形势使得传统的决定经济集聚的作用降低了，城市发展产生了新的动力，出现了生产转包的城市发展形式。在生产转包的过程中，城市群产业空间结构变化中最为显著的是，中心城市是公司总部、研发与设计机构、管理人员与专业人才；而次级中心城市则为大量的分厂或占地多、技术含量低的简单的加工组装企业，促进了城市空间结构的外延扩张。随着城市群产业空间结构区不同等级城市间的生产转包的进行，城市群产业空间结构将发生重大变化。例如，浙江省乐清市产业集聚的发生背景，是家庭工业的崛起以及农村工业化的发展。家庭工业+专业市场+供销大军和小产品大市场、小企业大集聚、小商人大流动、小城镇大辐射的发展格局，促成了乐清以电气机械及器材、电子及通信设备、机械制造业和服装业为特色的产业集聚。这种产业集聚，同样以纵向经济联系为主，但由于受地理条件的制约，基本上沿 104 国道展开，因而形成了虹桥、乐成、柳市到北白象的工业经济走廊以及串珠状的城市产业区扩张模式。

产业结构的外向化（主要指国际化）是在各国经济相互开放、经济全球化背景下的产业结构变化趋势。城市群产业结构外向化是在全球经济整体发展目标下产业地域分工体系形成演变的结果，从各国自身产业结构体系上看，城市和区域的产业结构是残缺的。因此，强调各地域单元在高层次区域及全球产业分工作用的发挥及各地域单元产业发展的协调。

随着经济全球化，城市群产业空间结构发展获得了新的动力，出现了代工生产（OEM）这种新的国际分工发展形式。以跨国公司 FDI 为特色，来自发达国家的制造业转移明显影响长三角城市群产业空间结构的走向。曼纽尔、卡斯特（2001）研究了 IT 产业四种独特操作所寻求的四种不同的区位类型：①研发、创新与原型制作，集中于核心地区高度创新的工业中心；②技术性的制造，位于母国新兴工业化地区的分支工厂；③半技术、大规模的组装与测试工作，相当部分位于境外；④按照顾客需要而调整设备、售后维修和技术支持，通常是位居主要电子市场所在地。

产业结构的国际化也促成城市群内全球城市、国际性大都市产业职能的发育。在此类城市中，资本要素向高级服务业大规模转移，服务业在国际都市高度集中，导致对商务办公空间的需求迅速增长，工业化时代形成的“生产型”城市用地结构演变为“服务型”。20 世纪 70 年代在伦敦开设银行代表处需要办公面积 100～200 平方米，开设一家支行需要 500～1000 平方米，开设一家分行需要 10000 平方米的办公面积。从 20 世纪 60 年代到 80 年代伦敦的外国银行数量每 10 年翻一番，由 100 多家增加到 400 家，庞大的需求吸引开发商进行大规模开发，商务办公用地迅速增长。

目前，全球500强企业中已有300余强进驻上海，百余家跨国公司地区总部注册在上海，以长三角为腹地，构建垂直分工体系。虽然当前长三角尚处于代工生产阶段，但在全球经济一体化背景下，由于全球城市群产业空间结构之间分工、交流、合作、竞争日益加强，它不可回避地要承担起新时期国家战略发展的重任。而城市群产业空间是全球一体化下国际竞争的基本单元，因为只有大城市才能具备与世界进行分工交流所需的完备的基础设施，城市群产业空间体系内有越来越多的制造和服务部门的经济行为都开始面向全球，客观上需要塑造世界城市来作为控制和指挥的场所。上海及其周边城市的工业和金融贸易、港口和交通枢纽、高等教育、科研、医学、文化和艺术产业等，将因此被注入更大的活力。

产业结构知识化驱动机制。产业结构的知识化反映了新技术革命（相当于工业革命）背景下，科技进步与技术创新成为产业发展的核心动力，新产业不断发展并逐步成为主导产业，产业结构技术含量日益提高的变化过程。产业结构知识化的产业形态变化趋势是高新技术产业和新兴服务业发展，新产业以其柔性生产方式、产业布局对高质量生态环境和现代化基础设施的要求，明显区别于传统产业的布局条件和布局模式。

伴随着知识经济日益受到重视，投资也正在流向高技术产业和服务业，特别是直接流向信息和通信技术领域，由此促使与其相关的企业的产业群的形成与壮大，导致其建设用地的规模扩展，城市群产业空间结构也随之发生变化。继农业经济、工业经济之后，知识经济已开始以不可阻挡的趋势介入人类的社会生活，随着制造业在国家国民生产总值中所占比例的逐步下降，信息业和服务业所占比例渐次上升，城市群产业空间结构、地域结构的变化将与此相适应，成为工业经济向知识经济转变的有力保障。

随着世界进入信息时代，伴随着互联网兴起，时空距离缩短了，人们的生活方式、交易方式和生活方法随之得到改变，而这一切都会深刻地影响产业特征、城市内部空间结构特征甚至是城市群产业空间结构的演变特征。信息冲击使经济增长方式从增量模式走向效益模式，而经济增长方式的转变推动了要素地位的变化，要素地位的变化又将导致企业选址的变化，使产业布局和城市用地更趋合理，与此同时，产业结构的变动会影响就业结构。由于产业升级，技术排斥论的矛盾加重。而作为能量高度集聚的大城市的扩散效应将通过信息网络成倍放大。在许多面对面的接触由通信来代替的同时，便捷的交流使发生联系的机会大大增加。由于发展了更多的关系，也使关系更为复杂，最终导致城市的更进一步发展而不是萎缩。简言之，信息网络是通过把城市群产业空间结构中各城市带入更宽广、更密集的联系领域，以提升其地位的工具和机制。城市群产业空间结构可以超越地区乃至国家界限，不是按照传统理解的领土的联系性，而是建立在产业功能节点（中心城市）以及节点间的要素组（商品流、人流、资金流、信息流）之上。单个城市产业在职能上被不断整合到城市群产业空间结构网络中，小城镇在此基础上也能够突破规模不经济的局限，得到较充分的发展（刘贵清，2006）。

二、产业整合与城市群结构功能优化升级

在城市群区域内，产业整合的首要任务就是产业结构调整。产业结构调整的空间响应就是企业空间重组。在实施企业空间重组过程中，首先要对现有企业进行产业导向评价。即从交通区位条件、科技含量、发展潜力、生态容量、经济效益、社会效益等方面对企业进行全面评价，看其区位能否满足经济全球化的要求，产品是否符合产业发展趋势和城市群区域生态环境容量要求。对符合产业导向要求的企业，可通过相关政策法规的制定、交通道路的建设等宏观措施引导其向城市群区域相应的工业园区集中，形成产业集群，产生集群效益，使城市群生态空间结构逐步趋向合理，城市群经济社会可持续发展，最终形成良性循环。对不符合产业导向要求的乡镇企业要坚决实施关停淘汰（见图 4-3）。

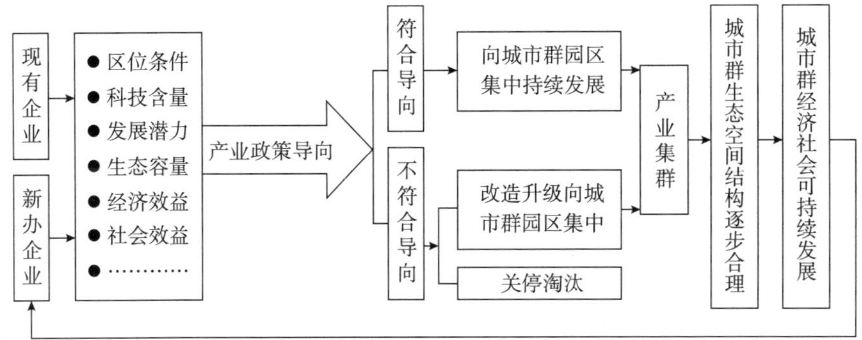

图 4-3 产业集群与城市群生态空间结构

所谓集群效益是指产出与平均投入随经济规模而变的一种经济现象。一般情况下，生产规模扩大初期，平均成本逐步下降，边际效益逐步增加；如果投入超过其合理规模，其平均产出反而减少。因此，企业、工业区、城市、城市群都存在一个合理规模问题。规模经济包括四种类型：①企业内部规模经济；②布局规模经济，是指同一行业序列的一些企业的集群；③城市规模经济，是指不同行业的各类企业在同一城市的集群；④城市群规模经济，是指不同行业的各类企业在同一城市群里不同城市之间的集群。关于城市群规模经济的衡量指标 H，应为内部规模经济 ISE、布局规模经济 LSE，城市规模经济 USE 的函数，即H=f(ISE，LSE，USE)，式中，LSE 和 USE 分别表示行业和城市的集群程度的指标。生态环境和社会损失应转化成经济成本考虑进去。

产业整合，宏观层面上要求对产业结构和布局进行调整，形成地域生产综合体；地域生产综合体（城市群）乃至各国也相互成为规模宏大的“闭环清洁流动模式”中的一个环节，最终将循环经济发展理念贯穿于世界经济社会发展的各个领域、各个环节，建立全人类全社会的资源循环利用体系，在减量化基础上实现资源高效循环利用。微观层面上要求企业或农户节约资源、提高资源利用效率，对生产过程中产生的废物进行综合利用；根据资源条件和产业布局，合理延长产业链，促进产业间共生组合，形成产业集群；每一个产业集群的产业链尽可能形成规模较小的独立的“闭环清洁流动模式”。

因此，城市群产业分工与集聚是城市群生态空间结构优化重组的基础。城市化过程就是第二、第三产业逐步分工和在地理区位上集聚的过程。美国学者波特认为，产业在地理上的集聚，能够对产业的发展产生广泛而积极的影响，而城市正好提供了这种聚集的机会。产业分工和集聚也形成了分工的城市。克鲁格曼、杨小凯等经济学家认为，城市也是一种集聚组织，因此也存在相互之间的分工、专业化和合作关系。分工的城市往往代表了高效率城市发展的一种方向。因此，出现了不同类型的城市，如工业型城市、资源型城市、商业城市、金融中心、交通中心、旅游城市、休闲娱乐中心等。城市群区域城市专业化分工不仅可以避免城市产业衰退和转型而带来城市经济社会的巨大波动，而且由于城市群区域产业专业化分工集聚使“三废”得到充分利用，使城市群区域生产力布局更为合理，城市群生态空间结构得以不断优化。

改革开放以来，浙江温州地区城市化推进过程中较早地引入市场机制，个体私营企业按照市场规律及时向小城镇集聚，不仅遏止了乡镇企业分散布局带来的严重污染，同时使城市化得以有序推进，城镇群生态空间结构不断优化，生态环境条件越来越舒适，为人们生产生活提供了良好的环境条件，继而又进一步促进了城市群经济社会发展。

2000 年国际上开始实施“全球环境变化的人类影响国际研究计划”(International Human Dimensions Programme，IHDP)。该计划是一个多学科的国际研究项目，受到国际社科联（International Social Science Council，ISSC）和国际科联（International Council for Science Unions，ICSU）的共同资助，目的是了解人类活动的生态影响机理和管理方法。

IHDP 展开了以下四大科学领域的研究：①土地利用管理与土地利用覆盖变化（Land Use and Cover Change，LUCC)；②全球环境变化和人类安全管理（Global Environmental Change and Human Security，GECHS)，包括环境和人类安全的概念和理论框架；环境变化、资源利用和人类安全；人口、环境和人类安全；区域性环境胁迫和人类脆弱性模型；环境安全的体制和政策建设；③全球环境变化的体制因素（Institutional Simensions of Global Environmental Change，IDGEC）；④产业转型（Industrial Transformation，IT），包括能源与物流、食物、城市、信息与通信、转管制与转型过程5个研究领域。

产业转型（IT）计划是IHDP中最活跃的一组，其目标是理解复杂的社会经济相互作用，辨识变化的动力学机制，将生产者与消费者相关联，研究城市社会—经济—环境间变化的系统关系，及其与全球环境有关的系统变化，如水、交通、居住、食物、能源、物质利用、信息与通信、金融服务、娱乐旅游等。其实质就是人类生态关系的系统研究。其内涵远远超过生产过程、效率或产品的“绿化”，或单个部门，涉及大的地理尺度（跨国、跨洲）和时间及行业范围，要求多学科的系统研究。

产业转型科学计划由荷兰Vrije大学环境研究所（IVM）主任Pier Vellinga作为主席起草，从1996年的草稿，到2000年成立指导委员会（IT Scientific Steering Committee）和国际项目办公室（IPO），在世界各地召开了12次会议，项目的实施时间为2000年到2005年，研究领域主要为能源与物流、食物、城市、信息与通信、转管制与转型过程5个。其中，能源与物流研究的问题包括：从地理、部门和公司的层面上来讲，辨识能源与物质利用、技术革新和经济绩效之间的本质和强度；能源国际贸易、能源基础设施的投资以及能源和物流是怎么被国际相关条约影响的，比如全球气候改变框架协定和WTO等；什么样的技术、经济和社会的动力能够促使各部门的能源水源趋向于发展低碳的技术或市场；是什么在控制消费者的能源和物质利用；什么样的制度、社会心理和技术安排能够影响购买、投资和生活方式趋向于更低的环境影响；在城市研究领域主要关心运输和水的利用问题。在管制和转型过程中主要研究什么样的政策机制能够促进系统变革的实现。

自从2000年开始实施IT科学计划以来，在全球范围内展开了一系列的研究。在基于创新理论的转型方法方面Geels于2002年提出了一个多层次转型方法，以及解释型的动力机制。这三个层次分别是小生境（Niche）、社会—技术制度层（Socio-technical Regime）和社会技术前景（Socio-technical Landscape）。在此基础上，Rotmans 于 2003 年提出了指导性的演化管理方法来替代过去那种命令—控制管制模式。Berkhout 和 Smith 于 2004 年提出了一个四种类转型翻两番，即路径依赖、转型轨迹重定位、紧急转型和有目的的转型四种。这些工作从不同的方面为转型提供了理论基础（郭丕斌，2004）。

产业集聚指处在同一特定的产业领域内的企业，由于彼此之间的共性和互补性而紧密联系在一起，形成一组在地理上靠近的、相互联系、相互支撑的企业集群。那么产业集群与城市发展的相互影响关系究竟是什么样呢？英国城市经济学家 K. J. 巴顿在其《城市经济学原理和政策》一书中给予很好的回答：①本地市场的潜在规模。居民和工业的大量集中产生了市场经济。城市人口集聚要求城市群地区更大程度地自给自足，并为当地工商业增加潜在市场。扩大当地市场比发展外地市场更为可取，因为它有助于降低生产成本、降低销售费用、便于信息传播。②大规模的本地市场能够减少实际生产费用。因为它能够促进较高程度的专业化，使大规模生产获取经济效益成为可能。③某些公共服务事业提供之前，需要相应的人口门槛。譬如，只有较大城市地区才适宜设置机场设施。良好的城际交通运输增大了使企业得以经济地提供服务的潜在市场地区，同时降低“输入”本地区的原料及部件的费用。④某种工业在地理上集中于一个特定地区，有助于促进一些辅助性工业建立，以满足其进口的需要，也为产品的推销与运输提供方便。⑤产业集聚有利于专业技术人员等熟练劳动力的集聚，有利于形成适应当地发展需要的职业安置制度。⑥产业集聚有利于管理人才的集聚。⑦产业集聚有利于生产性服务业的集聚。⑧城市规模扩大有利于基础设施的进一步完善。⑨产业集聚而形成的竞争环境有利于促进企业技术革新，推动企业进一步发展。

三、产业整合与世界城市群结构功能优化升级

美国东北部大西洋沿岸城市群，即：波士顿—华盛顿大都市连绵带。它北起波士顿、南至华盛顿，以波士顿、纽约、费城、巴尔的摩、华盛顿等一系列主要大城市为中心城市，其间分布的萨默尔维尔、伍斯特、普罗维登斯、新贝德福德、纽黑文、帕特森、特伦顿、威明尔顿等城市将这些中心城市联成一体，在沿海岸带600多千米长、100多千米宽的地带上形成一个由5个大都市和近200多个中小城市组成的巨大的城市带，拥有20%左右的美国人口。但各城市都有各自的个性特征，都有占优势的产业部门，在城市群内发挥着各自特定的功能，使整个城市群构成了一个既有分工，又有密切联系的有机整体。

纽约。城市群的核心城市，城市职能为综合性城市——国际政治中心（联合国6个主要机构，其中5个设在纽约；12个常设辅助机构中的5个也设在纽约），全球金融、贸易、管理中心（全美500家最大的公司，约有30%的总部设在纽约，与之相关的广告、法律、税收、房地产、数据处理等各种专业管理机构和服务部门也云集于此）。

费城。城市群中第二大城市，它是一个多样化城市，重化工业发达。美国东海岸主要的炼油中心和钢铁、造船基地，美国主要港口和重要的铁路枢纽，全市40%的人口从事制造业。

波士顿。工业比较发达，原来的支柱产业为纺织、造船等传统工业，现在以高科技产业为主要产业，是全美仅次于硅谷的微电子技术中心。波士顿还是一座文化名城，拥有全球闻名的哈佛大学、麻省理工学院等16所大学和国家航空与宇航电子中心等重要科研机构。

华盛顿。美国政治中心。为行政和文化机构服务的印刷出版业、食品工业、高级化妆品业获得长足发展，旅游业也较为发达。

巴尔的摩。重要的海港和工商业中心。依靠进口原料，巴尔的摩发展钢铁、造船和有色金属冶炼等工业，对外贸易在经济中占有重要地位。

波士顿—华盛顿大都市连绵带的这一分工协作状况是城市群内部产业不断整合的结果。例如，纽约在产业整合过程中始终起着先导创新作用。纽约作为一个老工业中心，在20世纪初就业人口中，制造业占35%，到1950年下降到29.5%，但制造业绝对就业人数在缓慢增长。20世纪50年代以后，随着金融、服务职能增强，制造业就业人数无论绝对量还是相对量都呈直线下降，1980年仅占17.4%，而同期第三产业却从54.7%上升到81.8%（裴積，2004）。通过产业整合不仅加强了中心城市的实力，提高了城市地位，而且使周围城市获得了发展契机。城市群各城市之间分工协作，共同发展。纽约逐步成为国际政治中心和全球金融、贸易、管理中心。

波士顿—华盛顿大都市连绵带在产业整合集约经营过程中，生产布局日趋合理，城市群区域结构进一步优化、功能进一步提升。

第四节　社会历史文化制约机制

一、社会文化发展与城市群结构功能优化升级

社会演进包括社会进步、城市文明演进、农民意识形态的转变和城乡居民生活方式的更新等多方面的发展要素，这些因素的相互作用与发展最终促成了农民向城市的转移（郭丕斌，2004）。

人类从自然山林空间走向集聚，走向城市空间，从没有忘记对绿色生存环境的追求。在古代，中国哲学的两个主要流派：儒家和道家，都是把自己的生命和宇宙融为一体作为最重要的问题加以研究。道家从“静”入，认为凡物皆有其自然本性，“顺其自然”就可以达到极乐世界；儒家从“动”入，强调自然界和人的生命融为一体，孔子说，“生生之谓易”即强调生活就是宇宙，宇宙就是生活，领悟了大自然的妙

处，也就领悟了生命的意义，这种“天人合一”哲学观念，长期影响着人们的意识形态和生活方式，造就了文明民族崇尚自然的风尚（王其亨，2005）。

历史上有记载的系统城市生态思想应源于中国古代学者。公元前390年后秦商鞅第一个提出系统的城市生态思想，他提出“地方百里者，山陵处什一，薮泽处什一，溪谷流水处什一，都邑蹊道处什一，恶田处什二，良田处什四，以次粮作夫五万”“其山陵、薮泽、溪谷可以给其材，都邑蹊道足以处其民，先王制土分民之律也”的有关城乡布局结构的主张，强调与自然相互融合的广大乡村地区就是城市的重要组成部分，将城乡土地与自然资源统筹安排，限制城市无限制的扩张，保护不可再生的自然资源，把城市建设组织融合到大自然的天然网络中去，达到城乡融合、回归自然的目的，也就是强调环境容量及生态平衡（彭重华，2005）。但长期的封建社会，重农抑商，科技发展缓慢使中国没有进一步形成现代生态学理论体系；同时，还使封建社会的城市由共生走向寄生关系。总之，思想观念、企业或企业集团组织及其行为（朱英明、于念文，2004）、行政因素（陈德宁、沈玉芳，2004）等社会文化对城市群生态空间结构演变具有重要的制约作用。“城市圈”的本质是经济文化圈，没有经济文化的紧密联系，城市圈是圈不起来的（朱铁臻，2004）。

古人不仅在择居时“依山傍水”追求环境和自然的和谐，在选择城址时，早在先秦时期就形成了“择中”“相土”“形胜”等城市选址思想。《考工记匠人》中“体国经野”已将城市与乡村作为一个有机整体来对待。《管子》中“夫城大而田野浅狭窄者，其野不足以养其民。城域大，而人民寡者，其民不足守城”。说明城市规模必须与周围田地大小以及城市居民数量保持恰当的比例关系，“养”“守”结合，才可以保证居民的生活给养，有利于巩固城防。《尉缭子》提出“量地肥饶而立邑建城，以城称地，以地称人，以人称粟”的内可以固守，外可以战胜的“三相称”理论，阐述了城、人、粮之间的关系（彭重华，

2005）。

我国改革开放以来，解放思想、更新观念成为社会主流，城市生态系统、生态城市被广泛关注（马世骏、王如松，1984；顾朝林，1994；刘惠清，1999；宋永昌，1999；段汉明、张刚，2001；沈清基，2001；李正最、吴雅琴，2001；黄光宇等，2002；刘贵利，2002；周年兴、俞孔坚，2003；宗跃光，2005）。城市群生态空间结构研究也被提到重要的议事日程。

西方国家经过工业革命后，大量工业化城市的出现推动生态学在城市建设中的应用，城市生态思想逐步形成，城市生态空间结构模型不断涌现。西方国家至今仍是生态城市、城市生态空间结构研究的主流代表。

19 世纪中叶，美国地理学家 G. 马什就主张“人与自然要正确地合作”，并在美国掀起建设城市绿地运动。1898 年，英国社会活动家 E. 霍华德（Ebenezer Howard）提出并实践了“田园城市”方案。其后，还出现了雷蒙·卫恩的“卫星城镇”、斯泰因（Clarence Stein）和莱特（Herwy Wright）的“邻里单位”、L. 柯布西的“绿色城市”、赖特的“广亩城市”、E. 沙里宁的“有机疏散”理论等一系列城市生态思想。1987 年，苏联城市生态学家 O. Yaitsky 提出了一种高效、和谐的人类栖境，旨在按照生态学原理建立社会、经济、自然协调发展，物质、能量、信息高效利用，生态良性循环的人类聚居地，即生态城市。这一构想为人们指出了 21 世纪城市建设的总体方向。

在经济全球化背景下，伴随着资本与技术的蔓延，文化的扩张与交融也成为必然趋势。城市与区域以文化论输赢，城市和区域越发展越需要文化和精神的支撑，尤其是先进文化的支撑，这一论断在未来城市和区域发展的轨迹中将得到不断的证实和加强。经济学家哈根（Hagen）在《社会变动的理论——经济成长是怎样开始的》一书中指出：“在经济从停滞状态走向成长的飞跃中，是文化的观念发生了根本的变化。此时，经济的变量仅仅是个参数，或者是个外在条件而已。”（刘贵清，

2006）。

二、城市历史变迁与城市群结构功能优化升级

城市历史变迁过程等对城市群区域结构演变与功能升级具有重要影响作用，具体包括两种情况：良性循环和恶性循环。前者要继续关注城市群经济社会环境的相互协调，使其健康持续发展；后者应抢抓发展机遇，通过某一发展因子的良性变化，使城市群经济社会环境关系逐步向良性循环方向发展。例如，西安、洛阳、开封、许昌等城市都是我国古都之一，城市发展历史上的辉煌以及其后的演变过程对所在城市群结构演变过程以及功能升级产生重要影响（见表 4-2）。

表 4-2　城市历史变迁与城市群结构功能优化升级

城市发展状况	对城市群结构功能的影响
城市辉煌阶段	有利影响：城市财力强大，可以改善城市生态环境，城市经济快速发展，城市成为创新源地等，有利于城市群生态空间结构优化重组，继而进一步促进城市群经济社会可持续发展，城市群结构功能优化升级
	不利影响：城市群区域内城市密度增大，容易造成污染叠加，使城市生态空间结构无序演变，继而影响城市群经济社会的可持续发展，使城市辉煌成为历史
城市衰落阶段	城市衰落，城市财力衰退，用于整治城市生态环境的投入越来越少，城市原有污染状况无力整治，新污染又频频出现。经济、社会、环境进入恶性循环状态，城市生态空间结构无序演变

因此，城市文明史其实是一部人与自然环境、社会环境及心理环境竞争与共生，改造与适应的发展史或生态史。从景观生态学的角度来看，城市问题可以分为三类：第一类是“流”的问题或资源开发利用的生态问题。第二类是“网”的问题或复合生态系统的结构布局问题。第三类是“序”“源”和“汇”或复合生态系统的功能问题。一个和谐的城市群生态系统必须具备良好的生产、生活和调节缓冲功能，具备自

组织、自净化的竞争序主导系统的发生与发展，以及自调节、自抑制的共生序保证系统的持续与稳定，而这一切的关键取决于城市人的经营、管理和控制行为（王如松、欧阳志云，1994）。城市人与自然关系的生态失调是管理部门企图用机械控制论代替生态控制论、用主观意向代替客观规律致使生态序紊乱的结果（田国行，2004）。城市群结构功能优化升级要靠社会各方面的力量，促进对城市群区域生态环境的重视，宣传城市结构功能优化升级的重要性，积极投身到城市群区域结构优化重组与功能升级的工作中去。

三、社会历史文化发展与山东半岛城市群结构功能优化升级

山东半岛城市群包括济南、淄博、潍坊、青岛、烟台、威海、日照、东营 8 个设区城市，横跨鲁东丘陵、鲁中山地、山前平原和鲁北滨海黄河三角洲 4 个地理区域，本区城镇密集，交通便利，设施比较完善，集聚了山东省主要优势资源和先进生产力，是山东省对外开放前沿、经济发展支柱和社会文化发展重心，也是我国东部沿海地区经济发展较快的城市群之一。

然而，在山东半岛城市群形成与发展过程中还存在一些社会文化的约束因素。人口总量、老龄人口和劳动适龄人口均呈继续增长的叠加态势，突出表现在人口基数大、人口密度大、低增长率、高增长量。人口数量增大必然导致资源需求量增多，进而对山东半岛城市群区域生态系统造成更大的压力，对城市群区域结构功能优化升级带来更大的障碍。另外，山东是道教文化、儒家文化的发祥地，充分显现了山东半岛城市群的文明源远流长，文化底蕴深厚；但从另一个角度看，它在一定程度上也禁锢了山东半岛城市群区域人民群众的思维方式和观念更新，弱化创新意识等，对城市群区域的健康可持续发展产生一定影响。在经济社会发展与生态环境的关系上，曾经出现过“轻环境，重发展”等一些不正确的发展观点，这种观点将严重束缚着生态环境的进一步改善，也严重制约着山东半岛城市群区域结构功能优化升级。

第五节 新经济环境影响机制

一、新经济

1. 新经济的提出、确认及其在全球扩散

1996 年 12 月 30 日，《商业周刊》第一次明确提出“新经济”概念，迈克尔·曼德尔在其上撰写了一篇名为“新经济的胜利：全球化和信息革命的回报”的文章，揭开了对新经济的讨论。1997 年美国经济的发展证明他的乐观观点基本是正确的，但主流经济学界不接受这种提法，特别是 1997 年底美国股市随亚洲金融危机而出现一定调整，国际上对新经济的质疑声音更大。在此基础上，《商业周刊》总编斯蒂芬·谢波德于 1997 年 11 月 17 日刊登了“新经济究竟是什么?”，既作为对怀疑论者的反击，也作为对新经济的全面总结，他指出新经济的出现，令美国经济的潜在增长率增加了一个百分点。

1998 年 4 月 15 日，美国商务部公布了《浮现中的数字经济》的研究报告。这是美国政府关于信息如何决定新经济的一份全面报告，它第一次全面阐释了新经济的信息内涵，从而在知识经济的意义上提供了新经济的理论基础。

1999 年中期，东亚金融危机缓解，此时，美国商务部出版了第二份报告《浮现中的数字经济 Ⅱ》，进一步确认美国出现了新经济，并对数字经济如何影响美国经济作了具体计算，引起了全世界的浓厚兴趣。欧洲、日本、东亚其他地区都在仿效美国的做法。2000 年 3 月，里斯本欧盟特别首脑会议提出“电子欧洲”的前景规划；2000 年，与信息产业发展失之交臂的日本决定将未来经济发展的重点放在信息产业。东亚其他地区也都在不同层面模仿美国的做法，如普遍模仿纳斯达克、建立二板市场等。

2000年7月，八大工业国高峰会议发表的题为“关于全球信息社会的冲绳”宪章，呼吁消除国际信息差别。“IT宪章”强调，信息通信技术是创造21世纪最强劲的动力之一，该宪章就是呼吁所有的人消除国际信息、知识差距；在持续刺激竞争、提高生产效率、促进经济增长、创造就业方面，信息技术具有极大的可能性；消除国内和国家间的信息差距，在各种课题中具有决定性的重要意义。解决这个课题，应该考虑到发展中国家多样性的条件和需求。国际金融机构要制订和实施有关计划。信息技术具有世界规模的广泛性，有必要作出世界规模的对应。为解决发展中国家的需求，要健全政策、法规和网络等环境，提高相互对接性，增加点击，降低费用，培养人才，鼓励参加世界性电子商务网络等。实际上，八大工业国峰会肯定了美国在新经济方面的整套做法，接纳了美国做法作为国际标准。

2. 新经济的内涵及特征

综合经济界的权威观点，“新经济”可作如下表述：新经济属于知识经济范畴，是当代社会在高科技革命条件下进行的经济调整，它是以信息技术为主导，以多门类高科技产业为支柱，以全球经济为舞台，并在经济产业结构、企业组织、空间组织、经济体制和经济运行上都带有新特点的经济。在新经济中，信息科学技术，特别是数字信息技术起关键性作用，而生命科学技术、新能源和可再生能源科学技术、新材料科学技术、空间科学技术、海洋科学技术、有益于环境的高新技术和管理科学技术七大高新技术的全面创新和产业化，也将起决定性作用。

由表4-3可以看出，新经济与传统工业经济的区别主要表现在：第一，经济发展的可持续性。传统工业经济发展的基础以自然资源为主，特别是以石油等不可再生资源为主，这些资源的有限性不仅制约了传统经济的可持续发展，而且使生产力表现为人对自然进行征服与掠夺的能力，因而使经济效益的大小、物质财富的多寡成为人们衡量生产力水平的唯一标准；人们过分注重从自然界得到了什么、得到了多少，却很少关爱养育了人类的自然界，人类的生存环境遭到严重破坏。“新经济”

则以人的智力资源为主，而作为智力成果的知识具有可重复使用与可继承性，从而决定了知识宝藏的无限增长和可开发性。新经济时代人的生存环境成为影响智力资源开发的一个重要因素，因此新经济可持续发展的基础是保护与优化生态环境，寻求人与自然界的和谐统一。第二，经济发展以人为本。传统工业经济发展是以财富形态存在的货币资本与物质资本的生产和积累为基本动力，新经济的发展则以人力资本的开发与利用为基本运行动力，人的价值日益受到社会的广泛重视。第三，新经济的发展必将改变人们的生产与生活方式。当今世界科技进步日新月异，高科技成果向现实生产力的转化越来越快，初露端倪的新经济预示着人类的经济社会生活将发生新的巨大变化。信息高速公路的建立、网络经济的出现、便捷的通信、发达的交通使世界逐渐“变小”而成为一个“地球村”，致使经济全球化潮流来势凶猛。生产者之间竞争的广度与深度和分工协作的广度与深度同时在加剧，按顾客要求生产个性化产品和坐在家里上班的理想正在得到实现。虚拟大学、虚拟工厂、网上购物、多媒体通信将成为时尚。显然，随着劳动生产率的提高，人们的闲暇时间会越来越长，人们将有条件接受更多的教育，享受更多的文化生活，人的全面发展将成为现实。因此，教育产业、文化产业、旅游产业将伴随高科技产业一同成长并成为新经济的有机组成部分。人们生活质量的提高是伴随生产方式与生活方式逐步改变而实现的。

表 4-3　新经济与传统工业经济的区别

	新经济	传统工业经济
发展基础	以人的智力资源为主	以自然资源为主，特别是以石油等不可再生资源为主
发展动力	人力资本的开发与利用	货币资本与物质资本的生产和积累
发展优势	可持续优势 • 知识创造 • 持续发展 • 对市场的迅速反应	比较优势 • 自然资源 • 体力劳动者 • 低成本生产

续表

	新经济	传统工业经济
物质和通信	面向全球的物质和通信网络 • 快速的人流、物流、资金流、技术流、信息流	面向国内的物质网络 • 快捷的原材料和最终产品
人力资源	知识型劳动力 • 弹性大、工作易变 • 终身学习、终身教育	低技能、低成本的劳动力 • 重复性劳动 • 有限的教育和训练
生产系统	基于知识的生产 • 持续创造 • 知识是价值的来源	大规模生产 • 劳动力是价值来源 • 创新和生产的分离
生活方式	家庭办公、虚拟大学、虚拟工厂、网上购物、多媒体通信将成为时尚；休闲娱乐成为人们生活的主要构成部分	存在较大的空间距离，娱乐休闲时间较少

资料来源：于涛方. 城市竞争力研究［D］. 南京大学博士学位论文，2003.

3. 新经济条件下区域联系日益复杂

20世纪后期的世界经济是在一对矛盾的支配下运行的，一方面以生产、贸易、投资越来越自由的全球性流动为代表的全球化（globalization），另一方面则是与地理边境和民族利益息息相关的本地化（localozation）（王缉慈，2001）。随着全球化进程的日趋加速、扩展和深入，全球化正在成为21世纪最重要的特征之一。日渐完善的生产、市场、金融、服务、文化和政治等全球体系逐步在空间上将全球各个城市相连（赵云伟，2001）。萨森（1994）指出，当代全球经济主要具有以下三个特征：全球流动的增加（无障碍的经济增长循环）；经济的国际化（产品、资本和劳动力的国际化）；权力的集中（指挥和控制权以及利益的聚集）。在全球化的进程中，国家与国家之间的合作和竞争，越来越体现在城市之间的合作与竞争上。经济全球化主要通过国际劳动分工、国际投资和国际贸易进行（见图4-4）。

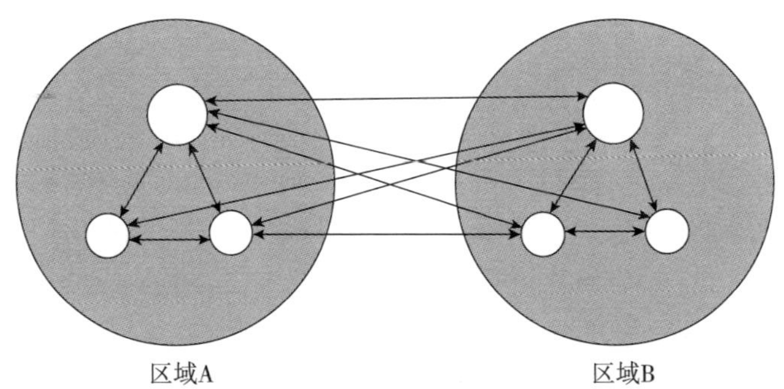

图 4-4　新经济条件下日益复杂的区域联系

资料来源：刘荣增. 城镇密集区发展机制与整合研究［D］. 南京大学博士学位论文，2002.

国际劳动分工的发展和深化，促使世界贸易以超越世界经济（GDP）增长的速度迅猛扩大。特别在 20 世纪末世界贸易发展较快，据世贸组织的初步统计，1999 年世界贸易总额达到 6. 8 万亿美元，其中货物贸易额为 5. 46 万亿美元。1990~1999 年世界出口贸易额年均增长 6. 5%，而 20 世纪 80 年代年均只增长 3. 8%。世界贸易占世界国内生产总值的比重由 1990 年的 19%上升到 1999 年的 23%。国际贸易对世界各国经济发展的影响越来越大，出口贸易增长率的高低已成为衡量一个国家或地区经济活力的重要尺度。国际贸易额成为衡量一个地区或城市全球化指数指标的重要组成部分。

世界金融市场的迅速扩大，表现在短期资金流动量以惊人速度增长，其规模比商品贸易额要大几十倍。从 20 世纪 80 年代中期到 20 世纪末国际直接投资进入了超高速增长期，流入发达国家的国际直接投资在 1986~1990 年间为 10. 3%。据统计，1985~1989 年，国际直接投资年均增长速度高达 21. 6%，其中 1985 年和 1988 年，年增长速度分别高达 30. 8%和 30. 5%。国际直接投资从 1983 年的 6000 亿美元猛增到 1999 年的 47593. 33 亿美元，这 15 年中年均增长高达 888. 28

亿美元，年均增长率达 14.8%。全世界对外直接投资累计已超过 2 万亿美元。据预计，今后 10 年，世界对外直接投资额累计或达 6 亿美元。来自世界 180 多个国家和地区的投资者已在中国累计设立外商投资企业近 35 万家，合同外资金额超过 6323 亿美元，实际投入外资额 3206 亿美元。

国际贸易、国际金融和对外直接投资的迅速发展，是世界经济趋向国际化、全球化重要标志。跨国公司的空前大发展，则对加速世界经济一体化、全球化进程起着关键性的作用。1980 年世界跨国公司只有 1.5 万家，其在国外的分公司约 3.5 万家，而到 1998 年，世界上跨国投资的公司共 4.4 万家，前 100 名的国际大公司，共约掌握 1.7 万亿美元，占 4 万多家公司总资产的 1/5，其在国外的分公司约 25 万家。跨国公司已控制着全球生产的 40%左右，国际贸易的 50%~60%，国际技术贸易的 60%~70%，科研与开发的 80%~90%，国际投资的 90%（郜红华，1996）。由于跨国公司在全球资源配置中的主导作用，国际投资已经取代国际贸易成为推动经济全球化的最主要要素，也说明了城镇密集区参与全球化的主要途径是加强与跨国公司的合作与竞争。

跨国公司的活动越来越呈现出生产国际化、经营多元化、交易内部化、决策全球化的特点。总部设在发达国家的一些巨型跨国公司，依靠自己所拥有的雄厚资本和从事研究开发和管理的强大科技力量，在全球范围内组织生产、贸易、金融、服务等各种经营网络，将国际间的经济关系转化为跨国公司的内部联系。在一些新兴产业的工业化国家和地区，跨国公司也在迅速崛起，但其规模和影响尚不及前者。跨国公司资本的基本投向及其变化趋势，对世界各地，尤其城镇密集区的发展将产生重大影响。许多跨国公司的总部和分公司主要设在具有高度发达的金融、信息、咨询、管理、交通等多种服务功能的国际性大都市，有些世界城市成为控制全球经济活动的中心（Friedman，1982）。而其面向全球市场的下属生产厂家和贸易、服务网点则多散布于具有相对区位优势的较广阔的地域空间。这就为城镇密集区的发展提供了机遇，城镇密集区是产业空间组织的表现形式，而城镇密集区的发展与完善又会反过来影响产业的空间组织。经济全球化和社会信息化使产业空间组织跨出国界，走向全球。我国加入 WTO 后，面临的合作伙伴和竞争对手主要是跨国公司。只有加强和跨国公司的合作，才能从真正意义上融入经济全球化的浪潮。近年来外资的大量投入和外贸的急剧增长已成为我国沿海城镇密集区迅速发展的重要因素。一些跨国公司分支机构比较集中的城镇密集区也正在逐步走向国际化。

随着世界贸易的不断增加和新的劳动地域分工的逐步形成，以及跨国公司对各国经济不断渗透，城镇密集区在全球经济中所扮演的角色也由于相互间联系的广泛性而日趋重要，城市间的经济网络开始主宰全球的经济命脉。在这样一个全球化—地方化时代，区域与区域之间的相互联系（垂直和水平）呈现出相互交织的复杂局面，区域内外不同时期、不同要素之间的复杂结合重新对区域进行了修订。

但是我们也应看到经济全球化对区域影响的差异，表现为经济相对发达地区所受到的影响大于经济不发达地区，边界地区大于中部地区（李小健等，2000）。区域发展将呈现高度不平衡的状态，即便在一国之内，不同区域之间也常常是繁荣与衰退共存，发展与停滞同在，区域内主体之间的贸易与非贸易的相互依赖超越了地方自然禀赋而成为决定区域产业活力的关键（Krugman，1991）。Nijkamp（1994）指出，在全球经济时代，有着重要战略位置的区域将更多的是作为通信和交易极（Communication and Transaction Poles）而出现。在全球化—地方化背景下，这些“新”的以城市为核心的区域正在变成“国际竞争下的核心”，但同时也更暴露于国际竞争，更依赖于国际市场力，并受地方本土条件的影响与制约，这也意味着它们将成为全球化和地方化冲突的焦点（甄峰，2001）。此外，国家政策的差异，也可使那些开放程度较大的地区受到更为明显的国际影响。从而使不同区域背景下的城镇密集区面临着不同的发展机遇。

二、新经济与城市群结构功能优化升级

中小城镇化是新经济时代城市化进程中的一种重要的空间组织形态。新经济是以网络传输为主要通信手段的经济。与传统通信工具不同，网络传输使得世界各个角落之间大量的信息交换在瞬间完成成为可能。网络大大缩短了世界各国（地区）之间的距离，降低了相互交流的成本，为更大范围、更加细致的社会分工与协作创造了条件。网络将整个世界连成一体，世界各国之间的竞争更加激烈而不是相反。在新经济时代，一方面尖端的高技术需要借助发达的现代化大都市来发展；另一方面，更加大量的一般产业，包括传统的制造业和服务业在空间选择上的自由度更大。他们可以在远离大都市的中小城市发展，而同样可以通过网络及时了解世界市场信息和技术动态。因此，逆城市化（含郊区化）、中小城市化是新经济时代城市化进程中的一种重要的空间组织形态（叶裕民，2001）。

因此，以信息技术为标志的新经济对全球社会发展产生巨大影响的同时也增强了人类适应生态环境的能力。随着人类社会步入知识经济时代，创新正成为社会经济活动的核心，也是影响城市群区域结构功能优化升级的重要因素。关于创新，具有包括技术创新、体制创新、政策创新、法制创新、思维创新等。创新对城市群区域结构功能优化升级的影响主要表现在以下两个方面：一是技术创新在城市群区域经济社会环境发展过程中的应用，不仅提高了经济效率和社会效益，而且还增加了环境中的生物多样性，从而改善了城市群区域的经济社会环境结构，提升了城市群的系统功能；二是创新组织与管理使城市群区域结构得以优化，功能得以提升。城市群区域经济社会环境的健康协调发展，产生了良好的经济社会环境效益，继而使城市群生态系统步入良性循环状态。通过不断创新（新经济）使城市群区域生态承载能力不断增加，经济社会环境效益不断提高，城市群结构功能向着合理有序的方向推进（见图 4-5）。

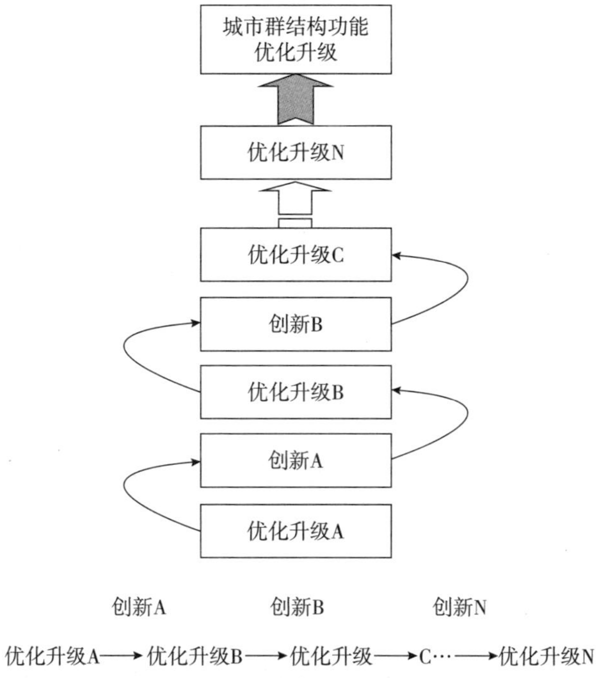

图 4-5　创新与城市群结构功能优化升级

三、新经济与珠江三角洲城市群结构功能优化升级

珠三角城市群是我国改革开放的前沿地区，开放初期引进外资主要发展劳动密集型产业，生态环境也没有得到应有的重视。20 世纪 90 年代中后期以来引进外资外企不仅重视科技含量和环境影响状况，而且自主创新重视程度不断提高。尤其是以生物工程等高新技术研究为龙头的新经济的不断发展以及城市群生态空间结构优化重组，使珠三角城市群生态环境逐步好转。

许学强等（2001）对广州市可持续发展进行了量化分析：改革开放以来，广州市发展经历了缓慢发展阶段（1980~1984）、衰退恶化阶段（1984~1987）、调整巩固阶段（1987~1991）、迅速发展阶段（1991~1994）和缓慢发展阶段（1994~1996）五个阶段。其中，衰退恶化阶段也是广州经济体制改革全面铺开阶段，这一阶段经济可持续指数得到了迅速提高，但环境水平却出现了严重的恶化现象。说明企业和政府重视经济而忽视了环境保护，导致了经济虽然出现增长，但城市环境却出现严重污染的现象，以至于出现 1987 年的环境指数的低谷现象。缓慢发展阶段经济可持续指数有了较大提高，社会可持续指数缓慢增长，环境可持续指数下降，说明政府在环境控制和建设方面有所放松，致使环境可持续指数出现较大回落。在改革开放初期，广州随着经济的发展，确实出现了环境急剧恶化的现象，致使城市经济的增长被环境的衰退抵消，伴随出现不可持续发展的类型，使得城市整体发展并没有出现多少进步；但随着调整巩固，状况略有好转，出现了不可持续性与可持续性徘徊的状况；进而到了 20 世纪 90 年代初期，出现了全面发展的状况，发展的类型多为可持续性。1994 年以后，经过大发展后又进入了缓慢发展阶段，虽然其发展仍为可持续性，但这一时期又出现了弱化的可持续现象。

探讨其原因可以看出，在城市中政府、企业和个人的共同作用下，广州市的城市发展总体上已经朝着可持续的方向迈进了一步。但也应看到，在从计划经济向市场经济转轨的过程中，由于政府行为的连贯性、科学性、严肃性等一系列问题，同时伴随着企业和居民行为的消极被动性，导致在发展过程中三者很难做到真正意义上的统一，也就不可避免地出现了一些不和谐的问题，宏观上则表现为不协调的现象，使得改革开放以来城市发展的过程出现了某些不可持续性的状况。

第六节　结语与讨论

城市群结构功能优化升级不仅要解决一系列生物学、生态学问题，同时还必须满足城市群区域经济社会发展的需要，解决与之相关联的经济社会问题。因此，城市群结构功能优化升级不仅仅是一个自然的、技术的过程，必须以人为本，在符合自然规律的基础上，使地方产业与经济发展相结合，寻求经济上合理、社会文化上可行的优化模式，以实现经济社会环境可持续发展的最终目标。以生态系统结构网络（包括食物链）为中心，以生物多样性为基础，根据城市群区域经济社会和自然特点，进行有机整合，并建立相应的可持续发展的低碳经济、循环经济以及特色生态产业，这将是城市群区域结构功能优化升级的一个重要发展方向。

城市群区域结构功能优化升级过程是在自然生态环境约束机制、交通道路建设引导机制、产业整合推动机制、社会文化制约机制、历史文脉作用机制和新经济影响机制的共同作用下进行的；其中，自然生态环境是基础，交通信息通道建设是导向，产业整合是关键，社会文化、历史文脉和新经济等因子起着加速或延缓的作用。不同时空条件下各影响因子的作用强度存在较大差异。各影响因子之间相互联系、相互影响、相互促进。

随着知识经济时代的到来，自然生态环境、社会文化、历史文脉以及新经济因素等在城市群区域结构功能优化升级过程中发挥着主导性作用，但它们还是要通过传统的交通信息通道建设、规划编制及实施、政策制定及落实和产业集群等动力机制而发生作用。

各种动力机制之间相互联系、相互作用、互为因果，只有对其进行有机整合，最终才能使“城市群结构功能优化升级”得以有序推进，城市群经济社会环境才能健康协调可持续发展，“人与自然”才能和谐相处。

第五章　中原城市群结构功能现状格局

理论源于实践，更重要的是指导实践。以中原城市群为例，通过对其结构功能优化升级的演变过程、现状格局、动力机制、演变趋势等方面进行分析评价，以便于在城市群的结构功能优化升级过程中因时因地制宜采取切实可行的有针对性的调控对策措施，使中原城市群能够健康协调可持续发展，郑州国家中心城市得以顺利建设，并发展成为我国重要的新的经济增长极，最终带动中原地区（尤其是河南省）发展，促进中部地区崛起。

第一节　中原城市群概况

一、中原城市群范围界定

中原城市群的范围包括河南省全省以及山西省、河北省、山东省、安徽省的部分地市，具体有河南省的郑州市、洛阳市、开封市、平顶山市、安阳市、鹤壁市、新乡市、焦作市、濮阳市、许昌市、漯河市、三门峡市、南阳市、商丘市、周口市、信阳市、驻马店市、济源市；山西省长治市、晋城市、运城市；河北省邯郸市、邢台市；山东省聊城市、菏泽市；安徽省蚌埠市、淮北市、阜阳市、宿州市、亳州市等，共计

30 座城市（见图 5-1），下辖 29 个县级市、163 个县（见表 5-1）。

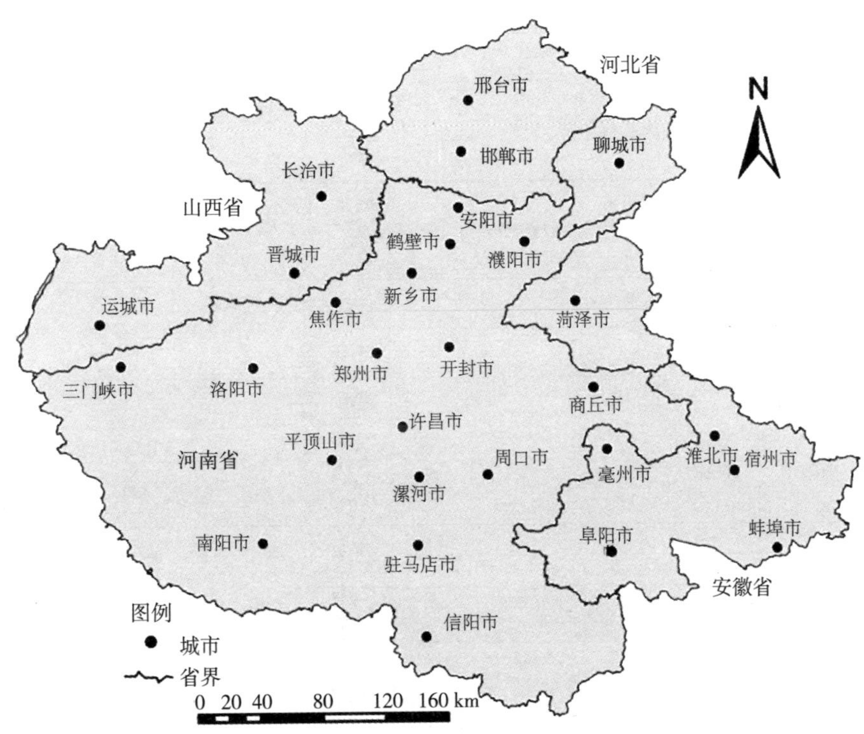

图 5-1　中原城市群行政区划示意图

表 5-1　中原城市群行政区划构成一览

地级市	县级市	县
郑州市	巩义市、荥阳市、新郑市、登封市、新密市	中牟
开封市		杞县、通许、尉氏、开封、兰考
洛阳市	堰师市	孟津、新安、栾川、嵩县、汝阳、宜阳、洛宁、伊川
平顶山市	汝州市、舞钢市	宝丰、叶县、鲁山、郏县
安阳市	林州市	安阳、汤阴、滑县、内黄

续表

地级市	县级市	县
鹤壁市		浚县、淇县
新乡市	卫辉市、辉县市	新乡、获嘉、原阳、延津、封丘、长垣
焦作市	沁阳市、孟州市	修武、博爱、武陟、温县
濮阳市		清丰、南乐、范县、台前、濮阳
许昌市	禹州市、长葛市	许昌、鄢陵、襄城
漯河市		舞阳、临颍
三门峡市	义马市、灵宝市	渑池、卢氏
南阳市	邓州市	南召、方城、西峡、镇平、内乡、淅川、社旗、唐河、新野、桐柏
商丘市	永城市	虞城、民权、宁陵、睢县、夏邑、柘城
信阳市		息县、淮滨、潢川、光山、固始、商城、罗山、新县
周口市	项城市	扶沟、西华、商水、太康、鹿邑、郸城、淮阳、沈丘
驻马店市		确山、泌阳、遂平、西平、上蔡、汝南、平舆、新蔡、正阳
济源市		
长治市	潞城市	长治、襄垣、屯留、平顺、黎城、壶关、长子、武乡、沁县、沁源
晋城市	高平市	沁水、阳城、陵川、泽州
运城市	永济市、河津市	临猗、万荣、闻喜、稷山、新绛、绛县、垣曲、夏县、平陆、芮城
邯郸市	武安市	鸡泽、邱县、曲周、馆陶、涉县、广平、成安、魏县、磁县、临漳、大名

续表

地级市	县级市	县
邢台市	南宫市、沙河市	清河、邢台、临城、内丘、柏乡、隆尧、任县、南和、宁普、巨鹿、新河、广宗、平乡、威县、临西
聊城市	临清市	阳谷、莘县、茌平、东阿、冠县、高唐
菏泽市		曹县、成武、单县、巨野、郓城、鄄城、东明
蚌埠市		怀远、五河、固镇
淮北市		濉溪
阜阳市	界首市	临泉、太和、阜南、颍上
宿州市		砀山县、萧县、灵璧县、泗县
亳州市		涡阳、蒙城、利辛

资料来源：中华人民共和国统计局．中国统计年鉴 2017［Z］．北京：中国统计出版社，2017.

中原城市群位于我国中部地区，地处秦岭、太行山、大别山向华北平原的过渡地带。2016 年，土地面积 287089 平方千米，约占全国土地总面积的 3%，其中市区面积 38735 平方千米，建成区面积 3146 平方千米；户籍总人口 18849 万人，约占全国总人口的 13.5%，市区户籍人口 4195 万人。

二、中原城市群基本情况

1. 以平原为主的地形

中原城市群地势西高东低，高原、山地、丘陵主要分布在京广铁路以西的地区，包括黄土高原（部分）、太行山、秦岭余脉（伏牛山等）、桐柏山、大别山等，其间还分布有许多盆地以及带状河谷平原，如上党盆地（又称沁潞高原），晋城盆地、运城盆地，伊、洛河中下游河谷平原，汝河中下游河谷平原等。西部山区海拔最高点位于灵宝市境内的老鸦岔，海拔 2413.8 米。京广铁路沿线及以东地区是华北平原的重要组成部分，主要包括有坡积洪积平原、洪积平原、洪积冲积平原、冲积平原、冲积湖积平原等多种类型。平原地区海拔高度多在 200 米以下，海拔最低点位于河南省固始县淮河出省处，仅 23.2 米，其中 100 米以下的平原地区面积占 50%以上。

2. 大陆性季风气候

中原城市群区域属于暖温带至亚热带、湿润至半湿润大陆性季风气候，具有四季分明、雨热同期、复杂多样等特点。年平均气温由北向南为 12~15.7℃，并呈现出东高西低、南高北低的特点，山地与平原之间气温差异比较明显，气温年较差、日较差均较大，极端最低气温-21.7℃（1951 年 1 月 12 日，安阳）；极端最高气温 44.2℃（1966 年 6 月 20 日，洛阳）。全年无霜期从北往南约为 156~240 天。南部及西部山区降水较多，东南部的大别山区降水量可达到 1100 毫米以上，且集中于 6~8 月。全年平均日照时数 1848.0~2664.5 小时，日照百分率 45%~46%，光合有效辐射量大部分地区为57~59千卡/平方厘米。

3. 地下水资源较为丰富

中原城市群区域的水资源总量为 10.327 亿立方米，其中地表水资源 4.521 亿立方米，地下水资源 8.623 亿立方米，二者之间的重复计算量为 2.857 亿立方米。

由于中原城市群主要位于黄河、淮河、海河中下游的冲积、洪积、沉积平原地区，土壤多为砂性土，渗透性很好，降水容易渗透补给地下水，故其地下水资源比较丰富。例如，河南省的地下水天然补给资源量多年平均值为 188.1 亿立方米，其中，西部山区为 69.7 亿立方米，东部平原地区为 133.9 亿立方米，二者重复量为 15.5 亿立方米（见表 5-2）。浅层地下水可采量多年平均为 163 亿立方米，其中山区为 28.47 亿立方米，平原地区为 133.53 亿立方米；深层地下水可采量为 10.47 亿立方米。按照地下水的类型进行划分，松散岩类孔隙水占 77%、岩溶裂隙水占 12%、基岩裂隙水占 11%。

表 5-2　2009 年河南省 18 省辖市水资源情况一览

单位：毫米；亿立方米

省辖市	降水量	地表水资源量	地下水资源量	地表水与地下水重复量	水资源总量	产水系数
郑州市	616.7	4.561	8.623	2.857	10.327	0.22
开封市	670.6	4.410	9.662	2.191	11.881	0.28
洛阳市	744.5	16.271	14.930	11.224	19.978	0.18
平顶山市	837.6	11.427	7.315	2.524	16.218	0.24
安阳市	596.4	3.536	7.675	1.458	9.753	0.22
鹤壁市	622.0	0.961	2.459	0.386	3.033	0.23
新乡市	592.6	4.770	10.151	2.094	12.827	0.26
焦作市	582.7	2.946	5.094	0.728	7.313	0.31
濮阳市	564.2	1.754	5.872	1.905	5.721	0.24
许昌市	697.6	3.556	6.456	1.004	9.007	0.26
漯河市	753.7	2.020	3.517	0.392	5.246	0.26
三门峡市	782.0	13.800	5.198	3.924	15.074	0.19
南阳市	843.4	58.384	24.769	15.411	67.742	0.30
商丘市	704.7	4.359	14.520	0.387	18.493	0.25
信阳市	935.8	47.619	22.255	11.211	58.662	0.33
周口市	702.2	7.390	19.462	2.935	23.917	0.28
驻马店市	821.7	18.639	18.176	5.872	30.942	0.25
济源市	541.9	1.899	1.916	1.177	2.638	0.26
合计	753.8	208.302	188.052	67.581	328.773	0.26

资料来源：河南省水资源形势与政策［DB/OL］. https://wenku.baidu.com/view/13f3163c4b73f242336c5fa7.html.

依据《生活饮用水卫生标准（GB 5749—1985）》和《地下水质量标准（GB/T 14848—1993）》，河南省地下水环境质量综合情况为，约7.27万平方千米（占河南省面积48%）的地下水资源需要经适当处理后方可饮用，约1.21万平方千米（占全省面积的7%）的地下水资源不适宜饮用但可作为工农业供水水源，约0.13万平方千米（占全省面积不足1%）的地下水需要经过专门处理后才能利用。其中，豫西南大部分地区地下水资源可直接饮用，豫北、豫东南浅层地下水污染比较严重，水质较差；郑州、商丘、许昌、濮阳等主要城市市区浅层地下水污染严重，水质呈下降趋势。各省辖市都不同程度地存在着与饮用水水质有关的地方病区，豫北、豫西丘陵山区和豫东平原分布着与大骨节病、氟中毒、甲状腺肿大等地方病有关的高氟水、低碘水和高铁锰水；有近千万人仍在饮用不符合生活饮用水水质标准的地下水①。

河南省在地下水资源开发利用方面仍然存在着如下一些突出问题：一是紧缺和浪费现象并存。用水量急剧增长，地下水开采量平均以每年3亿立方米的速度增加。黄河及以北大部分地区，尤其是一些大城市地区地下水超采现象严重，比如郑州、许昌、商丘等城市，豫西山区还有200多万人需要解决饮水问题。与此同时，水资源浪费问题仍相当突出，万元工业产值耗水量是发达国家的10~20倍，每公斤粮食的耗水量是发达国家的2~3倍。二是水资源污染严重。由于工业和生活污水排放量增加以及农业大量使用农药化肥，使得浅层地下水水质污染问题突出，主要集中于城镇及其周边、排污河道两侧、农灌区等地表污染水体分布区，污染呈现由点到面、由城市到农村扩展的趋势，继而造成缺水的城市和地区日益增多。三是不合理开采地下水诱发地面沉降等环境问题。豫北地区因不合理开采地下水，出现了区域地下水位下降情况，并形成清丰—南乐、温县—孟州等区域地下水降落漏斗，漏斗面积达1.2万平方千米；18个省辖市都不同规模地存在着地下水降落漏斗，濮

① 朱中道．河南省地下水资源开发战略探讨［J］．人民黄河，2004，26（10）：30-32.

阳、郑州、开封、许昌、洛阳都已发生不同程度的地面沉降，对城市基础设施建设构成严重威胁；地下水位下降还使平原湿地萎缩、地表植被破坏，导致生态环境恶化。

因此，在今后的地下水资源开发利用方面要做好以下六方面的战略性调整：一是调整地下水开发利用思路。坚持采补平衡，持续利用原则，调整优化地下水开采布局和用水结构。坚持浅层为主，深层适度，咸淡结合，有效利用沿黄河地区和太行山前冲洪积扇区深层地下水资源，在豫东、豫北地下咸水分布区，可应用抽咸补淡、淡咸混合等技术，合理利用咸水资源。坚持“合理调控、以丰补歉”原则，合理调控地下水位，增加地下储水空间，有效利用土壤水。坚持保护水质、优质优用原则，采取有效措施，保护地下水资源，严格控制和预防地下水污染，在郑州、漯河等地蕴藏优质矿泉水的地区，实行优质优价，确保城市生活用水。坚持联合调蓄、统筹兼顾原则，即地表水、地下水，上、下游水资源联合调蓄、统筹兼顾，综合开发利用水资源。二是实施地下水资源的开发与保护战略。主要缺水城市和平原区应在节约用水的前提下，调整地下水开采布局。适当压缩深层水的开采量，有效利用土壤水，改造利用微咸水。对山前隐伏岩溶水和豫东南平原区深埋的渐近系承压含水层中的地下水资源进行勘察评价，确定开采潜力；控制山区水利工程设施对地表水的拦蓄量，增加山前洪积扇和平原区地下水天然补给量，保障河流维持生态平衡所需的水量；沿黄地区应增加地下水开采，扩大黄河侧渗补给量。豫北山区应在查明岩溶分布规律的基础上充分利用岩溶地下水；豫西黄土区应重点开发黄土塬区、河谷冲积层等含水层的地下水资源。同时，应科学谋划产业结构、生产规模和城市建设布局，本着“优先保障生活用水，基本保障经济和社会发展用水，努力提供生态环境用水”的原则，合理开发利用地下水资源。三是加强地下水人工调蓄工程建设。包括水库以及地下水库建设、跨流域调水工程建设等，以调节地下水资源的年内变化与丰枯水年际变化，充分利用地下水资源。四是加强地下水水源地储备，向有序应急供水转变。根据区域水文地质资料，编制应急供水水源方案，有计划地开展地下水应急供水水源地的勘察工作，选择具有多年调蓄能力的含水层，采取以丰水年或丰水期蓄水、枯水年或枯水期疏干供水的调节补偿方式，实施应急供水，缓解供水危机。五是改善缺水地区群众生活用水条件。要充分开发利用地下水解决缺水地区人畜饮水和防病改水问题。六是建立地下水资源保护带，防止水质污染。要坚持“以防为主、防治结合、防重于治”的方针，根据水文地质条件和工农业生产布局，科学划分地下水防护带的范围和防护层位，采取科学严格的防护措施，保证地下水水源地及补给区水质不被污染。还要重视原生地下水环境质量差的问题，加强地下水的水质调查和改水工作，对地方病多发区和人畜饮水困难地区，要在查明地下水环境的基础上，寻找并开辟新的地下水源。

4. *矿产资源丰富，空间组合良好*

截至2015年底，河南省有各种矿产资源143种，查明资源储量的106种，已开发利用的矿种93种。载入《河南省矿产资源储量简表》的矿产地2557个，其中，大型的286个、中型的397个、小型的1830个、未划分规模的44个。保有资源储量居全国第一位的矿种有钼矿、耐火黏土、天然碱、珍珠岩等。其中，钼矿575.85万吨、耐火黏土3.03亿吨、天然碱13498万吨、珍珠岩10036万吨。其他在全国占有重要地位的主要矿产保有资源储量为：煤炭346.58亿吨、铁矿20.7亿吨、铝土矿10.7亿吨、金矿（岩金）615.58吨、银矿（金属量）14454.56吨、晶质石墨（矿物）888万吨、岩盐343.6亿吨、煤层气3.17亿立方米。河南省主要矿产资源地域组合优势突出，集中度高，适合于综合勘探、互补型开发，有利于建设规模化、集约化矿业及矿产品深加工体系。共生、伴生矿产地占矿产地总数的61%，煤炭、铝土矿等复合矿区较多，有利于矿产资源节约与综合利用。河南省目前共有各类开发矿山2608个，其中大型153个、中型256个（见表5-3）。目前开采的矿种以煤矿、铁矿、铅锌矿、金矿、铝土矿、钼矿、银矿、水泥用灰岩、萤石、建筑石料、矿泉水、地下热水等为主，固、液体矿石总量达 31973 万吨。其中，煤炭开发强度较大，接替建井资源不足；铝土矿露天开采资源不足，开采深度加大；金矿、铅锌矿等浅部矿开采殆尽，多数矿山已出现不同程度的资源危机。

表 5-3　中原城市群部分矿产地拥有情况一览

矿产地所在县市	主要矿产地个数（个）	伴生、共生矿产地个数（个）	小计
郑州市区	石灰岩 1 黄土 1	石灰岩 1	3
荥阳市	煤 5 白云岩 1 石灰岩 2 流铁矿 2	石灰岩 1	11
新郑市	煤 2		2
巩义市	铝 5 耐火黏土 1 煤 11 其他黏土 1	耐火黏土 3 石灰岩 6 镓 1 硫铁矿 4	34
登封市	铁 2 铝 5 煤 18	耐火黏土 4 石灰岩 2 镓 3 硫铁矿 1	35
新密市	煤 22 铝 3 石英岩 4 其他黏土 3 陶瓷土 1	镓 3 锂 1 耐火黏土 3 石灰岩 1 硫铁矿 1	44
洛阳市区	煤 1 石灰岩 1		2
偃师市	铝 3 煤石灰 4 岩 1	耐火黏土 2 石灰岩 1 镓 2	15
新安县	铁 2 铝 2 石灰岩 5 煤 12 石英岩 2 耐火黏土 1 白云岩 1	黄土 1 耐火黏土 5 石灰岩 1 镓 2 硫铁矿 1	35
栾川县	铝 1 钼 4 油页岩 1 萤石 1 水晶 3 金 4 硫铁矿 1	钨 3 锌 2 硫铁矿 2 银 1 铼 1 水晶 1 铜 1 铁 1	27
嵩山县	金 13 钼 1 萤石 1		15
汝阳县	铁 1 煤 2 铅 1	锌 1 金 1 银 1 铟 1	8
宜阳县	煤 5 石灰岩 2 铝 1		8
洛宁县	金 6 银 2	银 1 铅 2 金 2	13
伊川县	煤 5 磷 1		6
平顶山市	煤 25 石灰岩 5 其他黏土 2 伊犁石黏土 1		33

续表

矿产地所在县市	主要矿产地个数（个）	伴生、共生矿产地个数（个）	小计
舞钢市	铁 14 石英岩 1 石灰岩 1	钴 1 矾 1 轻稀土 1 磷 1 钛 1 石灰岩 1 白云岩 1	23
叶县	盐 2		2
宝丰县	铁 1 铝 1 煤 1 磷 1 石灰岩 2	铝 1 镓 1 耐火黏土 1 石灰岩 1	10
鲁山县	铁 3 铜 1 铝 1 萤石 1 煤 2 石膏 1 耐火黏土 1 磷 1 天然石油 1 砂岩 1	耐火黏土 1	14
汝州市	煤 19		19
郏县	煤 5		5
新乡市区	石灰岩 4 其他黏土 1		5
卫辉市	煤 1 石灰岩 2 其他黏土 2 重晶石 1		6
辉县市	煤 3 石灰岩 1		4
焦作市区	煤 3 铁 21 耐火黏土 10 流铁矿 1 石灰岩 3 高岭土 1	硫铁矿 1 铁矾土 3	43
修武县	煤 2 石灰岩 3 其他黏土 1 耐火黏土 1		7
博爱县	铁 3 硫铁矿 1 陶瓷土 1 石灰岩 1	耐火黏土 1	7
沁阳市	铁 1 耐火黏土 2 石灰岩 1	铁矾土 2	6
济源市	铁 2 铜 1 煤 6 铁矿 1 磷 1	钴 1 硫铁矿 1	13
禹州市	铝 3 煤 23 硫铁矿 1 石灰岩 3 其他黏土 1	耐火黏土	33
许昌县	铁 2 其他黏土 1		3
舞阳县	盐 1		1
总计	398	492	890

5. 历史文化源远流长，当地的文教科技资源聚居地

中原城市群区域是中华文明的发祥地，历史文化源远流长，文化底

蕴深厚，曾长期成为我国政治、文化、经济中心，洛阳、开封、亳州、安阳、南阳、商丘、邯郸、聊城、郑州等都是我国的历史文化名城，孕育了丰富的文化内涵。现在，中原城市群各地市共有 75 所本科院校，其中郑州市拥有 26 所，新乡市 8 所，鹤壁市、濮阳市、漯河市、三门峡市、济源市、晋城市 6 城市无本科以上高等学校，其他城市均有 1~4 所。同时，上述城市均有一所职业技术学院，是当地的文教科技资源集聚地（见表 5-4）。由此可以看出，中原城市群区域各城市的文教科技资源存在着较大差异，郑州具有明显的比较优势，占中原城市群区域本科及以上高等院校数量的三分之一以上，具有唯一的一所“211”工程大学——郑州大学，但与其他省会城市相比，高等学校的质量还有待于进一步提高。

表 5-4 2017 年中原城市群各地市高等学校（本科）情况一览表

地级市	高等学校名称
郑州市	郑州大学、河南大学（郑州校区）、河南工业大学、河南农业大学、河南财经政法大学、郑州科技学院、华北水利水电大学、郑州轻工业大学、中原工学院、河南工程学院、郑州航空工业管理学院、黄河科技学院、郑州师范学院、河南警察学院、郑州升达经贸管理学院、铁道警察学院、河南牧业经济学院、郑州商学院、河南中医药大学、郑州工程技术学院、河南财政金融学院、郑州工业应用技术学院、郑州财经学院、郑州工商学院、中原工学院信息商务学院、河南师范大学新联学院（郑州校区）
开封市	河南大学、河南大学民生学院
洛阳市	河南科技大学、洛阳理工学院、洛阳师范学院
平顶山市	河南城建学院、平顶山学院
安阳市	安阳师范学院、安阳工学院、安阳学院
鹤壁市	
新乡市	河南师范大学、新乡医学院、河南科技学院、河南工学院、新乡学院、河南师范大学新联学院（新乡校区）、新乡医学院三全学院、河南科技学院新科学院

续表

地级市	高等学校名称
焦作市	河南理工大学、黄河交通学院
濮阳市	
许昌市	许昌学院
漯河市	
三门峡市	
南阳市	南阳理工学院、南阳师范学院
商丘市	商丘师范学院、商丘工学院、商丘学院
信阳市	信阳师范学院、信阳农林学院
周口市	周口师范学院
驻马店市	黄淮学院
济源市	
长治市	长治医学院、长治学院
晋城市	
运城市	运城学院
邯郸市	河北工程大学、邯郸学院、河北工程大学科信学院
邢台市	邢台学院
聊城市	聊城大学、聊城大学东昌学院
菏泽市	菏泽学院、齐鲁工业大学菏泽校区
蚌埠市	安徽财经大学、蚌埠医学院、蚌埠学院、安徽财经大学商学院
淮北市	淮北师范大学
阜阳市	阜阳师范大学、阜阳师范学院信息工程学院
宿州市	宿州学院
亳州市	亳州学院

2017年末河南省共有省级以上企业技术中心1136个，其中国家级84个；省级以上工程实验室（工程研究中心）616个，其中国家级46个。国家级工程技术研究中心10个，省级工程技术研究中心1287个；

省级重点实验室 184 个。全年申请专利 119243 件，授权专利 55407 件。有效发明专利 28615 件；每万人口拥有发明专利量 3.0 件。实现专利权质押融资额 15.5 亿元，签订技术合同 5877 份，技术合同成交金额 76.93 亿元。从 R&D 方面来看，2016 年河南省的人员全时当量全国排名第 5 位，仅次于江苏省、广东省、浙江省、山东省；经费全国排名第 19 位；项目数全国第 3 位，仅次于天津市、广东省。从专利方面看，河南省的申请数全国排名第 15 位；发明专利全国排名第 4 位，仅次于江西省、江苏省、河北省；有效发明专利数全国排名第 22 位（见表 5-5）。

表 5-5 2016 年各省市区规模以上工业企业研究与试验发展（R&D）活动及专利情况

地区	R&D						专利					
	人员全时当量（人·年）	名次	经费（万元）	名次	项目数（项）	名次	申请数（件）	名次	发明专利（件）	名次	有效发明专利数（件）	名次
贵州	15774	25	741847	24	2145	25	4942	20	2660	19	236918	1
陕西	45362	17	4459622	6	6399	16	17457	13	8162	10	117912	2
北京	51143	14	1797561	18	7899	13	28208	6	4382	15	45917	3
新疆	7310	27	1844216	17	10363	10	131284	2	7300	12	41791	4
海南	2688	29	77940	30	1342	27	8142	18	8021	11	38661	5
福建	102250	6	2420637	15	35835	4	3786	23	8523	9	37513	6
江西	34924	18	3929647	8	3068	20	5555	19	68168	1	28290	7
内蒙古	30126	20	827248	23	8869	12	49791	4	1410	23	24065	8
宁夏	5686	28	509228	26	29	31	2546	27	3360	17	23972	9
广东	423730	2	3499551	11	59088	2	17170	14	3290	18	22315	10
江苏	451885	1	2548433	14	6351	17	19574	10	49229	2	22021	11
上海	98671	8	884925	22	7612	14	12594	16	6197	13	18514	12

续表

地区	R&D						专利					
	人员全时当量（人·年）	名次	经费（万元）	名次	项目数（项）	名次	申请数（件）	名次	发明专利（件）	名次	有效发明专利数（件）	名次
辽宁	49254	15	14150035	3	9533	11	78729	3	4120	16	15863	13
天津	78336	12	3709224	10	59535	1	20065	9	11293	6	14188	14
河北	82971	11	9357877	4	2471	22	17511	12	23322	3	13074	15
山西	29450	21	79819	29	296	30	1757	28	814	27	11520	16
吉林	23469	22	2374859	16	12562	7	2655	25	1878	22	8585	17
湖南	86440	10	16575418	2	12019	8	4127	22	5392	14	6993	18
浙江	321845	3	3086608	12	15697	5	2970	24	2021	20	6010	19
四川	60146	13	3882632	9	10909	9	24228	7	1176	25	5880	20
黑龙江	32219	19	16762749	1	7262	15	45921	5	1321	24	5411	21
河南	132731	5	1279853	19	50740	3	13189	15	22769	4	5350	22
广西	19402	23	2572607	13	12849	6	9709	17	9227	8	4716	23
云南	17166	24	556853	25	3441	19	145448	1	9392	7	3395	24
西藏	208	31	390946	27	4487	18	18249	11	19280	5	3103	25
青海	1750	30	239624	28	1465	26	44	31	777	28	2427	26
甘肃	12610	26	4003	31	1002	28	2600	26	15	31	2030	27
湖北	96340	9	4900778	5	2260	23	21685	8	1934	21	1657	28
安徽	99451	7	908602	21	552	29	612	29	285	30	1248	29
重庆	47392	16	4096962	7	2253	24	4341	21	360	29	393	30
山东	241761	4	976283	20	2664	21	508	30	909	26	115	31

资料来源：中华人民共和国统计局．中国统计年鉴 2017［Z］．北京：中国统计出版社，2017.

6. 劳动力资源数量充足，素质较高

由于中原城市群区域地形条件影响，人口密度存在较大差异。总体上看，平原地区人口密度大，山区人口密度小；市域人口密度小，市辖区人口密度大。例如，地处平原地区的濮阳市、周口市等市域人口密度在每平方千米1000人以上，位于山区的三门峡市、长治市、晋城市等市域人口密度每平方千米不到250人；郑州市、濮阳市、晋城市、平顶山市、洛阳市、新乡市、长治市、安阳市、邢台市的市辖区人口密度都在每平方千米2000人以上，尤其是郑州市更高达每平方千米3500人以上，而市域人口密度最高的郑州市每平方千米仅有1100余人。中原城市群区域现有人口18849万人，其中劳动力约13500万人（见表5-6）。劳动力的分布与人口密度分布有着极大的一致性。

表5-6　2016年中原城市群人口资源现状

名称	土地面积（平方千米）			常住人口（万人）			人口密度（人/平方千米）		城镇化水平
	市域	市辖区	建成区	市域	城区户籍人口	城镇常住人口	市域	市辖区	
郑州市	7446	1010	457	972	354	691	1111	3505	71.09
开封市	6444	1596	129	455	170	209	867	1065	45.93
洛阳市	15236	879	216	680	205	370	484	2332	54.41
平顶山市	7882	443	73	498	111	253	721	2506	50.80
安阳市	7384	534	82	513	118	249	848	2210	48.54
鹤壁市	2182	679	64	161	65	92	779	957	57.14
新乡市	8666	431	118	574	107	290	745	2483	50.52
焦作市	4071	578	113	355	99	200	919	1713	56.34
濮阳市	4188	263	59	363	72	152	1034	2738	41.87
许昌市	4997	1099	108	438	134	216	1021	1219	49.32
漯河市	2617	1020	67	264	135	130	1028	1324	49.24

续表

名称	土地面积（平方千米）			常住人口（万人）			人口密度（人/平方千米）		城镇化水平
	市域	市辖区	建成区	市域	城区户籍人口	城镇常住人口	市域	市辖区	
三门峡市	10496	1927	49	226	64	120	218	332	53.10
南阳市	26509	2135	150	1007	189	433	451	885	43.00
商丘市	10725	1697	63	728	184	291	911	1084	39.97
信阳市	18787	3604	94	644	155	286	483	430	44.41
周口市	11961	333	70	882	64	348	1053	1922	39.46
驻马店市	15087	1365	80	699	86	278	629	630	39.77
济源市	1899	1899		73	72	44	379	379	60.27
长治市	13896	334	59	339	74	175	244	2216	51.5
晋城市	9425	143	46	232	38	135	233	2657	58.3
运城市	14183	1205	66	531	70	253	374	581	47.65
邯郸市	12065	2667	172	1054	381	550	874	1429	52.21
邢台市	12433	425	90	732	89	365	634	2094	49.83
聊城市	8984	1710	101	597	125	290	705	731	48.55
菏泽市	12256	2261	125	862	231	408	828	1022	47.33
蚌埠市	5951	611	145	333	115	179	639	1882	53.74
淮北市	2741	760	85	221	105	137	792	1382	62.13
阜阳市	10118	1957	124	799	226	322	1050	1155	40.24
宿州市	9939	2907	79	560	190	224	658	654	40.03
亳州市	8521	2263	62	510	167	195	759	738	38.28
合计				16302		7885			48.37

资料来源：中华人民共和国统计局．中国统计年鉴 2017［Z］．北京：中国统计出版社，2017.

与此同时，随着我国普及高中教育以及高等教育大众化的不断推进，中原城市群区域的劳动力素质也在不断提高。总体上看，城市地区劳动力素质高于农村地区，农村地区的劳动力号称“386199 部队”，也就是以妇女、儿童和老人为主，严重地影响着“乡村振兴”战略的有序推进。由表 5-7 可以看出，2016 年河南省未上过学的总人数为 4323 人，在全国 31 个省（直辖市、自治区）中排名倒数第三；具有小学文化程度的 17933 人，全国排名倒数第四。

表 5-7　2016 年全国各省、市、自治区 6 岁及 6 岁以上人口受教育程度

地区	6 岁及以上人口	未上过学		小学	
	合计（人）	倒数名次	小计（人）	倒数名次	小计（人）
四川	65259	1	5508	1	21287
山东	77354	2	5230	2	18766
广东	85168	7	3194	3	18686
河南	73743	3	4323	4	17933
河北	57884	10	2752	5	14776
云南	36930	6	3219	6	14306
江苏	62953	4	3908	7	14012
湖南	53099	12	1984	8	13315
安徽	48183	5	3549	9	13091
浙江	44145	9	2916	10	12079
湖北	46004	11	2690	11	10885
江西	35394	14	1830	12	10875
广西	36994	16	1697	13	10350
福建	29688	13	1953	14	9407
贵州	27172	8	3117	15	9233
重庆	24087	19	1070	16	7581
黑龙江	30868	18	1295	17	6952
陕西	29889	17	1685	18	6847
辽宁	35135	24	782	19	6838

续表

地区	6岁及以上人口	未上过学		小学	
	合计（人）	倒数名次	小计（人）	倒数名次	小计（人）
甘肃	20445	15	1793	20	6813
山西	29052	22	909	21	5620
新疆	18087	23	790	22	5455
吉林	21860	25	675	23	5106
内蒙古	19913	20	1013	24	4312
上海	19274	26	651	25	2528
天津	12401	29	333	26	1902
北京	17001	31	313	27	1631
青海	4581	27	605	28	1602
海南	7037	30	332	29	1570
宁夏	5210	28	350	30	1394
西藏	2512	21	982	31	786

注：劳动力为15~64岁年龄段人口数量。

资料来源：中华人民共和国统计局．中国统计年鉴2017［Z］．北京：中国统计出版社，2017.

7. 通道区位优越

中原城市群处于承东启西、连南接北的重要战略地位，交通区位优势进一步显现。尤其是河南省是全国重要的交通枢纽，境内“三纵五横”的铁路网、四通八达的高速公路和快速发展的航空运输，对河南乃至全国的经济发展都具有重要意义。

铁路枢纽之地。河南地处全国铁路网中心，是重要的铁路枢纽之地。京广、西徐两条铁路客运专线交会于郑州。境内还有京广、京九、太（太原）焦（焦作）—焦柳、京沪4条主干铁路纵贯南北，有陇海、焦（焦作）新（新乡）菏（菏泽）、宝（宝丰）阜（阜阳）、宁（南京）西（西安）、长（长治）安（安阳）泰（泰山）、邯（邯郸）长（长治）—邯（邯郸）济（济南）6条铁路横贯东西。相继形成郑州、洛阳、漯河、焦作、新乡、商丘、南阳、信阳、安阳、长治、邯郸、聊城、菏泽、阜阳等铁路枢纽城市（见图 5-2）。

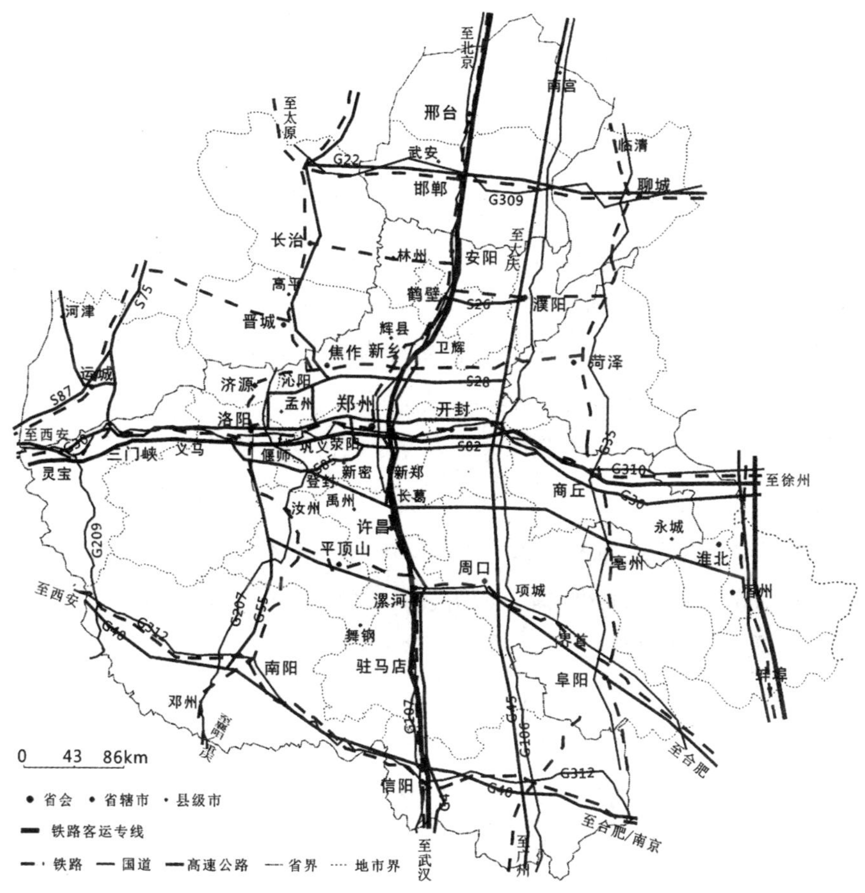

图 5-2　中原城市群交通区位条件示意

公路四通八达。京港澳（G4）、大广（G45）、二广（G55）、济广（G35）、连霍（G30）、沪陕（G40）、宁洛（G36）、晋新（G55）、青兰（G22）以及长济（S28）、南林（S22）、范辉（S26）、原焦（S86）、郑云（S87）、郑少洛（S85）、郑尧（S88）、郑民（S82）、兰南（S83）、永登（S32）、商周（S81）、焦桐（S49）、新泌（S38 阳）等高速公路纵横交织于中原城市群境内。洛阳、南阳、商丘、周口、许昌、焦作、鹤壁、濮阳、安阳、邯郸、聊城、阜阳等地区中心城市已成为高速公路节点城市。G105、G106、G107、G207、G209、G309 等国道纵贯中原城市群南北。G310、G311、G312、G202 等国道横穿中原城市群东西（见图 5-2）。省道、县道、乡道纵横交织。中原城市群区域内所有乡（镇）和行政村全部实现了路面硬化（柏油路或水泥路），即“村村通”工程。

航空快速发展。河南民用航空事业快速发展，现拥有郑州新郑国际机场、洛阳机场和南阳机场三个民用机场。尤其是郑州新郑国际机场已成为全国八大区域性航空枢纽之一，跨入千万级机场序列，全国机场 20 强。2013 年新郑航空港被国务院批准为国家级航空经济综合实验区，将为新郑机场快速发展带来新的契机。

光缆纵横交错。河南公用电信网在全国占据重要地位，省会郑州市是我国重要的通信枢纽之一，国家骨干公用电信网“八纵八横”中的“三纵三横”都途经河南，加上南北、东西两条架空光缆干线从河南穿过，构成河南省“四纵四横”的信息高速公路基本框架。

8. 经济水平较低

2016 年中原城市群 30 个城市的国内生产总值为 57989.80 亿元，仅占全国 GDP 总量的 7.79%，人均 GDP 30766 元，低于全国平均水平（54000 元）23234 元；第一、第二、第三次产业结构水平较低。

9. 生态环境脆弱

2017 年河南省辖市环境空气质量级别主要为轻污染，首要污染物是 PM2.5，其次为 PM10。信阳、南阳、驻马店、漯河、商丘、周口、三门峡、许昌、开封、平顶山、濮阳、济源 12 市环境空气质量为轻度污染；洛阳、新乡、郑州、鹤壁、焦作、安阳 6 市环境空气质量为中度污染。

河流水质级别为轻度污染。海河流域为中度污染，淮河流域、黄河流域为轻度污染，长江流域为优。主要污染因子为化学需氧量、总磷和生化需氧量。城市地下水质量较好，污染程度呈加重趋势。郑州、鹤壁、南阳、焦作、漯河、济源、三门峡、驻马店、洛阳、平顶山、周口、新乡 12 个城市地下水水质级别为良好，许昌、开封、商丘、安阳、濮阳、信阳 6 个城市地下水水质级别为较差。

集中式饮用水源地水质级别为优。南阳、濮阳、驻马店、信阳、鹤壁、许昌、三门峡、平顶山 8 个城市集中式饮用水源地水质级别为优，周口、新乡、郑州、洛阳、济源、安阳、焦作、漯河、开封、商丘 10 个城市集中式饮用水源地水质级别为良好。

城市建成区声环境质量级别为较好。城市建成区声环境质量，商丘为好；开封、洛阳、安阳、鹤壁、新乡、焦作、濮阳、许昌、南阳、信阳、周口、驻马店、济源 13 个城市为较好；郑州、平顶山、漯河、三门峡 4 个城市为轻度污染。道路交通噪声路段达标率为 85.7%，道路交通声环境质量，郑州、洛阳、平顶山、鹤壁、焦作、濮阳、许昌、漯河、三门峡、南阳、商丘、信阳、周口、济源 14 个城市道路交通声环境质量级别为好；开封、安阳、新乡 3 个城市为较好；驻马店市为重度污染。城市功能区噪声测点达标率为 67.4%。

由此可以看出，中原城市群经济社会快速发展，加之生产力布局的一些失误和自然承载力的不断降低，水资源日益匮乏，土地资源压力增大，市区大气污染仍较严重，固体垃圾堆积，噪声污染增强，农畜产品污染超标等原因致使中原城市群生态系统极其脆弱。

第二节　中原城市群的历史发展演变过程

中原是我国古代文明的发祥地之一，也是我国城市最早诞生地。中原城市群的历史发展演变过程主要经历了城市形成阶段、城市发展阶段和城市群组建阶段三个阶段。

一、城市形成阶段

据考古研究，早在4000～4500年前夏朝之初中原地区已形成城市雏形（偃师二里头文化遗址、登封王城岗遗址和淮阳平粮台城遗址）；公元前1056年周公旦在洛阳营造洛邑，公元前770年，东周迁都洛邑；公元前743～701年间，郑庄公“开拓封疆”，在今朱仙镇附近建“仓城”开封（王发曾，1994）。到春秋时期河南有大小城邑200多个，战国时期兼并至150多个（王圣安、刘科伟，1995）。中原地区城市已基本形成。

二、城市发展阶段

1. 高速发展时期（秦汉至北宋）

秦汉的郡县制，使县城得到普遍发展，西汉时期全国的19个都市中该区占有4个，东汉末年在全省范围内基本形成由都城、郡治、县城和小城邑组成的四级城镇体系，洛阳、郑州、开封为核心城市。隋唐时期，大运河的开凿，促进了洛阳和开封一带城镇的发展，洛阳成为唐朝的东都；开封自战国时期开通鸿沟水系之后就成为中原河网中心，在唐朝发展成为仅次于扬州的国际贸易中心；在唐末，开封成为五代的国都和历史上全国的第二个政治、经济中心（王圣安、刘科伟，1995）。隋唐特别是唐朝时期，相对稳定的国内环境和国内经济的迅速发展，促进了包括中原地区在内的城市的迅猛发展。洛阳和开封两个国都级城市在隋唐至北宋时期进入了全盛时期，以洛阳、开封为中心的城市体系渐趋成熟（王发曾，1994）。

2. 缓慢发展时期（五代至新中国成立前）

北宋后期以来，由于长期的政治、经济中心转移和战乱，中原地区城市发展成果几乎被消耗殆尽，城市发展处于停滞状态。近代，由于大运河水道淤堵、黄河泛滥等，中原河网风光消失，水运地位下降，陆运（铁路、公路）地位上升并逐渐超过水运，随之形成一些新兴枢纽城市

（如郑州等）、工矿城市（如焦作、平顶山等）和商业城镇（如郑州等），其他城市逐步衰落。加之战争等因素影响，人口大量流失，中原地区城市发展缓慢。

3. 自然发展时期（20 世纪 50 至 80 年代）

1949 年，中原城市群地区有郑州、开封、洛阳、许昌、漯河、新乡 6 个城市，仅有开封市一个中等城市。新中国成立后，随着工业生产力布局调整和“三线”建设，焦作、平顶山（矿业城市）成为省辖市；郑州成为省会城市（1954 年），并发展成为大城市；洛阳、新乡和平顶山逐渐发展成为中等工业城市。改革开放以后，中原地区成为国家重要能源化工基地，中原地区城市化进程加速，中原地区城镇数量不断增多、建成区面积不断扩大，城镇间的联系进一步增强，城市群雏形开始显现（刘静玉，2006）。

三、区域城市群组建阶段

1990 年以来，中原地区已进入城市群组建阶段。1994 年中国新亚欧大陆桥研究会联络处将中原城市群建设规划作为“十大”建设课题之一；1996 年中原城市群建设被列入河南省“九五”规划和 2010 年远景建设规划。2001 年的《河南省国民经济和社会发展第十个五年计划》及 2003 年的《河南省全面建设小康社会规划纲要》明确提出，今后若干年河南省经济空间结构布局和调整的重心是构建“中原城市群经济隆起带”。在《河南省全面建设小康社会规划纲要》中明确界定了中原城市群的地域范围以郑州为中心，包括洛阳、开封、新乡、焦作、许昌、平顶山、漯河、济源等 9 个省辖（管）市及其辖县在内的城市密集区。2006 年 11 月 20 日郑（郑州）开（开封）大道建成，郑开公交通车，标志着郑汴一体化、中原城市群建设进入实质性建设阶段。

四、国家城市群组建阶段

2016 年 12 月，国务院批复《中原城市群建设发展规划》，标志着中原城市群的建设发展已上升到国家战略层面。城市群的范围由原来的9个城市扩展到包括河南省全部18个地市以及周边山西省、河北省、山东省、安徽省的12个地市共计30个地级市。其中，郑州、开封、许昌、新乡、焦作5个城市组成郑州大都市区，将成为中原城市群的核心区。明确提出支持郑州建设国家中心城市，中原城市群的定位有了大幅提升。

然而，纵观中原城市群的发展演变过程，目前仍然存在着如下突出问题：①大城市不大，区域经济缺乏核心辐射源。主要表现在其领导力和带动力明显不够，无论是郑州还是洛阳，都存在着总体经济实力偏小，经济辐射力不足的缺点，没有形成适应区域经济发展的核心辐射源，从而加重了区域内部协调发展的矛盾。②各城市间经济结构雷同，城市之间难以融合。各城市之间联系不紧，区域内的城市各自为政，城市发展目标大体相似，产业结构雷同现象明显，没有差别竞争，行业与企业普遍缺乏合理的分工与协作，低水平竞争激烈，往往形不成规模效益，导致整个区域内资源浪费严重。各城市之间的竞争明显大于联合，摩擦高于融合，无形中自己削弱了城市群的繁荣和发展。③各城市之间定位不准，没有建立起明显的多层级的城市群体系。城市群本身应是一个一体化的整合体，城市群内不同的层级，具有不同的实现价值（徐清梅，2002）。但中原城市群存在这种“大城市不大，中等城市不强，小城市不小”，各自角色不明，都想当中心，都想成为一个自封闭系统的小系统，使得城市群内角色混乱，经济无序发展，加剧了城市之间的无序和不平等竞争（张卫星，2006）。

五、城市群结构功能优化升级过程

依据城市化推进过程中对土地生态系统的影响差异可将土地生态系统分为非农用地生态系统和农用地生态系统，因为这两个生态系统的构成有着很大不同，城市群在形成发展过程中对这两种生态系统的作用方式以及产生的影响也不尽相同。

城市群发展对非农土地生态系统的影响，可以称为原生影响。在这里，非农土地生态系统虽然源于先前的农用地生态系统，然而由于城市群发展的作用，使其在系统构成上发生了巨大变化，与原有农用土地生态系统已经大相径庭。城市化对城市周围农用地生态系统的影响可以称为次生影响，因为城市本身并不直接作用于农用地生态系统，而是通过非农用地生态系统与农用地生态系统之间的物质交换与能量交流来进行。与其他生态系统一样，城市非农用地生态系统自身也有一个生态阈限，在这个生态阈限内，城市非农用地生态系统将具有一定的自净能力，以维护系统的内部平衡。由于城市非农用地生态系统中大量生产和生活所产生的废物无法通过城市非农用地生态系统自身的净化能力来实现，于是便以物质和能量的方式与周边的农用地生态系统发生作用，如城市废水通过河流对周边农田产生影响，城市工业废气向周边地区扩散等。这种形式的次生影响在很大程度上将对原有农用地生态系统构成重要影响，如果这种影响超过了周边农用地生态系统的自净能力，就会形成所谓的环境问题——农用地污染现象。

中原城市群在形成发展过程中，由于核心城市没有完全形成，各城市定位不准，产业结构雷同，产业集群没有得到充分发展，城市之间的无序竞争，有限资源得不到充分利用，环境污染严重。造成中原城市群区域的生态基质、生态斑块不断碎化，生态廊道受阻，城市群区域的经济社会环境结构没有得到应有的优化，继而影响到城市群区域的功能升级。

然而，城市化并不总是与环境污染相一致的概念。从发达国家城市化的普遍经验来看，城市化总是与一定的环境污染问题相联系起来；但是在城市化发展后期，这种现象往往会得到一定的控制和解决，而对于发展中国家的城市化来说，则有可能跳出发达国家城市化的原有道路。

由此可以看出，中原城市群区域属于后发城市化地区，在城市群结构功能优化升级过程中，只有通过交通道路建设、规划、政策等方面的引导，及时对城市群区域的产业发展进行整合，不断形成产业集群，尤其是特色产业集群，最终才能使各城市的比较优势得以充分发挥，城市之间分工合理，城市内部均衡增长；中原城市群与其他国家级城市群、世界级城市群之间定位准确；与此同时，新经济以及社会文化发展不断注入新的动力。这样，中原城市群区域的结构也就有条件得到最优组合，城市群的功能也将进一步提升（历伟，2002）。

第三节　中原城市群经济社会发展现状

一、总体水平

1. 经济总量

中原城市群区域虽然远离海洋，但由于地处中原地区，开发历史悠久，铁路、公路以及航空运输较为发达，这种良好的区位优势使其矿产资源、能源资源得到优先开发，经济总量大幅度增加。截至2016年，中原城市群区域30个城市的生产总值达57989.80亿元，占全国GDP总量的7.79%；其中，郑州大都市区5个地级市的生产总值达16508.83亿元，占全国生产总值的2.22%（见表5-8）。

表5-8　2016年中原城市群经济发展水平

地级市	生产总值（万元）		一、二、三次产业比值（%）		人均生产总值（元）	
	市域	市区	市域	市区	市域	市区
郑州市	81139666	46097077	1.93：46.79：51.28	0.71：41.42：57.87	84114	82826
开封市	17551002	6371007	16.39：40.62：42.99	11.03：35.94：53.03	38619	39506
洛阳市	38201075	14885127	6.13：46.89：46.98	1.26：39.48：59.26	56410	68603

续表

地级市	生产总值（万元）		一、二、三次产业比值（%）		人均生产总值（元）	
	市域	市区	市域	市区	市域	市区
平顶山市	18251414	5109628	9. 68：49. 04：41. 28	1. 35：52. 26：46. 39	36708	47257
安阳市	20298494	5531860	10. 47：47. 84：41. 70	1. 47：45. 76：52. 77	39603	44816
鹤壁市	7717894	3694029	8. 03：65. 21：26. 76	3. 28：63. 34：33. 38	47940	56042
新乡市	21669705	7201086	10. 29：49. 56：40. 15	1. 17：43. 62：55. 21	37805	63407
焦作市	20950796	4735637	6. 39：59. 28：34. 33	1. 41：44. 08：54. 52	59183	46140
濮阳市	14495555	3872670	11. 17：54. 76：34. 07	4. 91：46. 81：48. 28	40059	54304
许昌市	23777133	6600388	6. 83：58. 82：34. 35	4. 01：55. 38：40. 62	54522	51110
漯河市	10819257	6476335	10. 53：62. 35：27. 12	8. 06：62. 93：29. 01	41138	48198
三门峡市	13258631	3850064	9. 31：56. 49：34. 20	6. 68：44. 68：48. 64	58894	57496
南阳市	31149653	7166475	16. 55：43. 80：39. 65	7. 03：36. 91：56. 06	31010	38577
商丘市	19891538	4300455	19. 42：41. 42：39. 17	16. 23：42. 82：40. 95	27332	24329
信阳市	20378010	5361541	21. 89：39. 55：38. 56	13. 18：45. 38：41. 44	31733	38514
周口市	22638615	2111843	20. 21：45. 95：33. 84	4. 15：49. 58：46. 27	25681	29507
驻马店市	19729881	3323114	20. 93：39. 23：39. 85	8. 26：46. 40：45. 34	28305	34470
济源市	5389108	5389108	4. 32：64. 97：30. 71	4. 32：64. 97：30. 71	74849	74849
长治市	12704767	3720097	4. 83：50. 92：44. 25	0. 98：40. 70：58. 33	37063	46601
晋城市	10493400	2498081	4. 75：52. 88：42. 37	0. 30：32. 40：67. 31	45271	50783
运城市	12223486	2248834	16. 49：36. 31：47. 20	6. 01：29. 34：64. 66	23106	32162
邯郸市	3370903	13663695	12. 50：47. 24：40. 26	10. 42：45. 72：43. 85	35265	38265
邢台市	19757460	3143341	13. 65：46. 86：39. 46	1. 69：39. 86：58. 45	27038	33372
聊城市	28591800	5208300	11. 83：49. 48：38. 70	10. 54：45. 41：44. 05	47624	39966
菏泽市	25602400	7068855	10. 96：51. 27：37. 77	8. 17：47. 65：44. 18	29904	35602
蚌埠市	13858228	7452491	14. 43：43. 95：41. 61	3. 32：51. 26：45. 42	41855	65217

续表

地级市	生产总值（万元）		一、二、三次产业比值（%）		人均生产总值（元）	
	市域	市区	市域	市区	市域	市区
淮北市	7990337	5458064	7.70 : 56.34 : 35.95	3.64 : 59.48 : 36.88	36427	51939
阜阳市	14018589	4853593	21.57 : 39.79 : 38.65	12.82 : 35.63 : 51.55	17642	21620
宿州市	13518116	5759654	19.25 : 37.94 : 42.82	11.60 : 38.56 : 49.83	24270	33637
亳州市	10461044	3676131	19.72 : 38.71 : 41.57	16.97 : 41.64 : 41.39	20611	20003
郑州大都市区	165088302	206828580			56614	82181

注：当年价格。

2. 人均生产总值

中原城市群由于矿产资源、能源资源的不断开发以及加工业的迅猛推进，社会经济快速发展，人均 GDP 不断提高。但与全国平均水平相比，仍然存在着较大差距。与此同时，中原城市群区域内部，人均 GDP 也存在着较大的不平衡问题，郑州市人均 GDP 最高，达 82826 元，最低的城市亳州市，人均 GDP 只有 20003 元，两者相差 4 倍以上（见表 5-8）。

3. 在岗职工人均工资

丰富的矿产资源储藏，良好的区位条件，使中原城市群工业发达，尤其是能源工业、采掘工业等重工业得到快速发展。因此，能源工业、采掘工业等重工业快速发展的中西部地区在岗职工人均工资也较高；东部开封市等地的在岗职工人均工资则较低。截至 2016 年底，河南省在岗职工人均工资 45920 元，其中在岗职工人均工资最高的城市为郑州市，人均 52987 元；鹤壁市最低，人均只有 39646 元（见表 5-9）。人均存款与在岗职工工资分布情况基本一致。

表 5-9 2016 年河南省辖市在岗职工工资及人均存款情况一览表

名称	工资（元）	人均存款（元）	名称	工资（元）	人均存款（元）	名称	工资（元）	人均存款（元）
郑州市	52987	64764.14	新乡市	40831	13637.82	南阳市	43082	27158.1
开封市	43643	—	焦作市	41995	29102.65	商丘市	43695	23107.93
洛阳市	46515	34768.42	濮阳市	43587	26456.4	信阳市	41300	29580.51
平顶山市	45046	30424.9	许昌市	43792	29094.85	周口市	42763	22131.69
安阳市	41379	—	漯河市	41389	25062.62	驻马店市	39847	30125.64
鹤壁市	39646	24053.79	三门峡市	44573	32729.05	济源市	44115	32691.68

资料来源：《河南省各地在岗职工年平均工资》，2016 年 6 月 24 日（豫社养老局函〔2016〕27 号），http：//blog. sina. com. cn/s/blog_ 5727bd250102xdhv. html。

4. 农民人均纯收入

中原城市群工业经济的快速发展，不仅为农业发展提供了较好的装备条件，同时在资金等方面也开始反哺农业，使农业专业化、现代化水平较大幅度提高，农村经济得到较快发展。2016 年河南省辖市农民人均纯收入 2920 元，高于河南省平均水平 367 元。尤其是工业发展水平较高的郑州市、济源市、焦作市等城市，其农民人均纯收入均高于中原城市群的平均水平。工业发展水平较低的开封市，其农民人均纯收入也是最低的，只有 2381 元，低于河南省平均水平 172 元（见表 5-10）。

表 5-10 2016 年河南省辖市城乡居民收支情况

名称	城镇居民人均可支配收入（元）	农村居民人均纯收入（元）	人均社会消费品零售额（元）
郑州市	33214	18426	44327
开封市	24596	11166	15045
洛阳市	30752	11457	24523
平顶山市	27102	11244	13586

续表

名称	城镇居民人均可支配收入（元）	农村居民人均纯收入（元）	人均社会消费品零售额（元）
安阳市	28168	12624	12073
鹤壁市	26184	14022	12111
新乡市	26892	12679	13350
焦作市	26876	14851	18688
濮阳市	26482	10622	12239
许昌市	27016	14357	15574
漯河市	26618	12938	18273
三门峡市	25254	11982	19263
南阳市	26898	11701	14698
商丘市	25217	9605	9402
信阳市	23959	10651	10809
周口市	22471	9279	8690
驻马店市	24158	9935	8947
济源市	28231	15540	21235

资料来源：2017 河南省统计年鉴。

5. 人均社会消费品零售额

中原城市群经济的快速发展，使其消费总额亦增长较快。2016 年底，河南省人均社会消费品零售额 15580 元，但各省辖市之间的人均社会消费品零售额出现较大差异，最高的城市——郑州市，人均社会消费品零售额 44327 元；其次是洛阳市，人均社会消费品零售额 24523 元；其后依次是三门峡市 19263 元、焦作市 18668 元、漯河市 18273 元；最低的城市——周口市，人均社会消费品零售额仅有 8690 元，郑州市与周口市两市人均社会消费品零售额相差 5 倍以上（见表 5-10）。

二、结构水平

中原城市群，尤其是中原城市群的西部山区以及豫北地区资源型产业占有重要地位。这些地区的城市主要因资源的开采或开发而形成，资源型产业在整个区域的发展中起着支柱作用，具有强烈的资源指向性，产业结构高度单一。随着资源型产业生命周期的影响，主导资源存量逐步减少，资源优势将逐步消失，资源型支柱产业衰退，豫西山区经济发展将面临衰退威胁（刘云刚，2000）。中原城市群产业结构现状主要表现在以下几个方面：

1. 三次产业结构水平

截至 2016 年底，河南省三次产业生产总值分别为 4286. 21 亿元、19275. 82 亿元和 16909. 76 亿元，三次产业构成比例为 10. 6 ∶ 47. 6 ∶ 41. 8，劣于全国的三次产业构成水平（8. 6 ∶ 39. 8 ∶ 51. 6）。在中原城市群的 30 个城市中，郑州市三次产业构成比例最优，第三产业所占比重已达 51. 28%。另外，第三产业所占比重超过 40%的城市还有 12 个，依次为运城市、洛阳市、长治市、开封市、宿州市、晋城市、安阳市、蚌埠市、亳州市、平顶山市、邯郸市、新乡市。中原城市群区域多数城市第三产业所占比重较低主要因为其第二产业，尤其是能源工业和采掘业较为发达，在三次产业中所占比重较大（多在 50%以上）；开封市等城市的第三产业所占比重较高主要是因为经济发展水平较低，尤其是工业在三次产业中所占比重较低。

2. 工业规模结构水平

由表 5-11 可以看出，中原城市群企业组织结构同全国情况基本一致。规模以上企业在工业企业发展中居于主导地位，均在 80%以上，规模以下工业企业也占有重要位置。从中原城市群区域内部情况来看，规模以上工业增加值主要集中于郑州、洛阳、许昌、焦作、南阳等城市，规模以下工业增加值主要集中于郑州、洛阳、许昌、新乡等地区，城乡个体工业主要集中于郑州、洛阳、南阳和许昌等地区。

表 5-11　2013 年中原城市群部分城市（河南省）规模以上工业增加值构成

名称	工业增加值（亿元）	规模以上增加值（亿元）及占比（%）		公有制企业（亿元）	非公有制企业（亿元）	大型企业（亿元）	中型企业（亿元）	小型企业（亿元）	轻工业（亿元）	重工业（亿元）	国有控股（亿元）	集体控股（亿元）	私人控股（亿元）	港澳台控股（亿元）	外商控股（亿元）
郑州市	3101. 38	2473. 39	80	457. 39	2015. 97	874. 99	660. 79	930. 66	473. 43	1999. 97	407. 83	49. 50	1545. 83	297. 60	65. 70
开封市	555. 95	460. 50	83	52. 18	408. 36	116. 22	177. 90	166. 31	210. 86	249. 57	33. 66	18. 51	377. 08	3. 96	9. 60
洛阳市	1590. 00	1350. 00	85	528. 84	821. 12	455. 52	366. 47	523. 82	236. 78	1113. 23	496. 37	32. 42	734. 01	13. 72	26. 04
平顶山市	835. 81	683. 44	82	272. 22	411. 22	248. 97	114. 31	314. 73	108. 00	575. 50	250. 80	21. 38	372. 64	14. 05	8. 14
安阳市	855. 54	772. 00	90	164. 35	607. 64	364. 79	198. 09	207. 66	199. 42	572. 65	155. 90	8. 44	584. 48	4. 22	7. 61
鹤壁市	413. 68	390. 32	94	91. 89	298. 47	64. 82	129. 33	190. 70	129. 24	261. 03	52. 50	39. 30	276. 70	3. 45	6. 01
新乡市	873. 73	797. 69	91	155. 88	641. 80	356. 00	253. 90	187. 50	312. 00	485. 70	85. 70	70. 10	521. 40	5. 20	18. 50
焦作市	1083. 61	986. 85	91	131. 05	855. 80	237. 80	365. 00	382. 80	339. 20	647. 60	105. 80	25. 30	804. 30	7. 30	2. 50
濮阳市	690. 81	643. 74	93	197. 82	445. 90	116. 80	148. 20	378. 70	275. 10	368. 60	163. 60	34. 20	416. 10	14. 60	3. 80
许昌市	1201. 55	1060. 00	88	250. 64	809. 32	428. 52	233. 76	396. 22	364. 41	695. 64	231. 91	18. 72	768. 58	5. 24	14. 74
漯河市	548. 85	488. 09	89	103. 10	385. 00	256. 90	121. 80	109. 20	364. 40	123. 70	51. 70	51. 40	260. 00	76. 20	28. 70
三门峡市	741. 11	683. 62	92	343. 72	339. 90	121. 20	207. 30	355. 00	44. 60	639. 00	146. 30	197. 40	303. 90	7. 50	28. 40

续表

名称	工业增加值（亿元）	规模以上增加值（亿元）及占比（%）		公有制企业（亿元）	非公有制企业（亿元）	大型企业（亿元）	中型企业（亿元）	小型企业（亿元）	轻工业（亿元）	重工业（亿元）	国有控股（亿元）	集体控股（亿元）	私人控股（亿元）	港澳台控股（亿元）	外商控股（亿元）
南阳市	1110.00	880.00	79	256.84	623.13	353.64	197.54	328.33	351.35	528.58	231.70	25.10	561.70	19.37	6.14
商丘市	624.39	539.52	86	183.63	355.90	220.44	166.14	151.61	244.77	294.73	168.97	14.64	342.07	3.63	1.61
信阳市	520.53	420.50	81	55.46	365.02	99.53	142.02	178.55	193.40	227.10	37.21	18.27	347.93	7.81	1.86
周口市	798.86	672.86	84	29.23	643.63	243.46	208.03	220.54	461.21	211.69	13.38	15.88	534.85	9.34	20.70
驻马店市	594.90	489.90	82	71.88	418.03	98.38	186.67	202.37	260.06	229.86	55.79	16.10	389.73	20.00	7.40
济源市	324.60	295.00	91	76.39	218.57	166.99	38.55	89.26	30.47	264.54	59.32	17.12	174.42	19.70	18.84

资料来源：2014 年河南省统计年鉴。

另外，中原城市群县域范围内企业的组织水平更低，对生态环境的影响更为严重。例如，济源市的水泥行业。一是企业规模小，装备水平低，缺乏市场竞争力。国家发展和改革委员会对水泥行业的准入条件为：鼓励发展日产5000吨新型干法水泥生产，同时地方和企业以淘汰落后生产能力的方式发展新型干法水泥。然而济源市仅有1条干法水泥生产线且规模较小，缺乏抵御市场风险的能力和参与市场竞争的能力。近几年来，随着周边地市水泥厂的扩建，全市水泥外销日益困难，基本上都集中在济源范围内相互竞争。为销售自己的产品，各企业相互压低价格。可以说，目前济源的水泥价格在全省乃至全国都是较低的，由此造成的财税流失是相当大的。同时，由于水泥生产企业的利润空间很小，导致企业缺乏发展后劲，难以做大做强。二是资源与能源消耗大。水泥工业是高能耗、高资源消耗的工业。这既与济源市的科技发展水平、管理水平有关，也与硅酸盐水泥本身的特性有关。由于水泥机立窑内的温度高达1400℃以上，因此水泥熟料烧成热耗很高。济源市的水泥生产每年要烧掉约22万吨煤，用掉近1.2亿度电。据有关资料统计，2004年济源市水泥工业煤炭消耗量占全年煤炭生产总量的9%。同时，去年济源市水泥生产还消耗了120多万吨石灰石。三是技术含量不高，水泥性能低。济源市目前100多万吨的水泥年产量中，大部分是低标号、低性能的水泥。济源市水泥质量与先进水平相比还存在较大差距。这主要与济源市水泥生产技术与装备落后、管理水平较低、含混合材料的水泥占较大比重及混合材料粗放添加有关。用低性能的水泥制备混凝土时，要达到同样强度等级的混凝土所需的水泥较多，混凝土的耐久性能也较差。这样一方面浪费了大量水泥，另一方面建筑物的质量较差而使其使用寿命缩短，进一步造成水泥的浪费。四是环境污染严重。水泥在生产中的污染物主要是CO_2、NO_x、SO_2、粉尘和少量的重金属化合物。每吨熟料需消耗1.3吨石灰石，排放的CO_2为0.728吨，2004年济源市生产熟料约94万吨，带来的CO_2为68万吨，同时还要排放大量的NO_x和SO_2等有害废气。这些废气对于人类的生存环境与气候都会造成极其不利的影响，如加剧温室效应、产生酸雨等。如果济源市的水泥产量在现有的性能水平上继续大量增加，那么，由此带来的环境污染将更加惊人。因此低性能、高污染、高消耗的水泥工业是不可持续发展的产业，水泥工业对环境的污染势必制约自身可持续发展。

3. 轻重工业结构水平

由规模以上工业企业增加值的轻重工业构成（见表5-11）可以看出，中原城市群已经基本形成以重工业为主的格局（2013年河南省的轻重工业比为32.86：67.14）。截至2013年底，河南省规模以上工业企业增加值中轻工业与重工业比值低于50%的省辖市依次为三门峡市、济源市、平顶山市、洛阳市、郑州市、安阳市、鹤壁市、焦作市、许昌市、新乡市、南阳市、濮阳市、商丘市、开封市、信阳市，其中三门峡市的重工业比重高达93.48%；高于50%的城市主要有驻马店市、周口市和漯河市，其中漯河市的重工业比重只有25.34%，说明漯河市的肉类加工、小麦加工等农副产品加工业已经形成较大的规模，在工业发展中居于重要地位。

4. 现代服务业结构水平

现代服务业主要包括四个领域：一是基础服务，二是生产性服务，三是个人消费服务，四是公共服务。生产性服务业是指直接或间接为生产过程提供中间服务的服务性产业，它涉及信息收集、处理、交换的相互传递、管理等活动，其服务对象主要是商务组织和管理机构，其范围主要包括仓储、物流、中介、广告和市场研究、信息咨询、法律、会展、税务、审计、房地产业、科学研究与综合技术服务、劳动力培训、工程和产品维修及售后服务等。由于统计数据限制，本书以河南省为例，选择了全社会固定资产投资、金融机构存款余额、外商投资、电信业务量、保费收入等部分生产性第三产业指标对中原城市群区域进行分析（见表5-12）。总体上看，经济发展水平较高的地区全社会固定资产投资、金融机构存款余额、外商投资、电信业务量、保费收入都比较高，如郑州市、济源市、洛阳市、三门峡市、焦作市等地市；经济发展水平较低的地区其人均全社会固定资产投资、金融机构存款余额、外商投资、电信业务量、保费收入也比较低，如周口市、驻马店市、商丘市、信阳市、开封市等地市。当然，也有不一致的情况。从保费收入的人均情况看，开封市、许昌市、漯河市等城市的人均保费收入就较低，一方面与经济发展水平有关，另一方面就是这些地区主要以轻工业为主，也就是说这些地区城乡个体企业较多，参加保险的人数和金额都较低。从总体上说，生产性第三产业发展水平较高的地区，其区域经济的发展水平就较高；反之，区域经济发展水平较低的地区，其生产性第三产业的发展水平也较低，二者成正比关系。

表 5-12　2013 年中原城市群部分城市生产性第三产业发展情况

项目 地区	全社会固定资产投资		金融机构存款余额		外商投资		电信业务量		保费收入	
	总量（亿元）	人均（元）	总量（亿元）	人均（元）	总量（亿元）	人均（元）	总量（亿元）	人均（元）	总量（万元）	人均（元）
郑州市	4489. 29	54284	6794. 13	82154	78. 09	944	147. 33	1781	2221032	2686
开封市	979. 08	17515	554. 32	9916	0. 36	6	29. 12	521	327241	585
洛阳市	2569. 24	34861	1645. 34	22325	22. 57	306	57. 07	774	708064	961
平顶山市	1262. 00	22218	934. 97	16461	11. 34	200	33. 82	595	420606	741
安阳市	1368. 88	21867	687. 29	10979	7. 74	124	39. 86	637	446822	714
鹤壁市	498. 43	29319	336. 56	19798	—	—	11. 73	690	119272	702
新乡市	1602. 46	24806	868. 48	13444	27. 30	423	47. 39	734	479721	743
焦作市	1408. 24	37653	672. 19	17973	8. 87	237	29. 25	782	419739	1122
濮阳市	965. 07	22288	304. 09	7023	0. 01	0	25. 23	583	385466	890
许昌市	1415. 56	27756	850. 76	16682	9. 02	177	29. 03	569	427628	838
漯河市	672. 33	24994	310. 92	11558	18. 42	685	17. 12	636	248672	924
三门峡市	1125. 32	49141	467. 35	20408	23. 49	1026	17. 21	752	215144	939

续表

项目 地区	全社会固定资产投资		金融机构存款余额		外商投资		电信业务量		保费收入	
	总量（亿元）	人均（元）	总量（亿元）	人均（元）	总量（亿元）	人均（元）	总量（亿元）	人均（元）	总量（万元）	人均（元）
南阳市	2190.28	18329	1113.34	9317	14.85	124	51.93	435	747140	625
商丘市	1310.72	13416	700.94	7174	3.43	35	45.33	464	500146	512
信阳市	1524.86	16794	740.80	8159	9.07	100	34.50	380	422062	465
周口市	1261.43	10019	638.45	5071	9.42	75	44.50	353	531654	422
驻马店市	1093.14	11519	643.87	6785	0.85	9	36.21	382	458681	483
济源市	351.44	48811	175.26	24342	0.61	85	5.81	807	83475	1159

资料来源：2014 年河南省统计年鉴。

5. 农业结构水平

由表 5-13 可以看出，中原城市群区域河南 18 个省辖市农业结构中种植业多数占比都在 50%以上，最高的三门峡市已达到 78%，当然济源市、鹤壁市分别只占到 44%和 43%；其后依次是牧业、林业、渔业和服务业。然而，在中原城市群区域内部还是存在着一定差异的，工业发展水平较高的地方和平原地区，农业中的生产性服务业所占比重较高，说明工业对农业发展的支持情况较好；另外也说明平原地区主要以农业为主，相关的生产性服务业也得到较好发展。

6. 农业装备水平

截至 2013 年底，中原城市群区域机耕面积、机播面积多数城市都占耕地总面积的 100%以上（因为其复种指数为一年两季），高于全国平均水平。中原城市群区域每公顷耕地拥有农业机械动力多在 10 瓦以上，高于全国平均水平。另外中原城市群区域的耕地灌溉多在 70%（见表 5-14）。由此可以看出，中原城市群区域的农业装备水平要高于全国平均水平，这也是全国粮食生产核心区建设的结果。

表 5-13　2013 年中原城市群部分城市农林牧渔业增加值及其比例关系

单位：亿元

项目 / 地区	农林牧渔业增加值	农业增加值	林业增加值	牧业增加值	渔业增加值	农业服务业增加值	农林牧渔服务业比例
郑州市	146.96	76.97	2.71	57.01	8.16	2.11	52：2：39：6：1
开封市	280.40	176.27	5.26	87.48	2.79	8.60	63：2：31：1：3
洛阳市	246.52	134.81	28.94	65.16	3.51	14.09	55：12：26：1：6
平顶山市	162.53	82.53	7.04	66.49	3.57	2.91	51：4：41：2：2
安阳市	199.16	139.48	6.60	47.17	0.41	5.49	70：3：24：0：3
鹤壁市	61.04	26.01	0.54	31.75	0.67	2.08	43：1：52：1：3
新乡市	215.53	126.44	3.12	77.70	4.57	3.70	59：1：36：2：2
焦作市	132.97	79.74	1.70	47.82	1.19	2.52	60：1：36：1：2
濮阳市	148.62	87.76	4.29	53.35	1.13	2.09	59：3：36：1：1
许昌市	184.98	103.85	8.08	68.05	0.82	4.18	56：4：37：0：3
漯河市	107.53	57.47	1.08	46.68	0.79	1.50	53：1：43：1：1
三门峡市	99.66	77.61	2.44	17.87	1.18	0.57	78：2：18：1：1
南阳市	450.33	299.88	11.93	121.35	8.09	9.09	67：3：27：2：1
商丘市	343.17	247.79	6.72	76.41	6.98	5.27	72：2：22：2：2
信阳市	419.53	275.94	23.35	86.87	26.79	6.58	66：6：21：6：2
周口市	445.96	306.49	10.99	112.62	4.14	11.73	69：2：25：1：3
驻马店市	393.84	223.35	2.99	147.62	8.48	11.41	57：1：37：2：3
济源市	21.47	9.35	1.43	9.11	1.35	0.22	44：7：42：6：1

表 5-14　2013 年中原城市群部分城市农业装备水平

地区 \ 项目	农业机械化情况（千公顷）			农业机械情况		灌溉情况	
	耕地面积	机播面积	机收面积	总动力（万千瓦）	瓦（公顷）	面积（千公顷）	占比（%）
郑州市	267.35	364.09	348.28	561.48	21	200.77	75
开封市	533.42	611.13	514.61	712.60	13	349.00	65
洛阳市	372.54	364.53	262.22	492.04	13	139.29	37
平顶山市	258.50	389.08	335.16	394.39	15	184.44	71
安阳市	343.41	497.53	526.91	617.87	18	296.15	86
鹤壁市	91.19	159.68	154.00	235.05	26	90.72	99
新乡市	448.46	597.10	572.87	741.42	17	360.18	80
焦作市	183.63	272.59	278.36	400.62	22	180.04	98
濮阳市	275.29	320.10	340.25	442.16	16	233.87	85
许昌市	312.42	408.49	352.47	374.93	12	244.65	78
漯河市	209.75	272.50	231.45	267.80	13	131.65	63
三门峡市	111.77	100.71	86.33	175.24	16	47.51	43
南阳市	1457.22	1378.12	1088.21	1307.85	9	480.60	33
商丘市	706.04	1165.38	1002.37	1176.14	17	583.80	83
信阳市	1005.15	344.24	762.35	580.01	6	497.81	50
周口市	1084.82	1281.69	1154.83	1143.72	11	538.85	50
驻马店市	1302.82	1391.41	1191.15	1416.20	11	503.91	39
济源市	22.95	50.85	49.49	110.47	48	25.26	110

三、质量效益

1. 工业企业经济效益

2013 年中原城市群区域工业企业保持较快速度增长，规模以上工业企业经济效益较好。河南省规模以上工业企业全年实现利税 6800.54 亿元，占全国规模以上工业企业利税总额的 7.02%。中原城市群区域资金利税率多在 10%以上，漯河市的资金利税率更高达 27%（见表 5-15）。由此可以看出，中原城市群区域工业企业发展在河南省占据着极为重要的地位，但多数地市主要靠扩大外延生产增加资金利税总额，只有郑州市和漯河市的内涵生产较其他城市稍高。提高产品质量，注重内涵挖掘仍是中原城市群在今后相当长的时期内的主要任务。

表 5-15 2013 年中原城市群部分城市规模以上工业企业经济效益指标

项目 地区	资产总额（亿元）	利税总额（亿元）	平均从业人员（万人）	资金利税率（%）	单位个数（%）
郑州市	8528.61	1529.25	105.55	18	2736
开封市	1572.40	255.22	36.15	16	1254
洛阳市	4467.70	423.56	50.21	9	1770
平顶山市	2555.42	267.38	35.75	10	799
安阳市	2161.43	341.38	26.44	16	937
鹤壁市	975.86	133.37	18.03	14	555
新乡市	2232.57	274.18	39.33	12	1243
焦作市	2521.92	463.28	42.56	18	1211
濮阳市	1550.96	338.94	25.34	22	875
许昌市	2991.96	625.47	37.83	21	1433
漯河市	1231.50	334.77	22.24	27	599
三门峡市	2302.56	290.20	21.81	13	637
南阳市	2583.27	368.31	42.68	14	1568
商丘市	1553.50	215.75	27.90	14	979
信阳市	1162.44	167.36	27.11	14	1154
周口市	1810.30	430.85	35.36	24	1128
驻马店市	2093.56	227.14	28.81	11	1476
济源市	1135.88	114.13	9.45	10	227

注：资金利税率＝（利税总额/资产总额）×100%。

2. *农村经济效益*

近些年来中原城市群区域农村经济得到了较快发展。由表 5-10 可以看出，2016 年中原城市群区域农民人均纯收入多在 10000 元以上。尤其是郑州市、济源市、焦作市、许昌市、鹤壁市农民人均纯收入都在

14000 元以上，郑州市更高达 18426 元。

四、空间格局

1. 经济发展空间差异

中原城市群区域 30 个城市因其区位条件、资源蕴藏量、原有经济基础等方面存在较大差异，致使中原城市群内部经济发展水平相差较大。一是地级市市区经济发展水平一般高于其他地区。2016 年中原城市群区域人均国内生产总值只有 30765 元，而市区人均国内生产总值达到 49304 元，是市域的约 1.6 倍。郑州市、济源市、洛阳市、蚌埠市、新乡市、三门峡市、鹤壁市、濮阳市、淮北市、许昌市、晋城市 11 个地级市市区人均生产总值高于中原城市群的平均水平，尤其是郑州市市区人均生产总值高达 82826 元，是市区人均生产总值最低的亳州市的约 4.1 倍；郑州市、济源市、焦作市、三门峡市、洛阳市、许昌市、鹤壁市、聊城市、晋城市、蚌埠市、漯河市、濮阳市、安阳市、开封市、新乡市、长治市、平顶山市、淮北市、邯郸市、信阳市、南阳市 21 个城市人均生产总值高于中原城市群的平均水平，尤其是郑州市的人均生产总值高达 84114 元，是市域人均生产总值最低的阜阳市（17642 元）的约 4.8 倍。二是资源蕴藏丰富、工业居主导地位区域经济发展水平一般高于农业为主的区域。郑州市、济源市、焦作市、三门峡市、洛阳市、鹤壁市等城市的资源蕴藏丰富、工业居于主导地位，经济发展水平相对较高；阜阳市、亳州市、运城市、宿州市、周口市、邢台市、商丘市驻马店市、菏泽市等城市资源贫乏，农业发展居主导地位，经济发展水平相对较低（见表 5-8）。

2. 区域特色优势差异

由于资源赋存条件差异，中原城市群各城市的产业发展也呈现出明显的区域特色。根据矿产资源分布情况，中原城市群区域资源型产业形成以下三个特色优势区域。

一是太行山麓地带特色资源型产业区。包括新乡市、焦作市、济源市、鹤壁市等，区内有丰富的煤炭（煤层气）、耐火黏土、石灰岩、含钾岩石、霞石正长岩、白云岩、硅石、铁矿、地热（含 CO_2）等矿产，以焦作煤炭集团公司为依托，建设在河南省有重要地位的煤炭、电力、耐火材料、建筑材料、钢铁、铝、镁等矿业基地；凭借太行山区丰富的旅游资源，形成了包括安阳市、新乡市、焦作市、济源市、晋城市、长治市、邯郸市等城市在内的太行山沿线特色旅游产业带。

二是伏牛山区资源型产业区。伏牛山区东部资源型产业区：包括洛阳市东部、郑州市、许昌市西部和平顶山市北部，是河南省最为集中的煤炭、铝土矿、耐火黏土、石灰岩等矿产的密布区，重点建立以煤电及现有工业为基础，构筑全国最大的铝工业基地和全省重要的耐火材料、煤化工、建材矿产基地。伏牛山区西部资源型产业区：主要为洛阳市西部、南部，该区有丰富的贵金属和有色金属矿产，主要稳定发展小秦岭、熊耳山两大黄金生产基地和栾川钼矿开发基地，保持其在全国的重要地位；建设新的银多金属矿开发基地。伏牛山旅游产业带。包括栾川县、西峡县、鲁山县等在内的利用产业带。

三是桐柏—大别山革命老区红色资源利用产业带。利用桐柏—大别山丰富的旅游资源以及革命老区等红色旅游资源，形成了信阳市、息县、桐柏县等在内的红色旅游产业带。

3. 规模结构差异

规模结构演变。根据目前普遍使用的城市规模标准，将中原城市群各城市 1993 年、1998 年、2004 年、2016 年四个时段的规模结构如表 5-16所示。

表 5-16　中原城市群规模结构演变情况

规模等级（万人）	年份	城市数量		城市非农业人口		城市名称
		座	%	万人	%	
>100	1993	1	5.6	123.33	23.0	郑州
	1998	2	8.7	253.06	34.9	郑州、洛阳
	2004	2	8.7	286.59	36.6	郑州、洛阳

续表

规模等级（万人）	年份	城市数量		城市非农业人口		城市名称
		座	%	万人	%	
50~100	1993	3	16.7	184.76	34.5	开封、新乡、洛阳
	1998	4	17.4	243.33	33.6	开封、平顶山、新乡、焦作
	2004	4	17.4	276.78	35.0	开封、平顶山、新乡、焦作
20~50	1993	3	16.7	114.09	21.3	平顶山、焦作、许昌
	1998	3	13.0	83.72	11.6	许昌、漯河、济源
	2004	2	8.7	68.85	8.9	许昌、漯河
10~20	1993	5	27.8	69.46	13.5	漯河、济源、禹州、长葛、汝州
	1998	7	30.4	84.3	11.6	荥阳、卫辉、巩义、新郑、禹州、长葛、汝州
	2004	10	43.5	138.1	17.5	荥阳、新密、辉县、卫辉、巩义、新郑、禹州、长葛、汝州、济源
<10	1993	6	33.3	45.4	8.5	卫辉、辉县、沁阳、巩义、偃师、舞钢
	1998	7	30.4	60.15	8.3	偃师、新密、辉县、沁阳、登封、舞钢、孟州
	2004	5	27.8	42.63	5.4	偃师、沁阳、登封、舞钢、孟州

由表 5-16 可以容易看出，在 1993~1998 年，中原城市群城市数量发展很快，从 1993 年的 18 个发展到 1998 年的 23 个，城市数量增加了 5 个，但大多数为中小城市，大中城市数量仅增加了 1 个，然而从 1998 年到 2004 年间，大中城市数量非但没有增加，反而因济源市区非农业人口减少而减少了 1 个。

根据 2014 年《国务院关于调整城市规模划分标准的通知》，城市被划分为五类七档，截至 2016 年底，300 万~500 万人的Ⅰ型大城市只有郑州市、邯郸市 2 个；100 万~300 万人的Ⅱ型大城市包括洛阳市、开封市、平顶山市、安阳市、新乡市、许昌市、漯河市、南阳市、商丘市、信阳市、聊城市、菏泽市、阜阳市、蚌埠市、淮北市、宿州市、亳州市；50 万~100 万人的中等城市有鹤壁市、焦作市、濮阳市、三门峡市、周口市、驻马店市、长治市、运城市、邢台市；20万~50万人的Ⅰ型小城市主要有晋城市、济源市、巩义市、荥阳市、新郑市、登封市、新密市、偃师市、汝州市、舞钢市、林州市、卫辉市、辉县市、沁阳市、孟州市、禹州市、长葛市、灵宝市、邓州市、永城市、项城市、潞城市、高平市、永济市、河津市、武安市、南宫市、沙河市、临清市；20万人以下的Ⅱ型小城市主要有义马市、界首市。

规模结构特征。中原城市群城市规模结构畸形的缺点依旧未得到显著改变。中原城市群呈不规则的塔形分布，首位城市地位不突出，难以带动城市群的发展，且核心城市圈内城市未能对郑州提供充分的空间依傍，致使全省城市的发展处于弱牵引状态。且城市人口规模偏小，规模级差显著不明显，中小城市比例高，这削弱了城市在区域开发中凝聚力、中心吸引力和辐射作用。城市空间布局的分散性强于集聚性的特点使城市的空间联系松散，直接削弱了城市体系的功能组织强度。

4. 城市化水平差异

中原城市群区域的经济发展水平较低，其城市化水平也相对较低。2016年中原城市群区域常住总人口16302万人，其中城镇常住人口7885万人，城市化水平为48.37%，低于全国平均水平（57.35）8.98个百分点。郑州市的城市化水平更高达71.09%，其后高于全国城市化水平的依次为开封市、洛阳市和平顶山市。城市化水平低于40%的有4个城市，依次为淮北市、阜阳市、宿州市、亳州市，城市化水平最低的亳州市仅有38.28%。由此可以看出，中原城市群区域的城市发展空间差异明显（见表5-16）。

5. 空间分布差异

中原城市群城市分布较为密集，密度为3.91座/10000平方千米，建成区面积密度为1.1平方千米/100平方千米，河南省的数值分布为2.28座/10000平方千米和0.8平方千米/100平方千米。从城市群内部考察，以地级市为地域单元，城市密度差异较大（见表5-17）。

表 5-17　中原城市群 8 个地市空间分布结构演变情况

名称	1993 年		1998 年		2004 年	
	城市密度（座/10000 平方千米）	建成区面积密度（平方千米/100 平方千米）	城市密度（座/10000 平方千米）	建成区面积密度（平方千米 /100 平方千米）	城市密度（座/10000 平方千米）	建成区面积密度（平方千米/100 平方千米）
郑州市	2. 69	100	8. 06	116	8. 06	187. 69
开封市	1. 55	45	1. 55	50	1. 55	70
洛阳市	1. 31	66	1. 31	92	1. 31	131. 84
平顶山市	3. 41	35	3. 41	42	3. 41	55. 30
新乡市	3. 67	41	3. 67	53	3. 41	73. 50
焦作市	7. 36	38	7. 36	46	7. 36	71. 48
许昌市	7. 36	20	7. 36	23	7. 36	36
漯河市	3. 81	24	3. 82	24	3. 82	38. 84

城市空间分布结构演变特征。从表 5-17 可以看出，在 1993~2004 年间，中原城市群规模迅速扩张，无论是城市数量还是建成区面积都有大幅度提高，但不同的阶段具有不同的特点。在前 5 年，城市群的扩张主要体现在城市数量的迅速增加，后 5 年主要表现在城市建成区面积的扩大。

城市空间分布结构特征。①城市分布呈双聚集形式。中原城市群分为两个集聚组团，北部组团以郑州、洛阳、开封、新乡、焦作为核心，包括济源、沁阳、孟州、辉县等 16 个城市；南部组团以平顶山、许昌、漯河为核心，包括长葛、禹州、汝州等 7 个城市。北部组团具有更大的聚集性，南部组团分布相对均匀。②城市圈层空间分布明显。中原城市群城市分布以郑州为核心向外展开，选取不同的半径，城市分布于同心圆上。30~60 千米上分布着新郑、荥阳、新密、巩义、登封等城市；70~90千米半径上分布有洛阳、开封、新乡、卫辉。辉县等城市；90~140 千米半径上分布有平顶山、漯河、舞钢、汝州、济源等城市（张卫星，2006）。

第四节　中原城市群结构功能特征

根据中原城市群区域概况、历史发展演变过程以及经济社会发展现状等方面的具体情况，中原城市群的结构功能特征如下：

一、中原城市群结构功能特征

1. 城市化水平低

城市化水平是一个区域二、三产业发展的直接体现，也是该区域经济社会发展水平的重要表征。传统农业社会过多的劳动力只能在狭小的土地面积上从事低效率的经济活动，充分体现了农业生产活动的弱质性。2016 年河南省城市化水平 48.37%，仍然低于全国平均水平 8.98 个百分点，更低于东部沿海发达地区的城市化水平。2016 年中原城市群人均生产总值只有 30765 元，低于全国的人均水平（53980 元）23215 元，更低于全国 31 个省市区的多数省份（见表 5-18）。城市化水平低已严重影响着中原城市群区域经济社会环境的健康发展，致使其人均 GDP 与全国平均水平的绝对差距呈现不断拉大趋势。

2. 中心城市弱小

河南省中心城市郑州市的建成区面积、经济地位等，与周边的武汉、西安等国家中心城市相比仍然存在较大差距。2016 年，郑州、武汉、西安的城市建成区面积分别为 457 平方千米、864 平方千米和 548 平方千米，郑州与其分别相差 407 平方千米和 91 平方千米；郑州市常住人口、经济总量占河南省常住人口、经济总量的比重分别为 10% 和 20%，远低于武汉市、西安市的相关数值。由此可以看出，郑州市的总体发展水平仍然处于比较弱小的地位。

3. 城市呈方格网状均衡分布

河南省域“五纵”（京广铁路、焦柳铁路、京九铁路、G106、G209）“五横”（陇海铁路、焦菏铁路、宝阜铁路、宁西铁路、长泰铁路）10 条复合发展轴线上集中了全部 18 个省辖市和 18 个县级市（占河南县级市的 90%），城市空间分布呈明显的方格网状发展格局。由于河南省域城市均衡分布，使其城市间的城镇人口增长强度指数、建成区面积扩展强度指数差距较小。2005~2016 年，河南省辖市城镇人口年均增长强度指数超过 10 万人的城市依次为郑州（37.4 万人）、南阳（23.8 万人）、周口（19.8 万人）、洛阳（16.4 万人）、驻马店（15.8 万人）、信阳（15.1 万人）、新乡（13.8 万人）、商丘（12.9 万人）、安阳市（11.3 万人）、平顶山（11.3 万人）、许昌（11.1 万人）等，其余城市城镇人口年均增长强度指数均在 10 万人以下。2005~2016 年、1995~2005 年两个时间段城市建成区面积年均扩展强度指数居于前 5 位的依次为郑州市（12.2 平方千米）、洛阳市（5.2 平方千米）、南阳市

表 5-18　河南与其他省市自治区经济社会发展比较

年份	项目	北京	天津	河北	山西	内蒙古	辽宁	吉林	黑龙江	上海	江苏	浙江	安徽	福建	江西	山东	河南
2016	城市化水平（%）	86.5	82.93	53.32	56.21	61.19	67.37	55.97	59.20	87.90	67.72	67.00	51.99	63.60	53.10	59.02	48.50
	人均 GDP（万元）	118198	115053	43062	35532	72064	50791	53868	40432	116562	96887	84916	39561	74707	40400	68733	42575
2000	城市化水平（%）	77.54	71.99	26.08	34.91	42.68	54.24	49.68	51.54	88.31	41.49	48.67	27.81	41.57	27.67	38.00	23.20
	人均 GDP（万元）	22460	17993	7663	5137	5872	11226	6847	8562	34547	11773	13461	4867	11601	4851	9555	5444
年份	项目	湖北	湖南	广东	广西	海南	重庆	四川	贵州	云南	西藏	陕西	甘肃	青海	宁夏	新疆	—
2016	城市化水平（%）	58.10	52.75	69.20	48.08	56.78	62.60	49.21	44.15	45.03	29.56	55.34	44.69	51.63	56.29	48.35	—
	人均 GDP（万元）	55665	46382	74016	38027	44347	58502	40003	33246	31093	35184	51015	27643	43531	47194	40564	—
2000	城市化水平（%）	40.22	29.75	55.00	28.15	40.11	33.09	26.69	23.87	23.36	18.93	32.36	24.01	34.76	32.43	33.82	—
	人均 GDP（万元）	7188	5639	12885	4319	6894	5157	4784	2662	4637	4559	4549	3838	5087	4839	7470	—

（4.6 平方千米）、许昌市（3.9 平方千米）和开封市（3.4 平方千米）以及郑州市（15.4 平方千米）、洛阳市（6.4 平方千米）、南阳市（4.6 平方千米）、安阳市（3.4 平方千米）、焦作市（3.2 平方千米），其他省辖市的建成区面积年均扩展强度指数差别都很小。由此可以看出，近些年来河南省会郑州市的首位度得到了一定程度的强化，然而河南城市发展仍处于一种“大城市不大，中等城市不强，小城市不专”的低水平的均衡发布发展状态（见表 5-19）。

4. 中原城市群已上升为国家战略

2016 年 12 月国务院批复《中原城市群规划》，标志着中原城市群的发展已突破河南省域范围限制，并进入国家战略层面建设阶段。城市数量由原来的 9 个省辖市扩展到全面涵盖河南省的 18 个省辖市以及周边山西省运城市、晋城市、长治市，河北省邯郸市、邢台市，山东省聊城市、菏泽市，安徽省蚌埠市、淮北市、阜阳市、宿州市、亳州市，共计 30 个城市。截至 2017 年底，中原城市群的 GDP 总量为 67585.28 亿元，占全国 GDP 总量的 8.17%；人口总数 16752.64 万人，占全国人口总数的 12.05%。中原城市群的覆盖范围、经济总量和人口总数都有了较大幅度增加，在全国的地位越来越重要（见表 5-20）。

5. 郑开新焦许一体化效果初现

2016 年国务院在《中原城市群规划》批复中明确提出建设郑州大都市区，包括郑州、开封、新乡、焦作、许昌 5 城市。这些城市之间均有城际铁路或铁路客运专线相连，尤其是郑州与开封之间已先后实现两地电信同城、金融同城，分别由郑（郑州）开（开封）大道、商都大道、物流通道、G30、S82、郑开城际轨道交通等通道相连，两地间的人流、物流、资金流、信息流、生态流将越来越频繁。5 城市组合而成的郑州大都市区将共同成为河南省乃至中原城市群的核心区域。

表 5-19　河南省辖市人口增长及建成区面积扩展强度指数

年份	项目	郑州	开封	洛阳	平顶山	新乡	焦作	许昌	漯河	济源	安阳	鹤壁	濮阳	三门峡	南阳	商丘	信阳	周口	驻马店
2016	城镇人口（万人）	691	209	370	253	290	200	216	130	44	249	92	152	120	433	291	286	348	278
	建成区面积（平方千米）	457	129	216	73	118	113	108	67	55	82	64	59	49	150	63	94	70	80
2005	城镇人口（万人）	188	59	107	73	69	64	39	44	27	68	35	39	22	53	85	44	31	25
	建成区面积（平方千米）	262	75	133	60	77	75	46	47	20	73	40	35	27	77	56	46	40	38
1995 年	城镇人口（万人）	136	54	92	54	54	50	24	26	23	47	24	25	17	41	21	23	18	17
	建成区面积（平方千米）	108	49	69	35	47	43	21	24	18	39	27	23	18	31	30	20	16	18
1995~2005 年均人口增长（万人）		5. 2	0. 5	1. 5	1. 9	1. 5	1. 4	1. 5	1. 8	0. 4	2. 1	1. 1	1. 4	0. 5	1. 2	6. 4	2. 1	1. 3	0. 8
1995~2005 年均扩展面积（平方千米）		15. 4	2. 6	6. 4	2. 5	3. 0	3. 2	2. 5	2. 3	0. 2	3. 4	1. 3	1. 2	0. 9	4. 6	2. 6	2. 6	2. 4	2. 0
2005~2016 年均人口增长（万人）		37. 4	9. 4	16. 4	11. 3	13. 8	8. 5	11. 1	5. 4	1. 1	11. 3	3. 6	7. 1	6. 1	23. 8	12. 9	15. 1	19. 8	15. 8
2005~2016 年均扩展面积（平方千米）		12. 2	3. 4	5. 2	0. 8	2. 6	2. 4	3. 9	1. 3	2. 2	0. 6	1. 5	1. 5	1. 4	4. 6	0. 4	3	1. 9	2. 6

表 5-20 中原城市群各城市市辖区基本情况一览表

名称	市辖区建成区面积（平方千米）	市辖区人口（万人）	城市化水平(%)	市辖区GDP 总量（亿元）	人均 GDP（元）	地方公共财政收入（万元）	人均地方公共财政收入（万元）
郑州市	457	988. 1	71. 02	9130. 2	93143	10111833	10233. 61
开封市	129	523. 04	45. 88	1934. 96	36997	1132123	2164. 51
洛阳市	216	710. 1	54. 35	4343. 1	63759	3026563	4262. 16
平顶山市	73	549. 3	50. 8	2015. 3	36688	1244603	2265. 80
安阳市	82	512. 85	48. 51	2268	44201	1174474	2290. 09
鹤壁市	64	164. 96	57. 21	832. 59	50472	556089	3371. 05
新乡市	118	576. 9	50. 44	2384. 81	41338	1480562	2566. 41
焦作市	113	375. 51	56. 45	2342. 8	62398	1241772	3306. 89
濮阳市	59	363. 93	42. 04	1620. 56	44529	721626	1982. 87
许昌市	108	440. 89	49. 38	2642. 1	59926	1318896	2991. 44
漯河市	67	265. 03	49. 23	1165. 1	43961	759870	2867. 11
三门峡市	49	226. 87	53. 11	1460. 81	64398	1001216	4413. 17
南阳市	150	1005. 02	42. 97	3377. 7	33609	1670678	1662. 33
商丘市	63	729. 86	40. 00	2217. 89	30388	1174346	1609. 00
信阳市	94	880. 53	44. 42	2226. 55	25286	946542	1074. 97
周口市	70	876. 22	39. 51	2517. 03	28726	1038582	1185. 30
驻马店市	80	615. 5	39. 80	2002. 64	32537	1053862	1712. 20
济源市	55. 07	73. 1	59. 60	612. 47	83785	365020	4993. 43
长治市	59	345. 5	51. 53	1477. 5	42887	985278	2851. 75
晋城市	46	233. 3	58. 34	1151. 5	22039	893229	3828. 67
运城市	66	533. 6	47. 65	1336. 1	25112	591100	1107. 76
邯郸市	172	1051. 4	53. 53	3666. 3	34883	2045018	1945. 04
邢台市	90	735. 16	49. 83	2236. 36	30420	1114802	1516. 41
聊城市	101	606. 43	48. 50	3064. 06	50562	1874983	3091. 84
菏泽市	125	873. 6	49. 42	2820. 18	32282	1850447	2118. 19
蚌埠市	145	381. 25	53. 74	1550. 66	40673	1338791	3511. 58

续表

名称	市辖区建成区面积（平方千米）	市辖区人口（万人）	城市化水平(%)	市辖区GDP 总量（亿元）	人均 GDP（元）	地方公共财政收入（万元）	人均地方公共财政收入（万元）
淮北市	85	222. 8	62. 13	929	41696	591763	2656. 03
阜阳市	124	809. 3	40. 24	1571. 1	19413	1334441	1648. 88
宿州市	79	565. 69	40. 03	1503. 91	26585	956248	1690. 41
亳州市	62	516. 9	38. 28	1184	22946	870239	1683. 57

资料来源：中华人民共和国统计局．中国城市统计年鉴 2017［Z］．北京：中国统计出版社，2017；市辖区人口、GDP 总量、人均 GDP 数据由各地市 2017 年国民经济与社会发展统计公报整理所得。

二、郑州大都市区建设特征

1. 大都市区

都市区（Metorophatn Aera，MA）是一个城市功能地域，是指一个规模较大的核心城市，以及与这个核心城市具有高度经济社会联系的一体化发展倾向的临近地区的组合。都市区往往由中心城市与外围城镇两部分组成。中心城市是都市区的核心部分，外围城镇与中心城市有着紧密的经济流、信息流等多方面联系，具有较高的城市化发展水平。在理解都市区的内涵时，要明确两方面的界定：一是都市区的中心城市在人口规模方面一般具有一定的下限。例如，美国最初规定为 20 万，后修订为 50 万；加拿大规定为 10 万；日本都市圈的中心城市人口至少为 50 万，大都市圈为 100 万人口的中央指定市。二是都市区外围地区界定，一般选取两个方面的指标，即自身特征指标及其与中心城市的整合程度。

我国城市地理学专家周一星教授最早对都市区界定进行了探索，他提出了建立中国“城市经济统计区”的概念，被视为中国“都市区”的雏形，后经不断完善明确为“都市区”。其界定的具体方案为：凡城市实体地域内非农业人口在 20 万以上的地级市可作为都市区中心市；

外围地区县域要满足非农产值占比达75%以上、非农劳动力占比达到60%以上两个条件。

大都市区是城市发展到高级阶段的产物，在空间上表现为中心城市建成区外围还存在着城市化水平较高的城乡交错地带。与其他类型的城镇群体不同，都市区强调其内部各要素与中心城市之间的高强度联系，而非一般意义上一个城市体系内部不同城市建立在分工与合作基础上的联系。

弗里德曼结合罗斯托（W. Rostow）的经济发展阶段理论和佩鲁（F. Perroux）的增长极学理论，提出了一个城市发展演化模型。他认为城市在空间上的扩展主要有四个阶段：工业化前分散的城市化阶段、工业化初期的城市集聚阶段、工业化中期城市成熟阶段和工业化后期连绵都市区形成阶段。

然而，国内学者界定的大都市区的发展过程往往要经历三个阶段：一是以聚集为主的都市区发展阶段。在聚集效应（极化效应）作用下，人口与产业不断向城市聚集，形成人口、产业、资本、技术高度密集的大城市，城市规模迅速扩张（见图5-3）。在西方国家，这一阶段开始于19世纪末，到20世纪30年代已基本完成，城市增长达到高潮。这个阶段的都市化主要发生在西方欧美发达国家，集中表现为城市核心区的快速发展。这一阶段的突出特点是都市区人口密度和数量的快速增加，都市区地域范围的迅速扩张，继而逐渐形成单中心城市扩展模式。

二是聚集与扩散并行的大都市区形成阶段。第二次世界大战后到20世纪90年代，欧美国家城市化进入快速发展阶段。这一阶段，由于大都市中心区出现了用地紧张、环境恶化等问题，大都市区用地开始向用地潜力较大的郊区扩展，在城市郊区出现了新的居住区、工业区和购物中心，使城市发展进入郊区化阶段，不断形成了若干个卫星城或新城。随着部分产业和人口的外迁，城市中心区职能升级和转换，控制和管理功能进一步向中心区集中。这样由中心城市与其密切联系的卫星城或新城共同构成大都市区。也正是在此阶段，大都市区的概念逐渐形成，发展中国家纷纷模仿，开始进行大都市区的规划与建设。这一阶段的突出特点可以简单地概括为：城市核心区和卫星城镇同步发展，城市集聚效应与扩散效应并行不悖（见图 5-4）。

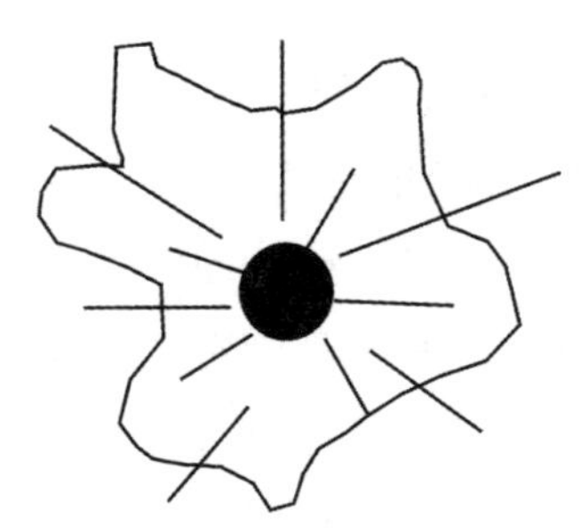

图 5-3　以集聚为主的大都市区阶段

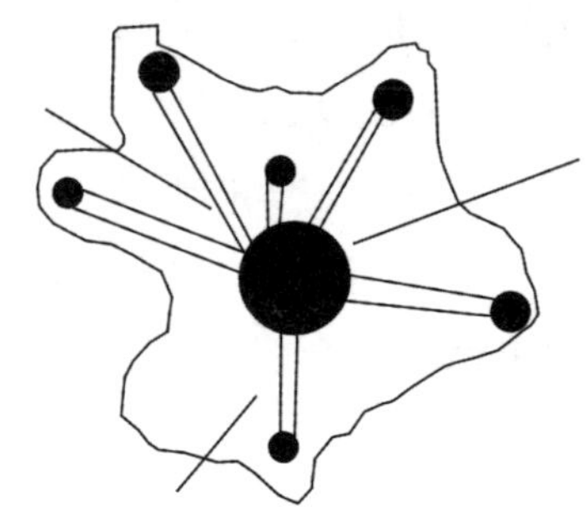

图 5-4　聚集与扩散并行的大都市区形成阶段

三是以扩散为主的大都市区发展阶段。自 20 世纪 90 年代以来，大都市区进入第三个发展阶段，突出表现是大都市区向外扩散。随着经济全球化、信息化的发展，大都市区产业结构和空间结构出现新的变化和重组，城市空间扩展与人口分散的趋势日益明显，进入后郊区化或新郊区化时期，在城市外围出现了新的区域中心——边缘城市，大都市区的空间演变向多中心网络组团式结构发展。这一阶段的突出特点，大都市区进入郊区化发展阶段，都市核心区之外的副中心城市和边缘城市崛起，城市呈现出多中心的发展模式（见图 5-5）。

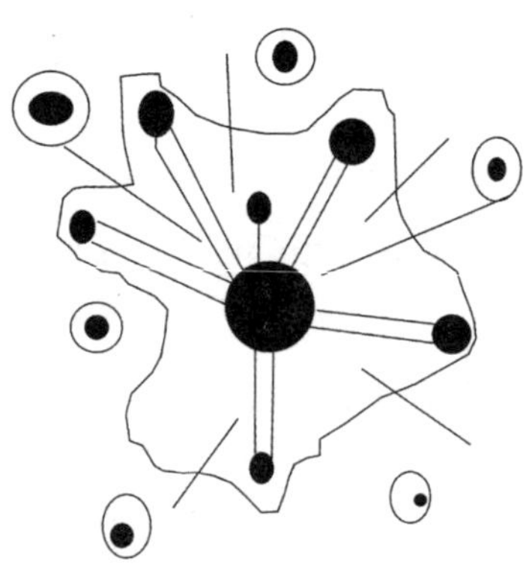

图 5-5　以扩散为主的大都市区发展阶段

2. 郑州大都市区建设的优势与存在问题

西方国家大都市区发展历程为郑州大都市区建设提供了三个方面的经验借鉴。首先，重视大都市区整体性规划，避免边建设边规划的局面。缺乏整体规划，规划落后于建设是城市布局混乱，交通拥挤的重要原因。强调规划的统领性和权威性对于我国大都市区的长远发展意义重大。其次，合理引导人口和产业向郊区集中。与国外富人郊区化不同，郑州市向郊区迁移的人口大部分是中低收入家庭，他们的就业岗位通常位于城市核心区，居住地和就业地的不匹配带来巨大的通勤成本。因此，有必要重视在居住郊区化过程中引导就业郊区化，使居住与就业相匹配，避免额外的通勤压力。最后，加快建设便捷的公共交通系统。科学便捷的公共交通系统是都市核心区和边缘城市保持联系的最重要通道，能够有效避免小汽车等个人家庭工具所带来的城市交通压力。大都市区已经成为我国城市建设的重要发展目标，科学认识大都市区的成长规律及发展趋势，有利于合理规划、引导和建设符合我国国情的大都市区。

郑州大都市区建设优势主要表现在以下几个方面：一是“三区一群”多项国家级政策倾斜的有效叠加。近些年来，国家先后批准了《中原城市群规划》《郑州航空港经济综合实验区规划》《中国（河南）自由贸易试验区规划》《中国（河南）自主创新示范区规划》等政策文件，使国家的各项政策通过“三区一群”战略的实施形成一种叠加优势，形成“1+1”远大于“2”的效果，推进郑州大都市区快速发展。二是拥有 1.1 亿人口大省有力支撑。河南省是全国拥有 1.1 亿户籍人口的大省，随着河南省经济社会的快速发展，尤其是郑州大都市区经济社会的迅猛发展，外出打工的河南人逐步回乡工作或回乡创业，尤其是郑州市近五年的城市常住人口净增量居全国各城市的前五位，充分说明了人口大省的重要支撑作用。三是郑州是全国重要的综合交通枢纽，连南接北，贯通东西，辐射四面八方。目前，郑州市正在由“十”字形高铁枢纽向“米”字形高铁枢纽转变；高速公路更是通达四面八方；郑州新郑国际机场不仅是我国重要的客运机场，更是重要的国际货运机场，货运吨位增速全国第1；全国重要的光缆干线枢纽。四是经济社会的快速发展，生态环境的不断改善。五是投资环境的不断优化。六是生活环境的不断宜居等。

郑州大都市区建设过程中最突出的问题仍是中心城市弱小，辐射带动能力弱。与北京、天津、上海、重庆、广州、成都、武汉、西安等其他国家中心城市相比（2016年数据），郑州市仍然存在着如下一些问题：一是城镇常住人口少。二是建成区面积小。近些年来，郑州市的城市建设尽管得到了较快的发展，城市建成区面积快速扩张，但与其他国家中心城市相比，建成区面积只有371平方千米，仅大于厦门市，居第10位。三是人均GDP少。郑州市GDP总量6777亿元，人均GDP 72249元，均居第9位。四是产业结构水平低。第三产业产值3142.7亿元，占GDP总量的46.37%，低于南京市10.12个百分点。五是科技经费支出少。郑州市科技经费支出11.55亿元，约占武汉市的1/5，仅高于西安市，位居第10位。六是科技产出少。郑州市全年获得的授权发明3493件，仅多于厦门、天津、重庆，与南京市的19671件相去甚远。七是人均公共财政收入少。郑州市公共财政收入833.88亿元，人均8890元，略高于重庆的5695元。然而重庆市的总人口包括其行政管辖范围内的所有乡村人口，实际排位最差。

因此，在今后的郑州大都市区建设过程中，首要问题就是整合优势，扬长补短，积极承担相应的国家中心城市职能。

三、中原城市群结构功能紊乱原因

中原城市群形成发展过程中，由于核心城市没有形成，各城市定位不准，产业结构雷同，产业集群尤其是特色产业集群没有得到充分发展，城市间无序竞争，建成区面积快速扩展，有限资源得不到充分利用，环境污染严重。由此造成生态基质、生态斑块不断碎化，生态廊道受阻，中原城市群空间结构没有得到应有的优化，生态功能区总体上呈现出不断衰退趋势，城市群区域生态环境承载能力不断下降。具体表现为：①计划经济时代由于受“农业学大寨”的影响，劈山造地，毁林造田，西部山区生态基质遭到严重破坏。太行山等石质山区植被一旦遭到破坏就很难修复。②中东部农区生态基质由于过度垦殖耕作，土地板结，土壤沙化，生态质量不断下降。③乱砍滥伐使低山丘陵不断荒芜，生态斑块逐步消失。④交通道路等基础设施建设和建成区面积快速蔓延扩展，加之生态建设没有及时跟上，人工生态廊道、生态斑块不仅没有形成，还导致原有生态基质、生态斑块不断碎化，严重阻断了生态流的正常流动。⑤生产企业，尤其是乡镇企业“村村点火，户户冒烟”，分布过度分散，没有形成产业集群，不仅使环境严重污染，生态空间结构也遭到严重破坏。

第五节　结语与讨论

由于中原城市群的自然生态环境条件、经济社会文化背景以及科学技术发展等方面因素的影响，早在春秋战国时期，中原地区的城市已基本形成。其后经历了秦汉至北宋时代的高速发展时期、五代至新中国成立之前的缓慢发展时期、20 世纪 50 年代至 80 年代的自然发展时期，90 年代至 21 世纪初的区域城市群组建阶段，2016 年以来的国家级城市群组建发展阶段。在中原城市群的发展演变过程中，结构功能不断优化升级，尤其是由区域城市群发展演变为国家级城市群，核心城市也由区域中心城市向着国家中心城市方向建设迈进。与此同时，中原城市群的发展过程中仍然存在着：大城市不大，区域经济缺乏核心辐射源；各城市间经济结构雷同，城市之间难以融合；各城市之间定位不准，没有建立起明显的多层级的城市群体系；生态基质、生态斑块不断碎化，生态廊道受阻，城市群区域的经济社会环境结构没有得到应有的优化等方面的问题。中原城市群的结构功能特征仍然表现为城市化水平低、中心城市弱小、城市呈方格网状均衡分布、中原城市群已上升为国家战略、郑开新焦许一体化效果初现等。要充分发挥郑州大都市区乃至中原城市群的比较优势，针对结构功能紊乱的原因，采取有针对性的切实可行的对策措施，使其结构功能不断优化升级，最终推动中原城市群健康有序发展。

第六章　中原城市群结构功能优化升级机制

在不同的时间节点中原城市群的结构功能存在着显著差异，这种结构功能的阶段性特征及其优化升级过程主要受自然生态环境因素、经济产业发展因素、社会历史文化因素等诸多方面的综合作用，概括起来主要可以归纳为以下五种机制。

第一节　自然生态环境约束机制

自然资源可分为实物资源和环境资源两大类。实物资源包括水资源、土地资源、生物资源、矿产资源等，环境资源则包括环境容量资源、景观资源和气候资源等，环境容量资源属于其中的非实物形态自然资源。环境容量是在人类生存的自然生态条件不受损失的前提条件下，某一环境所能容纳的污染物的最大负荷量。一般而言，环境对外部影响有一定的反馈调节能力，因而在一定限度内不会因为人为活动影响而遭到破坏，但超过一定的限度，这种功能就会急剧地受到损害，甚至被彻底破坏，环境的这种承受“限度”就是环境容量（历伟，2002）。

生态环境主要通过环境承载力对人类的经济社会行为发生约束作用，经济社会活动对环境资源的“索取”和“干扰”不能破坏生态环境系统的正常结构和功能，否则超过承载力的环境将失去对经济社会发展的支撑力。人类经济社会活动如果破坏生态环境承载力，经济社会系统与生态环境系统之间将进入恶性循环。由于生态环境退化进行人工修复的经济代价过大，致使生态环境退化一旦发生则往往具有经济上的不可逆转性，依靠自然恢复将是一个漫长的过程。因此，自然生态环境约束因素是城市群结构功能优化升级有序推进的基础，即城市群的结构优化与功能升级必须建立在自然生态环境演进规律的基础上。

一、水资源条件约束

中原城市群所处区域是我国水资源相对贫乏的地区之一。以河南省为例，全省多年平均水资源总量 405 亿立方米，仅占全国的 1.47%，人均占有量约 400 立方米，亩均 350 立方米，人均、亩均量均是全国平均水平的 1/6；地区分布不均匀，南多北少，山区多平原少，南部大别山区年降水量达到 1400 毫米，北部平原的个别地市不足 500 毫米，水资源的地区丰度与经济社会发展水平不相适应；年内变化、年际变化较大，年内主要集中于夏秋季节，占全年地表径流的 70%~80%，丰枯年相差悬殊，丰水年的 1964 年地表水资源达到 718 亿立方米，而枯水年的 1966 年仅有 99.5 亿立方米；地下水埋藏浅、水质优良、易于开采，中原城市群多属华北平原，地下水埋深一般在 60 米以上，易于开发利用，往往造成城市地区，尤其是大城市地区常形成地下漏斗区；过境水量较为丰富，河南省多年平均入过境水量达到 414 亿立方米，相当于地表径流的 1.4 倍。

由于中原城市群区域水资源的上述特征，在水资源开发利用过程中产生如下一些突出问题：一是地下水超采严重。一些地区为满足日益增长的用水需求，超量开发地下水，仅河南省平原地区浅层地下水漏斗区已达 1.15 万平方千米，其中最大的浅层地下水漏斗区面积已达到 7447 平方千米，中心埋深达 30.65 米。二是水资源利用效率低。河南省属于水资源紧缺地区，但在一些地方还存在着用水浪费的现象，农业灌溉水利用系数偏低，城市给水管网漏损现象严重，漏失率偏高，部分企业生产设施落后，水的重复利用率偏低。三是水污染严重。根据河南省水环境监测中心2010年对地表水的监测，依据《地表水环境质量标准》，河南省受到严重污染的河流在34.8%以上。全省8768.6千米的监测河长内，其中达到和优于Ⅲ类水质的河长达3349.3千米，只占38.2%。地下水监测水井中仅有48.3%满足饮用水标准，70.9%满足灌溉用水标准（《农田灌溉水质标准》）。

中原城市群结构功能优化升级过程中必须针对水资源的约束情景，优化产业布局，加快产业转型升级步伐，降低万元GDP的耗水量，尤其是万元GDP的新鲜水耗水量，提高水资源的重复利用率，积极发展中水回用，尽可能减少经济社会发展对水资源的依赖程度。与此同时，在水资源开发利用方面还要及时采取以下一些措施：

一是加快创新体制、机制，加强规范管理，积极建设节水型社会。要实现中原城市群水资源的可持续利用，就必须创新体制机制，深化改革水资源管理体制，建立一套规范的符合中原城市群区域水资源现状特征的统一管理体制。为确保水资源数据的全面准确，要充分利用大数据和现代信息手段，建立完善水资源可持续利用指标体系和监测体系，加强对城市群区域水资源利用的全面及时监控。通过规范统一管理，消除水资源管理过程中出现的政出多门、相互推诿等突出问题，从而提高水资源的效率。

二是加强科技创新，直接提高水资源的利用率。以科技创新为抓手，进一步加强水资源的节约利用，努力建设节水型社会。近些年来，中原城市群区域在水资源可持续利用方面虽然取得了一些成效，但仍然存在着水资源循环处理技术水平偏低，水资源浪费等现象。因此，要进一步加强科技创新，以此作为提高水资源循环利用的突破口。首先，要加强先进实用节水技术研发，加快先进成熟节水技术的推广应用。其次，要充分发挥市场机制作用，以市场为导向、以企业为主体大力发展节水技术，广泛推广应用节水设备，提高对水资源有效利用。再次，要加强水资源循环处理技术与工艺流程研究。要针对有一定基础、有需求前景的企业和地市，建立各种类型的示范工程或示范区，大力支持发展规模化的水资源循环利用产业，通过以点带面、广泛推广手段，进一步提高中原城市群区域水资源可持续利用水平。最后，要及时培育发展节水技术服务体系，为企业提供节水技术社会化服务。

三是加大水资源利用投入力度，进一步拓宽投融资渠道。中原城市群区域节水型社会的建设和形成，需要多方面的共同努力，要在政府主导下有序推进。中原城市群区域各地方政府部门要把节水工作列入经济社会发展规划，要保障节水工作投入，要继续增加节水灌溉、灌区节水改造投入，要设立专项资金用于工农业节水技术改造、设备改造、非传统水源开发等，要做好专款专用，完善监督监管。要进一步完善水资源节约利用的金融支持，鼓励和支持符合条件的地方政府建立融资平台，出台财政、税收、价格等激励政策，通过直接、间接融资方式鼓励、吸纳多种资本投入节水项目，拓宽投融资渠道。

四是完善法规标准，加大执法监督力度。依法管水用水、实现科学发展，离不开法治的保障。为加快节水法律法规体系的建设，制定《节水管理条例》《水资源费征收管理办法》等节水法规和规章。加大对水资源执法力度的监督，围绕《水法》《水污染防治法》《水土保持法》组织执法检查，支持和促进各级政府和水行政主管部门依法行政，依法治水。并广泛听取人民群众对水利执法工作的意见，完善执法监督。

五是加强节水教育宣传，形成良好的节约用水氛围。中原城市群区域各地方政府部门要将水资源节约利用纳入教育体系，加强水资源节约利用教育。要利用广播、电视、报刊、杂志、互联网等多种形式，多种手段广泛深入地开展节水宣传，深入宣传保护水资源的重要意义，要使全体民众认识到水危机，要懂得珍惜水、节约水、保护水，积极参与节水型社会建设，在全社会形成节约水资源、防治水污染、保护水环境的良好氛围。

二、土地资源条件约束

土地资源条件约束就是土地资源利用的最低安全标准问题，超过最低安全标准，土地资源环境将会遭到不同程度的破坏，将会约束城市群经济社会的可持续发展。土地资源环境容量与土地生态系统阈值相关。土地生态系统存在于一定的范围并具有一定的条件，在此条件下或此范围内，系统能够通过负反馈作用校正和调节人类和自然所引起的许多不平衡现象，条件改变或超出此范围（限度），这种调节就不能再起作用，土地系统因此而遭到改变、伤害以至破坏，这个能够自动调节的界限，称为阈值（threshold）。城市群区域土地资源丰度较高，如果土地环境容量较小，生态系统阈值就较低，对城市群经济社会可持续发展将构成不利影响。城市群区域土地资源丰度较高，土地资源环境容量较大，城市群生态系统往往具有较大的弹性（历伟，2002）。因此，生态系统阈值高的土地生态系统比生态系统阈值低的土地系统更有利于城市群经济社会的可持续发展。

2016 年中原城市群人均土地面积 2.28 亩，只有全国平均水平（11.655 亩）的约 1/5。河南省的耕地总面积为 8105.95 千公顷，人均耕地面积为 1.08 亩，只有全国平均水平（1.43 亩）的 75.52%，并且呈现阶段性减少趋势（见表 6-1）。河南省人均耕地面积也存在着很大差异，多于平均值的省辖市依次为驻马店市、信阳市、南阳市、三门峡市、开封市、新乡市，其中驻马店市人均耕地面积为 2.03 亩，最少的郑州市，人均耕地面积为 0.49 亩。

表 6-1　2016 年中原城市群区域（河南省）土地面积

单位：平方千米

名称	市域	市辖区	建成区	耕地	常住人口（万人）	人均耕地（亩）
郑州市	7446	1010	457	319.18	972	0.49
开封市	6444	1596	129	413.98	455	1.36
洛阳市	15236	879	216	430.93	680	0.95
平顶山市	7882	443	73	319.51	498	0.96

续表

名称	市域	市辖区	建成区	耕地	常住人口（万人）	人均耕地（亩）
安阳市	7384	534	82	407.77	513	1.19
鹤壁市	2182	679	64	119.67	161	1.11
新乡市	8666	431	118	473.10	574	1.24
焦作市	4071	578	113	194.89	355	0.82
濮阳市	4188	263	59	282.70	363	1.17
许昌市	4997	1099	108	335.85	438	1.15
漯河市	2617	1020	67	188.82	264	1.07
三门峡市	10496	1927	49	176.16	226	1.17
南阳市	26509	2135	150	1051.69	1007	1.57
商丘市	10725	1697	63	704.00	728	1.45
信阳市	18787	3604	94	841.78	644	1.96
周口市	11961	333	70	853.06	882	1.45
驻马店市	15087	1365	80	947.08	699	2.03
济源市	1899	1899	—	45.78	73	0.94

资料来源：2017 年河南省统计年鉴。

在 1996~2016 年的 20 年内，河南省耕地净增加 1230.7 千公顷，增加 17.9%。说明落实国家耕地保护政策比较到位，尤其是比较扎实地落实国家的土地整理政策，使耕地面积不减反增。2009 年国家实施粮食生产核心区建设战略，河南省是国家重要的粮食生产核心区之一，对土地整理，尤其是耕地保护更为重视。与此同时，河南省最早提出新型城镇化、新型工业化和新型农业现代化协调发展，也是国家 2011 年批准中原经济区建设规划的核心内容。通过新型工业化的有序推进，尤其是河南省级产业集聚区的建设，原来分散布点的工业企业积聚到产业集聚区，不仅产生相应的规模效益，而且通过土地整理等措施，使非农建设用地以及农业用地面积得以增加。新型工业化有力地促进了新型城镇化和新型农业现代化的发展（见表6-2）。

表6-2 1996~2016年中原城市群（河南省）耕地面积变化情况

单位：千公顷，%

名称	1996年	2016年	增加量	增长率
郑州市	292. 08	319. 18	27. 1	0. 44
开封市	363. 84	413. 98	50. 14	0. 65
洛阳市	387. 71	430. 93	43. 22	0. 53
平顶山市	303. 11	319. 51	16. 4	0. 26
安阳市	363. 64	407. 77	44. 13	0. 57
鹤壁市	99. 53	119. 67	20. 14	0. 93
新乡市	375. 63	473. 10	97. 47	1. 16
焦作市	171. 92	194. 89	22. 97	0. 63
濮阳市	245. 93	282. 70	36. 77	0. 70
许昌市	305. 40	335. 85	30. 45	0. 48
漯河市	165. 64	188. 82	23. 18	0. 66
三门峡市	155. 28	176. 16	20. 88	0. 63
南阳市	874. 42	1051. 69	177. 27	0. 93
商丘市	624. 58	704. 00	79. 42	0. 60
信阳市	518. 16	841. 78	323. 62	2. 46
周口市	773. 87	853. 06	79. 19	0. 49
驻马店市	819. 39	947. 08	127. 69	0. 73
济源市	35. 12	45. 78	10. 66	1. 33

中原城市群区域土地资源丰度较差，加之水资源（地表径流和地下径流）有限等因素的影响，中原城市群区域土地生态系统阈值较小，这就要求在中原城市群区域经济社会建设发展过程中，必须严格按照生态系统阈值发展生产，按照自然资源环境调整生产力布局，积极推进循环

经济、低碳经济，大力发展生态产业，逐步形成特色产业集群，有计划有步骤地推进城市化进程，严防破坏自然生态格局。否则，将造成生态系统人工修复上的经济不可逆转性。

三、城市生态环境约束

大气污染。中原城市群区域城市规模越大，尤其是重工业所占比重越高，废气处理措施不到位的城市，大气污染现象越严重。从二氧化硫排放量来看，安阳市、洛阳市、郑州市、许昌市等城市排放总量较大，4个城市的排放量占河南省总排放量的约40%；河南省氮氧化物排放量居前五位的城市依次为郑州市、安阳市、周口市、洛阳市和焦作市，其排放量占41.02%；烟（粉）尘排放量居前四位的城市依次为安阳市、济源市、郑州市、平顶山市，排放量占河南省烟尘总排放量的41.2%。总体来看，焦作市、平顶山市为工业污染，开封市为交通污染，郑州市、洛阳市、新乡市、许昌市、漯河市属于工业污染、交通污染、生活污染等多种污染并举的综合性污染城市。其中，郑州市、洛阳市由于城市规模较大，人口拥挤，工、商、旅游、交通等各业相对发达，大气污染不仅包揽了生活污染、交通污染和工业污染，而且污染程度较高（见表6-3）。

表6-3 2016年中原城市群（河南省）“三废”处理利用情况

单位：万吨

名称	废水排放总量	废水COD排放量	废水中氨氮排放量	二氧化硫排放量	氮氧化物排放量	烟（粉）尘排放量	一般工业固体废物产生量	一般工业固体综合利用量	一般工业固体废物处置量	一般工业固体废物贮存量
河南省	402063.72	46.43	6.48	41.36	80.82	42.89	14255.63	10485.55	3253.53	541.18
郑州市	75169.18	2.82	0.94	3.88	8.54	3.56	1585.88	1321.07	204.35	60.97
开封市	9557.22	0.57	0.06	1.01	2.00	0.96	149.84	146.76	3.08	—

续表

名称	废水排放总量	废水COD排放量	废水中氨氮排放量	二氧化硫排放量	氮氧化物排放量	烟（粉）尘排放量	一般工业固体废物产生量	一般工业固体综合利用量	一般工业固体废物处置量	一般工业固体废物贮存量
洛阳市	37410.91	1.52	0.28	4.03	5.88	2.36	2893.88	1306.14	1587.68	0.05
平顶山市	16625.24	2.41	0.39	1.90	4.09	3.52	1680.79	1645.65	0.56	38.98
安阳市	15315.99	2.19	0.39	5.81	6.94	6.19	964.42	942.70	21.37	0.34
鹤壁市	8393.47	1.27	0.12	1.79	1.55	0.91	369.15	356.75	4.29	13.27
新乡市	28722.15	2.39	0.33	1.52	4.41	1.94	334.39	207.11	128.07	—
焦作市	23786.55	1.28	0.07	2.15	5.42	2.37	1010.78	695.48	79.45	238.78
濮阳市	13867.86	1.32	0.18	0.96	4.14	0.74	113.28	112.62	0.84	0.03
许昌市	13435.62	1.67	0.25	2.56	4.37	2.06	330.99	320.76	1.78	11.56
漯河市	12420.22	0.45	0.12	0.66	1.39	0.36	124.80	124.80	—	—
三门峡市	11872.91	1.14	0.11	2.40	3.55	1.63	1695.65	624.48	992.53	80.48
南阳市	24699.03	5.14	0.69	2.14	4.74	2.70	399.45	286.51	33.14	79.85
商丘市	18258.48	2.43	0.26	1.28	3.16	0.99	71.92	70.90	1.13	0.01
信阳市	14707.01	4.57	0.45	0.67	2.36	2.26	308.38	269.33	40.18	—
周口市	24364.39	4.44	0.55	0.75	6.38	1.13	44.16	43.83	0.32	—
驻马店市	18642.89	3.20	0.43	2.30	3.20	1.48	278.90	278.72	0.29	—
济源市	4718.36	0.18	0.05	1.55	2.02	4.40	655.30	652.11	2.81	0.58

垃圾污染。城市人口越多，规模越大，垃圾产出也越多，甚至出现“垃圾围城”现象。如郑州市日产一般工业固体废弃物 43449 吨；河南省一般工业固体废弃物排放量居前五位的依次为洛阳市、三门峡市、平顶山市、郑州市、焦作市，排放量占河南省总排放量的 62.2%。河南省一般工业固体废弃物储存量占产生量的比例为 3.8%，高于这一比例的城市依次为焦作市、南阳市、三门峡市、郑州市，尤其是焦作市、南阳

市，分别达到 23.62%和 19.99%。

水污染。2016 年河南省的废水排放量为 402063.72 万吨，排放量居前六位的省辖市依次为郑州市、洛阳市、新乡市、南阳市、周口市、焦作市，其排放量占河南省总排放量的 53.26%。河南省地表水水质为轻度污染，其中：河南省辖海河流域为重度污染，淮河流域、黄河流域为轻度污染，长江流域为优。主要污染因子为化学需氧量、五日生化需氧量和总磷。水质类别按《地表水环境质量标准》（GB 3838—2002）进行评价。141 个监测断面中，水质符合Ⅰ~Ⅲ类标准的断面有 72 个，占 51.1%；符合Ⅳ类标准的断面有 28 个，占 19.9%；符合Ⅴ类标准的断面有 11 个，占 7.8%；水质为劣Ⅴ类的断面有 27 个，占 19.1%；断流断面 3 个，占 2.1%。水库总体水质级别为良好。监测的 24 座大中型水库中，故县水库、陆浑水库、白龟山水库、千鹤湖、鸭河口水库、丹江口水库、板桥水库的水质符合Ⅱ类标准；尖岗水库、石漫滩水库、孤石滩水库、昭平台水库、小浪底水库、窄口水库、鲇鱼山水库、泼河水库、南湾水库、石山口水库、五岳水库、宋家场水库、薄山水库水质符合Ⅲ类标准；彰武水库、白沙水库、三门峡水库水质符合Ⅳ类标准；宿鸭湖水库水质为劣Ⅴ类。地下水开采呈现逐年增大的趋势，且地下水开采 80%以上为浅层地下水。按《地下水质量标准》(GB/T 14848—1993）进行评价，地下水水质级别良好。南阳、鹤壁 2 个城市地下水水质级别为优，许昌、驻马店、济源、平顶山、漯河、三门峡、周口、安阳、焦作、郑州、洛阳、信阳、商丘、新乡 14 个城市为良好，开封、濮阳 2 个城市为较差。地下水资源超采过度，造成大面积漏斗区，以黄河以北地区最为严重。

市区绿地缺乏。国际公认的园林城市必须具备三个条件——人均 6 平方米以上的公园面积，城区绿化率达 50%以上，郊区要有大于城市面积的森林公园。中原城市群（河南省）城区绿化率和人均绿地面积见表 6-4，绿地建设任重而道远。

表 6-4　2016 年中原城市群（河南省）城市绿地覆盖率与人均公共绿地面积

名称	人均公园绿地面积（平方米）	建成区绿化覆盖率（%）	建成区绿地率（%）	生活垃圾无害化处理率（%）	建成区面积（平方千米）
河南省	10.4	39.3	34.7	98.7	2544
郑州市	8.4	43.6	38.4	100.0	422
巩义市	14.9	40.6	36.8	100.0	32
荥阳市	11.0	37.9	33.7	100.0	23
新密市	12.7	32.6	27.1	100.0	26
新郑市	12.3	35.8	31.0	100.0	33
登封市	11.3	40.0	35.6	91.3	24
开封市	9.3	32.2	29.8	100.0	130
洛阳市	10.5	39.7	35.2	95.4	216
偃师市	9.0	36.0	33.1	100.0	20
平顶山市	10.3	40.8	34.4	100.0	73
舞钢市	12.3	41.0	36.7	99.8	16
汝州市	14.7	36.0	31.4	100.0	37
安阳市	11.0	40.6	34.9	100.0	82
林州市	10.9	38.6	34.4	100.0	24
鹤壁市	14.6	39.6	35.4	100.0	64
新乡市	11.0	40.0	37.1	100.0	118
卫辉市	8.3	36.1	31.0	100.0	21
辉县市	7.1	35.4	31.2	98.6	22
焦作市	13.2	40.0	34.7	97.5	113
沁阳市	8.2	24.7	16.8	100.0	20
孟州市	10.8	38.4	33.7	92.2	16
濮阳市	14.3	39.0	34.4	99.8	59

续表

名称	人均公园绿地面积（平方米）	建成区绿化覆盖率（%）	建成区绿地率（%）	生活垃圾无害化处理率（%）	建成区面积（平方千米）
许昌市	12.8	40.0	35.5	100.0	95
禹州市	9.7	37.4	32.6	100.0	46
长葛市	14.5	33.7	27.5	91.7	26
漯河市	14.9	36.2	31.0	100.0	67
三门峡市	12.0	39.8	34.9	96.7	56
义马市	11.1	33.0	27.4	83.8	18
灵宝市	10.6	35.0	30.2	100.0	23
南阳市	8.0	37.2	33.1	96.5	150
邓州市	7.7	36.1	35.4	92.7	33
商丘市	7.3	41.9	37.4	100.0	63
永城市	13.4	40.3	35.4	96.1	44
信阳市	14.1	42.5	37.0	100.0	94
周口市	13.6	38.2	33.2	99.3	70
项城市	11.3	39.5	36.4	100.0	33
驻马店市	11.2	40.4	34.5	95.5	80
济源市	12.0	40.1	36.4	100.0	55

市区“热岛效应”明显。中原城市群城区扩展迅猛，城市“热岛效应”明显。郑州不仅表现在市区气温比郊区高，而且一年中有部分天数的气温堪比“火炉”城市的气温。专家研究，当绿化覆盖率大于50%，绿地对“热岛”的削弱作用极其明显，区域内绿化覆盖率达到40%以上，才能有效削弱“热岛效应”。

因此，中原城市群的发展必须以该区域生态环境容量为前提，有效地组织城市群的有序发展。在生态环境保护方面，一方面，要严格保护耕地，绿化山川，提高生态功能区质量，扩大生态功能区容量；另一方面，还要通过生态功能区空间结构优化重组，提高生态环境承载能力。二者有机地结合起来，才能不断满足中原城市群区域城市化推进而增加的生态需求。

第二节　高速公路建设引导机制

截至2016年底，河南省普通公路里程26.1万千米。其中，普通干线公路里程3.1万千米。按行政等级划分，其中国道1万千米，省道2.1万千米。按技术等级划分，其中一级公路0.3万千米，二级公路1.7万千米，三级及以下公路1.1万千米。农村公路总里程23万千米。按行政等级划分，县道2.7万千米，乡道5.9万千米，村道14.4万千米；其中二级公路0.9万千米，三级公路1.5万千米，四级公路16.9万千米。公路建设，尤其是高速公路建设，对中原城市群经济社会发展起着重要的促进作用，引导着中原城市群的结构优化与功能升级。

一、高速公路建设现状

梁留科（2007）对中原城市群区域公路交通与城市化水平进行了时间序列和空间序列分析。截至2016年底，河南省高速公路总里程达到6448千米，在建828千米，通车里程、路网密度均居全国前列，基本形成“网络完善、核心突出、衔接顺畅、覆盖广泛、出行便捷”的高速公路网络系统，为促进经济结构调整、推进区域协调发展、加快新型城镇化做出了积极贡献，交通基础保障和先行引领作用也初步显现。目前已经建成或规划建设的高速公路主要有：6条南北纵向通道（2093千米），即济南—广州、大庆—广州、北京—港澳、焦作—桐柏、二连浩特—广州、三门峡—淅川；8条东西横向通道（2813千米），即南乐—林州、范县—辉县、长垣—济源、连云港—霍尔果斯、南京—洛阳、新蔡—泌阳、上海—西安、永城—登封；6条区间通道（1374千米），即商丘—周口、兰考—南阳、郑州—卢氏、郑州—民权、郑州—焦作—晋城、武陟—西峡；新郑机场—周口西华、商丘至登封、安阳西北绕城高速、渠首至老河口（豫鄂省界）、台前（豫鲁省界）至范县、林州（豫晋省界）至焦作、济源至洛阳西、息县至邢集、周口至南阳、栾川至卢氏等高速公路。公路干线的建设有效地促进了沿线地区经济社会的发展，形成以高等级公路为依托的开放型经济产业带和城镇密集带，进一步强化了城市群区域各城市的枢纽功能，从而形成新的比较优势区位，生产要素进一步向“增长极”“增长轴”集聚，使中原城市群区域的产业分工合作更为明确，各具特色的地域生产综合体逐步形成（见表6-5）。

表6-5 中原城市群部分城市高等级公路连通矩阵表

名称	郑州市	开封市	洛阳市	平顶山市	新乡市	焦作市	许昌市	漯河市	济源市	A_i
郑州市	0	1	1	2	1	1	1	2	2	11
开封市	1	0	2	3	2	2	2	3	3	18
洛阳市	1	2	0	1	2	2	2	3	1	14
平顶山市	2	3	1	0	3	3	1	2	2	17
新乡市	1	2	2	3	0	2	2	3	3	18
焦作市	1	2	2	3	2	0	2	3	3	18
许昌市	1	2	2	1	2	2	0	1	3	14
漯河市	2	3	3	2	3	3	1	0	4	21
济源市	2	3	1	2	3	3	3	4	0	21

由表6-5可以看出，郑州市通达性①指数为11，数值最小，通达性最好；漯河市、济源市的通达性指数均为21，数值最大，通达性最差。

① 网络中某一点的通达性（A_i）是指网络中该点到其他各点最短径道所经过的线路数目的总和，其值越小，通达性越好。

二、中原城市群高速公路建设与城市群结构功能优化升级

中原城市群（河南省部分）依托京珠通道（包括京珠高速、G107、京广铁路等）、连霍通道（包括连霍高速、G310、陇海铁路等）、207通道（包括G207、焦枝铁路等）3条复合型通道形成交通经济带，带动沿线地区经济社会发展，并逐步形成地域生产综合体。随着复合型通道建设的进一步发展（见图5-2），中原城市群区域生产力布局渐趋合理，地域生产综合体逐步形成一定的层次体系。与此同时，复合型通道建设完善从另一个侧面也促进中原城市群区域节点城市功能的不断升级。复合型通道建设带动沿线地区和各城市经济社会不断发展，经济实力不断增强，致使生态建设投入不断增加，经济社会环境健康协调发展，区域地位进一步提高，最终使中原城市群区域结构功能优化升级。

第三节 产业集群推动机制

城市群区域产业整合的关键在于建立层次和布局合理的产业体系，这就要求城市群区域各城市根据其比较优势和竞争优势原理，合理确定主导产业，既要共同前进，又要注意错位发展，重点突出各种优势的“互补”。中心城市要充分发挥综合服务功能，在产品研发和新兴第三产业的吸引辐射方面发挥重要作用，成为产业要素和信息配置枢纽；次中心城市要侧重于高新技术的应用、新兴工业化的推进以及传统产业的改造，与大城市和大企业形成错位发展，并能够有机衔接（邹永军，2007）①。

① 学者质疑江西“超英赶美”城市群规划官方采纳［EB/OL］. http：//news. sohu. com/20070115/n247606007. shtml.

一、中原城市群产业集群发展过程

1. 中原城市群产业集群现状

2008年河南省启动产业集聚区的建设发展，其目标为：一是产业集聚水平加快提升；二是基础设施建设持续加强；三是集约节约水平明显提高；四是就业承载能力大幅提高。经过近些年来的建设，截至2016年底，河南省180个产业集聚区规模以上工业主营业务收入达到51567.29亿元，其中，居前10位的产业集聚区依次为：郑州航空港产业集聚区、郑州经济技术产业集聚区、长葛市产业集聚区、漯河经济技术产业集聚区、禹州产业集聚区、沁阳市沁北产业集聚区、林州市产业集聚区、武陟县产业集聚区、巩义市产业集聚区，居后10位的依次为南阳化工产业集聚区、卫辉市产业集聚区、卢氏县产业集聚区、新乡市新东产业集聚区、郑州市白沙产业集聚区、平顶山平新产业集聚区、驻马店经济技术产业集聚区、安阳市纺织产业集聚区、洛阳经济技术产业集聚区、豫东综合物流集聚区，最高的郑州航空港产业集聚区规模以上工业主营业务收入（2665.81亿元）是最低的豫东综合物流集聚区（9.52亿元）的280余倍；固定资产投资完成额20868.36亿元，居前10位的产业集聚区依次为：郑州航空港产业集聚区、郑州经济技术产业集聚区、郑州高新技术产业集聚区、孟州市产业集聚区、林州市产业集聚区、沁阳市沁北产业集聚区、武陟县产业集聚区、长葛市产业集聚区、开封汴西产业集聚区、禹州产业集聚区，居后10位的依次为潢川经济技术产业集聚区、洛阳经济技术产业集聚区、洛阳市石化产业集聚区、襄城县循环经济产业集聚区、驻马店经济技术产业集聚区、开封汴东产业集聚区、郑州上街装备产业集聚区、三门峡经济技术产业集聚区、南阳化工产业集聚区、平顶山市石龙产业集聚区，最高的郑州航空港产业集聚区固定资产投资完成额（628.45亿元）约是最低的平顶山市石龙产业集聚区（8.65亿元）的73倍；规模以上工业从业人员4781826人，居前10位的产业集聚区依次为：郑州航空港产业集聚区、长葛市产业集聚区、开封黄龙产业集聚区、孟州市产业集聚区、禹州市产业集聚区、郑州经济技术产业集聚区、武陟县产业集聚区、尉氏县产业集聚区、义马市煤化工产业集聚区、夏邑县产业集聚区，居后10位的依次为封丘县产业集聚区、济源市高新技术产业集聚区、卢氏县产业集聚区、安阳市产业集聚区、濮阳市产业集聚区、三门峡经济技术产业集聚区、豫东综合物流集聚区、安阳市纺织产业集聚区、驻马店经济技术产业集聚区、洛阳经济技术产业集聚区，最高的郑州航空港产业集聚区规模以上工业从业人员（282445人）约是最低的洛阳经济技术产业集聚区（772人）的366倍（见表6-6）。

表6-6 2016年河南省产业集聚区发展概况

名称	规模以上工业从业人员（人）	规模以上工业主营业务收入（亿元）	固定资产投资完成额（亿元）	名称	规模以上工业从业人员（人）	规模以上工业主营业务收入（亿元）	固定资产投资完成额（亿元）
郑州高新技术产业集聚区	42004	346.01	350.52	许昌经济技术产业集聚区	17120	188.25	82.60
郑州经济技术产业集聚区	76921	1136.71	389.07	许昌魏都产业集聚区	17673	235.84	137.40
郑州航空港产业集聚区	282445	2665.81	628.45	许昌尚集产业集聚区	39840	342.12	166.71
郑州市白沙产业集聚区	5066	25.67	159.37	中原电气谷核心区	7924	157.16	85.93
郑州市中牟汽车产业集聚区	28005	319.90	165.19	长葛市产业集聚区	89285	1091.62	276.51

续表

名称	规模以上工业从业人员（人）	规模以上工业主营业务收入（亿元）	固定资产投资完成额（亿元）	名称	规模以上工业从业人员（人）	规模以上工业主营业务收入（亿元）	固定资产投资完成额（亿元）
郑州上街装备产业集聚区	6409	162.75	25.30	鄢陵县产业集聚区	34165	451.87	149.16
郑州马寨产业集聚区	14032	158.64	36.44	襄城县产业集聚区	21043	213.97	180.17
巩义市产业集聚区	27595	632.80	94.35	禹州市产业集聚区	77682	832.40	232.74
巩义市豫联产业集聚区	23771	362.28	94.28	长葛市大周再生金属循环产业集聚区	28016	621.89	63.17
新郑新港产业集聚区	26056	366.72	119.88	襄城县循环经济产业集聚区	15366	302.76	29.35
新密市产业集聚区	24573	319.36	145.77	漯河经济技术产业集聚区	45760	884.69	149.80
登封市产业集聚区	16576	219.17	92.11	漯河市沙澧产业集聚区	28878	236.53	119.04
荥阳市产业集聚区	29045	399.57	106.20	漯河市东城产业集聚区	42324	298.98	100.05

续表

名称	规模以上工业从业人员（人）	规模以上工业主营业务收入（亿元）	固定资产投资完成额（亿元）	名称	规模以上工业从业人员（人）	规模以上工业主营业务收入（亿元）	固定资产投资完成额（亿元）
开封汴西产业集聚区	24885	259.37	242.94	漯河淞江产业集聚区	25543	281.27	123.01
开封黄龙产业集聚区	86463	344.23	146.00	舞阳县产业集聚区	36628	392.90	144.22
开封汴东产业集聚区	7953	62.94	27.69	临颍县产业集聚区	27661	421.65	200.83
尉氏县产业集聚区	74340	594.80	231.77	三门峡经济技术产业集聚区	2752	68.96	24.45
杞县产业集聚区	42412	272.58	149.69	三门峡产业集聚区	12560	490.75	191.19
开封市精细化工产业集聚区	10995	99.67	33.12	义马市煤化工产业集聚区	58119	416.87	101.84
通许县产业集聚区	30470	232.30	127.82	卢氏县产业集聚区	3937	44.04	35.75
兰考县产业集聚区	36876	282.45	130.34	渑池县产业集聚区	21884	333.69	191.17

续表

名称	规模以上工业从业人员（人）	规模以上工业主营业务收入（亿元）	固定资产投资完成额（亿元）	名称	规模以上工业从业人员（人）	规模以上工业主营业务收入（亿元）	固定资产投资完成额（亿元）
洛阳高新技术产业集聚区	27142	277.67	113.33	灵宝市产业集聚区	32020	552.27	168.06
洛阳工业产业集聚区	12008	206.93	56.80	陕县产业集聚区	6007	52.83	75.55
洛阳经济技术产业集聚区	772	10.43	31.37	南阳高新技术产业集聚区	16189	91.48	109.20
洛阳市伊滨产业集聚区	16562	162.83	117.87	南阳市新能源产业集聚区	23716	162.07	125.14
洛阳市洛龙产业集聚区	21559	135.78	127.67	南阳光电产业集聚区	12498	95.83	114.47
洛阳市洛新产业集聚区	25424	441.67	134.68	邓州市产业集聚区	28865	268.53	139.38
洛阳市石化产业集聚区	6547	305.66	29.86	新野县产业集聚区	33902	348.15	164.91
洛阳市先进制造业集聚区	29041	382.81	98.58	淅川县产业集聚区	26099	339.16	156.57
洛宁县产业集聚区	31610	269.75	102.48	内乡县产业集聚区	25150	236.02	156.03

续表

名称	规模以上工业从业人员（人）	规模以上工业主营业务收入（亿元）	固定资产投资完成额（亿元）	名称	规模以上工业从业人员（人）	规模以上工业主营业务收入（亿元）	固定资产投资完成额（亿元）
宜阳县产业集聚区	30534	275.39	165.45	唐河县产业集聚区	38276	239.37	132.61
新安县产业集聚区	31365	617.70	164.33	桐柏县产业集聚区	8657	96.79	115.38
栾川县产业集聚区	9138	111.80	129.43	镇平县产业集聚区	25938	197.59	130.92
孟津县华阳产业集聚区	22145	250.32	146.40	西峡县产业集聚区	46886	411.66	175.19
汝阳县产业集聚区	13899	67.71	87.51	社旗县产业集聚区	19993	175.18	117.74
嵩县产业集聚区	8539	103.67	86.78	南召县产业集聚区	7082	79.87	73.44
伊川县产业集聚区	19962	336.65	150.37	方城县产业集聚区	8535	92.51	88.64
偃师市产业集聚区	41347	512.48	143.63	南阳化工产业集聚区	15686	50.69	17.18
洛阳空港产业集聚区	8754	205.28	86.80	商丘经济技术产业集聚区	17264	101.72	126.42

续表

名称	规模以上工业从业人员（人）	规模以上工业主营业务收入（亿元）	固定资产投资完成额（亿元）	名称	规模以上工业从业人员（人）	规模以上工业主营业务收入（亿元）	固定资产投资完成额（亿元）
平顶山高新技术产业集聚区	13889	247.50	37.72	豫东综合物流集聚区	1825	9.52	33.22
平顶山平新产业集聚区	6920	21.89	51.51	商丘市梁园产业集聚区	20070	209.49	103.95
平顶山化工产业集聚区	8042	121.16	76.03	商丘市睢阳产业集聚区	38966	235.46	133.07
平顶山市石龙产业集聚区	4541	54.13	8.65	永城市产业集聚区	49489	519.45	183.12
郏县产业集聚区	28053	187.83	87.46	民权县产业集聚区	30998	327.08	175.02
汝州市产业集聚区	20940	213.85	78.37	夏邑县产业集聚区	55278	323.06	165.42
叶县产业集聚区	9504	190.72	96.09	虞城县产业集聚区	44650	445.30	165.16
宝丰县产业集聚区	19452	151.46	83.32	柘城县产业集聚区	29120	235.55	109.71
舞钢市产业集聚区	22759	194.88	62.12	宁陵县产业集聚区	18428	204.96	73.04

续表

名称	规模以上工业从业人员（人）	规模以上工业主营业务收入（亿元）	固定资产投资完成额（亿元）	名称	规模以上工业从业人员（人）	规模以上工业主营业务收入（亿元）	固定资产投资完成额（亿元）
鲁山县产业集聚区	7262	76. 64	60. 15	睢县产业集聚区	47832	198. 73	169. 20
安阳高新技术产业集聚区	18029	139. 57	162. 08	信阳市产业集聚区	7314	91. 45	93. 94
安阳市产业集聚区	3913	128. 17	57. 72	潢川经济技术产业集聚区	9532	61. 63	33. 05
安阳市纺织产业集聚区	1381	17. 10	38. 61	信阳市平桥产业集聚区	28650	174. 67	52. 68
安阳县产业集聚区	15979	233. 41	59. 53	信阳市上天梯产业集聚区	25446	115. 96	58. 71
滑县产业集聚区	15809	157. 54	85. 07	信阳金牛物流产业集聚区	9384	131. 37	58. 28
林州市产业集聚区	48800	699. 67	309. 36	信阳明港产业集聚区	21725	211. 05	33. 29
汤阴县产业集聚区	21238	381. 56	93. 05	固始县史河湾产业集聚区	11168	72. 05	77. 80
内黄县产业集聚区	23024	239. 45	72. 94	固始县产业集聚区	14990	105. 79	94. 16

续表

名称	规模以上工业从业人员（人）	规模以上工业主营业务收入（亿元）	固定资产投资完成额（亿元）	名称	规模以上工业从业人员（人）	规模以上工业主营业务收入（亿元）	固定资产投资完成额（亿元）
鹤壁市鹤淇产业集聚区	38428	334.14	100.11	光山县官渡河产业集聚区	32072	201.55	75.25
鹤壁市宝山循环经济产业集聚区	45766	309.50	122.00	新县产业集聚区	26237	167.74	65.08
鹤壁市金山产业集聚区	17028	267.16	154.33	罗山县产业集聚区	27189	164.86	100.67
浚县产业集聚区	39001	301.45	94.33	淮滨县产业集聚区	34216	193.36	95.35
新乡高新技术产业集聚区	31532	387.93	49.38	商城县产业集聚区	16768	157.82	88.65
新乡工业产业集聚区	29929	395.48	181.43	潢川县产业集聚区	19171	143.28	110.58
新乡经济技术集聚区	35178	385.50	72.08	息县产业集聚区	25140	179.00	86.98
新乡电源产业集聚区	12031	163.29	74.01	周口经济技术产业集聚区	17367	285.48	52.51
新乡市新东产业集聚区	5187	36.06	53.77	周口市川汇产业集聚区	9434	99.85	47.60

续表

名称	规模以上工业从业人员（人）	规模以上工业主营业务收入（亿元）	固定资产投资完成额（亿元）	名称	规模以上工业从业人员（人）	规模以上工业主营业务收入（亿元）	固定资产投资完成额（亿元）
长垣县产业集聚区	29759	440.31	131.50	项城市产业集聚区	38942	422.12	114.33
原阳县产业集聚区	17022	135.06	109.50	淮阳县产业集聚区	23310	305.95	74.17
获嘉县产业集聚区	17969	174.95	74.69	扶沟县产业集聚区	19058	267.02	94.23
封丘县产业集聚区	4468	65.66	53.77	鹿邑县产业集聚区	28699	335.08	150.78
卫辉市产业集聚区	4713	44.81	50.57	郸城县产业集聚区	39291	411.29	86.91
延津县产业集聚区	16442	234.12	55.01	西华县产业集聚区	19127	233.90	68.03
辉县市产业集聚区	34555	465.03	63.45	沈丘县产业集聚区	37349	451.67	149.09
焦作经济技术产业集聚区	36763	365.44	163.83	太康县产业集聚区	43370	389.40	115.39
焦作市工业产业集聚区	27238	229.25	72.85	商水县产业集聚区	36967	317.23	100.43

续表

名称	规模以上工业从业人员（人）	规模以上工业主营业务收入（亿元）	固定资产投资完成额（亿元）	名称	规模以上工业从业人员（人）	规模以上工业主营业务收入（亿元）	固定资产投资完成额（亿元）
武陟县产业集聚区	75496	699.32	290.53	驻马店经济技术产业集聚区	1191	18.04	29.35
温县产业集聚区	47942	551.66	228.77	驻马店装备产业集聚区	19337	161.09	102.85
孟州市产业集聚区	79875	805.65	316.63	驻马店市产业集聚区	22687	318.74	72.02
沁阳市沁北产业集聚区	45406	780.04	296.77	遂平县产业集聚区	27966	264.79	124.01
修武县产业集聚区	21866	304.13	114.27	新蔡县产业集聚区	18055	150.87	81.84
博爱县产业集聚区	24987	451.93	174.59	正阳县产业集聚区	20764	140.71	75.45
濮阳经济技术产业集聚区	12342	216.12	80.61	汝南县产业集聚区	24042	215.98	66.31
濮阳市产业集聚区	3910	82.07	89.42	西平县产业集聚区	19091	157.50	66.26
濮阳市濮东产业集聚区	27538	193.02	118.28	泌阳县产业集聚区	44436	327.02	107.73

续表

名称	规模以上工业从业人员（人）	规模以上工业主营业务收入（亿元）	固定资产投资完成额（亿元）	名称	规模以上工业从业人员（人）	规模以上工业主营业务收入（亿元）	固定资产投资完成额（亿元）
南乐县产业集聚区	12208	221.99	131.98	平舆县产业集聚区	29146	360.90	84.43
清丰县产业集聚区	21657	283.63	206.16	确山县产业集聚区	17961	155.93	88.65
台前县产业集聚区	8469	106.88	53.15	上蔡县产业集聚区	35913	270.71	113.83
濮阳县产业集聚区	18002	270.77	199.92	济源市高新技术产业集聚区	4361	74.03	50.86
范县产业集聚区	16928	437.62	105.60	济源市玉川产业集聚区	16660	389.31	89.59
濮阳市化工产业集聚区	8449	184.07	35.54	济源市虎岭产业集聚区	43862	543.69	146.16

中原城市群产业集群形成与发展具有以下特点：①地域分布较为集中，主要分布于郑州、洛阳、焦作等省辖市。②行业分布广泛，主要包括食品加工、机械制造、煤炭、冶金、纺织服装、化工医药、汽车配件等。③集群化趋势明显。④经济贡献能力逐步增强。⑤形成了良好的产业集聚效应（张旭建，2007）。

2. 工业细分行业产业结构同构现象分析

刘静玉（2006）以河南省辖市（县）作为计算地域单元，选取

2003年和2004年两个年份对中原城市群区域的郑州市、洛阳市、开封市、新乡市、焦作市、平顶山市、漯河市、许昌市、济源市9个地域单元规模以上工业分行业工业增加值（2003年，下同）或产品销售收入（2004年，下同）进行计算分析，工业细分行业产业结构同构系数均大于0.9的工业行业有26个，占行业总数的72.22%，最小同构系数为0.7022（2003年）和0.7420（2004年）。分析认为：饮料制造业、烟草加工业、纺织业、造纸及纸制品业、通用设备制造业、专用设备制造业、交通运输设备制造业7个行业存在着严重的同构现象；黑色金属冶炼及压延加工业、有色金属冶炼及压延加工业、非金属矿物制品业3个行业存在着较为严重的同构现象；食品制造业、化学原料及化学制品制造业、电气机械及器材制造业3个行业存在较为严重或严重的同构现象；煤炭开采和洗选业，农副食品加工业，电力、热力的生产和供应业，石油加工及炼焦业4个行业存在同构问题，但不严重；木材加工及木、竹、藤、棕、草制品业，橡胶制品业，医药制造业，化学纤维制造业，工艺品及其他制造业，皮革、毛皮、羽毛（绒）及其制品业6个行业存在潜在的同构问题；黑色金属矿采选业、有色金属矿采选业、非金属矿采选业、文教体育用品制造业4个行业，以及纺织服装、鞋、帽制造业，通信设备、计算机及其他电子设备制造业，家具制造业，印刷业和记录媒介的复制，煤气生产和供应业，水的生产和供应业，仪器仪表及文化、办公用机械制造业，金属制品业，塑料制品业9个行业不存在同构问题（见表6-7）。

3. 不同区域工业细分行业同构现象分析

刘静玉（2006）以河南省辖市（县）作为计算地域单元，选取2003年和2004年两个年份对中原城市群9个地域单元间规模以上工业分行业工业增加值（2003年，下同）或产品销售收入（2004年，下同）的产业结构相似系数进行计算，结论如下：重度同构现象（同构系数大于0.8），如郑州市和许昌市之间、郑州市和焦作市之间。中度同构现象（同构系数介于0.5到0.8之间），如郑州市和4~6个地域单

表 6-7　中原城市群规模以上工业分行业产业结构同构系数

行　业	2003 年	2004 年	行　业	2003 年	2004 年
煤炭开采和洗选业	0.7022	0.7561	化学原料及化学制品制造业	0.8718	0.9256
黑色金属矿采选业	0.9997	0.9932	木材加工及木、竹、藤、棕、草制品业	0.9754	0.9683
有色金属矿采选业	0.9844	0.9770	文教体育用品制造业	0.9990	0.9988
非金属矿采选业	0.9955	0.9947	非金属矿物制品业	0.8515	0.8500
农副食品加工业	0.7833	0.7420	黑色金属冶炼及压延加工业	0.8672	0.8494
食品制造业	0.8390	0.8972	有色金属冶炼及压延加工业	0.8715	0.8218
饮料制造业	0.9732	0.9739	纺织服装、鞋、帽制造业	0.9929	0.9951
烟草加工业	0.9054	0.9476	皮革、毛皮、羽毛（绒）及其制品	0.9691	0.9627
纺织业	0.9515	0.9384	专用设备制造业	0.9367	0.9131
医药制造业	0.9636	0.9631	交通运输设备制造业	0.9289	0.9236
金属制品业	0.9874	0.9812	电气机械及器材制造业	0.9032	0.8726
通用设备制造业	0.9550	0.9437	通信设备、计算机及其他电子设备制造业	0.9786	0.9671
家具制造业	0.9901	0.9881	仪器仪表及文化、办公用机械制造业	0.9973	0.9953
造纸及纸制品业	0.9457	0.9432	工艺品及其他制造业	0.9420	0.9456
塑料制品业	0.9831	0.9805	电力、热力的生产和供应业	0.8041	0.8444
橡胶制品业	0.9385	0.9367	印刷业和记录媒介的复制	0.9878	0.9885
石油加工及炼焦业	0.7427	0.7700	煤气生产和供应业	0.9972	0.9951
化学纤维制造业	0.9248	0.9285	水的生产和供应业	0.9958	0.9974

元、焦作市和5个地域单元、新乡市和4个地域单元、许昌市和4个地域单元、开封市和4个地域单元、洛阳市和2个地域单元、济源市和2个地域单元、漯河市和1个地域单元。轻度同构现象（同构系数低于0.5），如开封市和平顶山市、开封市和济源市、洛阳市和漯河市、漯河市和济源市、漯河市和平顶山市（见表6-8、表6-9）。

表6-8　2003年中原城市群不同区域规模以上工业行业同构系数

	郑州市	开封市	焦作市	新乡市	洛阳市	济源市	平顶山市	漯河市	许昌市
郑州市	1.0000	0.4161	0.8635	0.6009	0.5138	0.5703	0.5571	0.3337	0.8064
开封市	0.4161	1.0000	0.5411	0.5495	0.2979	0.1876	0.1383	0.6087	0.3388
焦作市	0.8635	0.5411	1.0000	0.7018	0.5600	0.5684	0.4908	0.3521	0.6980
新乡市	0.6009	0.5495	0.7018	1.0000	0.4603	0.3928	0.2882	0.3991	0.5734
洛阳市	0.5138	0.2979	0.5600	0.4298	1.0000	0.3172	0.2685	0.1404	0.4909
济源市	0.5703	0.1876	0.5684	0.3991	0.3172	1.0000	0.4296	0.1450	0.3707
平顶山市	0.5571	0.1383	0.4908	0.2681	0.2685	0.4296	1.0000	0.1264	0.5194
漯河市	0.3337	0.6087	0.3521	0.3474	0.1404	0.1450	0.1264	1.0000	0.4049
许昌市	0.8064	0.3388	0.6980	0.5383	0.4909	0.3707	0.5194	0.4049	1.0000

表6-9　2004年中原城市群不同区域规模以上工业行业同构系数

	郑州市	开封市	焦作市	新乡市	洛阳市	济源市	平顶山市	漯河市	许昌市
郑州市	1.0000	0.4621	0.8531	0.6397	0.5116	0.6389	0.4818	0.2996	0.7057
开封市	0.4621	1.0000	0.6271	0.7134	0.3675	0.2103	0.1799	0.6323	0.5367
焦作市	0.8531	0.6271	1.0000	0.7020	0.5235	0.6057	0.4041	0.3585	0.6095
新乡市	0.6397	0.7134	0.7020	1.0000	0.4629	0.3967	0.3397	0.4222	0.7496
洛阳市	0.5116	0.3675	0.5235	0.4629	1.0000	0.4673	0.2877	0.1341	0.4501
济源市	0.6389	0.2103	0.6057	0.3967	0.4673	1.0000	0.4041	0.1093	0.3203
平顶山市	0.4818	0.1799	0.4041	0.3397	0.2877	0.4041	1.0000	0.1563	0.4980
漯河市	0.2996	0.6323	0.3585	0.4222	0.1341	0.1093	0.1563	1.0000	0.4538
许昌市	0.7057	0.5367	0.6095	0.7496	0.4501	0.3203	0.4980	0.4538	1.0000

一定程度上的产业结构同构化是合理的。其前提条件是产业结构的相似程度不能超出区域资源环境的承受能力，不能超出市场对相同产品的需求。否则，产业结构同构将导致区域资源配置效率低下，从而制约区域经济发展的效果，这将产生以下不利影响：首先是加剧了区内竞争，不利于区内比较优势的发挥；其次是影响到区域综合竞争能力的提高，影响到中原城市群在国家经济社会发展中的地位，甚至影响到中原城市群的国际竞争能力。因此，中原城市群的产业同构现象导致城市群经济实力与其规模不相适应，也难以完成中原城市群应该承担的区域经济增长极的重任。

二、中原城市群产业集群与结构功能优化升级

产业整合的关键在于建立层次和布局合理的产业体系。中原城市群区域应及时实施产业空间重构，形成产业集群。刘静玉（2006）对中原城市群区域产业层次和产业布局进行了比较详尽的阐述。他根据等级序列将城市群地域的等级序列划分为：城市群地域系统、亚城市群地域系统、城市地域系统和基点城镇地域系统，并与城市层次和产业经济形成一一对应的关系（见图 6-1）；在此基础上对中原城市群地域系统提出了相应的整合方案（见表 6-10、表 6-11）。

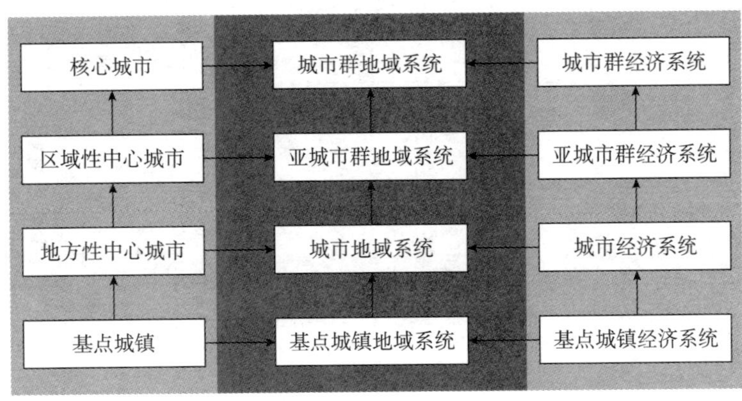

图 6-1　城市群产业整合层次结构

表 6-10　中原城市群地域系统和各亚城市群地域系统工业整合方案

亚城市群地域系统	郑汴焦新亚城市群地域系统				洛济亚城市群地域系统		平许漯亚城市群地域系统		
基本工业行业	非金属矿物制品业、有色金属冶炼及压延加工业、化学原料及化学制品业、通用设备制造业、交通运输设备制造业、造纸及纸制品业、纺织业、橡胶制品业、医药制品业、通信设备、计算机及其他电子设备制造业				石油加工及炼焦业、电力、热力的生产和供应业、专业设备制造业、黑色金属冶炼及压延加工业、有色金属冶炼及压延加工业、有色金属矿采选业		煤炭开采和洗选业、农副食品加工业、食品制造业、化学纤维制造业、黑色金属冶炼及压延加工业、电气机械及其制造业、烟草加工业、纺织业、工业品及其他制造业		
城市地域系统	郑州城市地域系统	开封城市地域系统	新乡城市地域系统	焦作城市地域系统	洛阳城市地域系统	济源基点城镇地域系统	许昌城市地域系统	平顶山城市地域系统	漯河城市地域系统
基本工业行业	煤炭开采与洗选业、非金属矿物制品业、有色金属冶炼及压延加工业、黑色金属冶炼及压延加工业、交通运输设备制造业、专用设备制造业、烟草加工业、通信设备、计算机及其他电子设备制造业	农副食品加工业、纺织业、木材加工及木、竹、藤、棕、草制品业、专业设备制造业、通用设备制造业、化学原料及化学制品制造业、医药制造业	农副食品加工业、纺织业、造纸及纸制品业、化学纤维制造业、通信设备、计算机及其他电子设备制造业、电气机械及器材制造业、医药制造业、化学原料及化学制品制造业、通用设备制造业	皮革、毛皮、羽（绒）毛及其制品业、橡胶制品业、有色金属冶炼及压延制造业、电力、热力的生产和供应业、饮料制造业、通用设备制造业、煤炭开采和洗选业	石油加工及炼焦业、专业设备制造业、电力、热力的生产和供应业、交通运输设备制造业、有色金属冶炼及压延加工业和有色金属矿采选业	煤炭开采和洗选业、有色金属矿采选业、黑色金属冶炼及压延加工业、有色金属冶炼及压延加工业、化学原料及化学制品业、通用设备制造业	烟草加工业、纺织业、非金属矿物制品业、有色金属冶炼及压延加工业、专业设备制造业、交通运输设备制造业、电气机械及器材制造业、工艺品及其他制造业、电力、热力的生产和供应业	煤炭开采和洗选业、黑色金属矿采选业、化学纤维制造业、电力、热力的生产和供应业	农副食品加工业、食品制造业、饮料制造业、造纸及纸制品业、塑料制品业、化学原料及化学制品业、皮革、毛皮、羽（绒）毛及其制造业

表 6-11 中原城市群核心城市地域系统产业整合方案

	郑州城市地域系统	开封城市地域系统
第三产业	交通运输、仓储及邮电通信业、批发和零售贸易及餐饮业、金融、保险业	地质勘察业、水利管理业、房地产业、教育文化艺术和广播电影电视事业
第二产业	煤炭开采和洗选业、烟草加工业、交通运输设备制造业、有色金属冶炼及压延加工业、非金属矿物制品业、黑色金属冶炼及压延加工业、电力、热力的生产和供应业、电气机械及器材制造业、通信设备、计算机及其他电子设备制造业	木材加工及竹、藤、棕、草制品业、橡胶制品业、纺织业、农副食品加工业、通用设备制造业、化学原料及化学制品制造业、医药制造业、专业设备制造业、饮料制造业、金属制品业

通过对中原城市群区域的产业整合，形成产业集群，不仅可以使同类产业集聚产生规模效益，将上下游产业及旁侧产业有机地整合在一起，使资源及相关产品进行循环利用，提高资源利用效率，减少“三废”排放，进而形成零排放。同时，还可以使自然生态功能区等免遭破坏，维持自然分布状态，形成合理的生态空间结构。

另外，在中原城市群区域产业重构空间重组过程中，要充分发挥市场的主导作用和政府的宏观调控作用，调整和优化产业结构。对符合产业导向要求的企业，可通过相关政策法规的制定、交通道路的建设等宏观措施引导其向城市群区域相应的工业园区集中，形成产业集群，产生集群效益，使城市群生态空间结构逐步趋向合理，城市群经济社会可持续发展，最终形成良性循环。对不符合产业导向要求的乡镇企业要坚决实施关停淘汰。

第四节 社会历史文化制约机制

一、中原城市群社会历史文化源远流长

远古以来，我们的祖先就生息繁衍在中原大地上，创造了裴李岗文

化、仰韶文化、龙山文化等令世人赞叹的史前文化。从中国第一个世袭王朝夏朝建都于河南偃师，至清王朝覆灭的4000余年历史中，中原城市群区域处于全国政治、经济、文化的中心地域长达3000年，经济社会文化发展曾几度达到鼎盛，先后有20多个朝代建都或迁都于此，洛阳、开封在中国七大古都之列，郑州又被评为中国第八大古都。漫漫历史长河中，中原大地上孕育的千古风流人物灿若群星，如古代哲学家和思想家老子、庄子、墨子、韩非、程颐、程灏，政治家和军事家李斯、岳飞，文学家和艺术家杜甫、韩愈、白居易、李贺、李商隐、吴道子，以及近现代的李季、李准等。中原城市群区域还是少林武术和陈氏太极拳的发源地，堪称中国功夫的故乡。该区域是中国古代先进文化和文明的发祥地之一，具有共同的历史和文化积淀，富有生生不息、开拓进取和兼容并蓄的优良文化传统。

公元前743~前701年间，郑庄公“开拓封疆”，在今朱仙镇附近建“仓城”开封（王发曾，1994）。

二、中原城市群社会历史文化与城市群结构功能优化升级

社会历史文化对城市群结构功能优化升级既有正面的积极影响，也有负面的消极影响。

中原城市群悠久的历史文化对中原地区城市发展起着重要的推动作用，同时一些守旧固化的思想在一定程度上也禁锢着城市群的发展。秦汉以前，中原地区的城市已经基本形成。秦汉至北宋期间，中原地区城市进入高速发展时期，洛阳和开封两个国都级城市在隋唐至北宋时期进入了全盛时期，以洛阳、开封为中心的城市体系渐趋成熟（王发曾，1994）。此后进入缓慢发展时期和自然发展时期。到1949年，中原城市群地区有郑州、开封、洛阳、许昌、漯河、新乡6个城市，仅有开封市一个中等城市。目前，以郑州为中心、以洛阳为副中心的中原城市群的雏形已基本形成。就洛阳市而言，悠久的社会历史、丰富的文化资源对其经济发展起着重要的推动作用，经济的全面发展使其积累了雄厚的财

力。雄厚的财力、先进的文化，为洛阳市域结构功能优化升级奠定了良好的基础。洛阳市的经济社会环境已经步入良性循环发展轨道，结构功能也进入逐步优化升级的过程中。开封市在新中国成立初期仍然是中原地区唯一的一个中等城市，其后开封市在中原地区城市中的地位逐步下降，其原因是多方面的。但思想解放程度不够也是其发展滞后的一个重要原因。新中国成立以后，尤其是改革开放以来，由于开封市的思想解放不够、开放程度不够，致使其经济地位急剧下滑。财力不足导致生态环境建设以及社会文化设施建设方面的投资力度微乎其微，致使开封市域范围内的土地沙化治理、盐碱化治理、平原地区生态防护林建设以及相关的社会文化设施建设等方面都出现了这样或那样的问题，经济社会环境结构功能得不到应有的优化升级。

第五节　新经济环境影响机制

知识经济时代，新经济环境对城市群生态空间结构的优化重组的作用越来越重要。

一、中原城市群新经济发展情况

改革开放以来，中原城市群区新经济得到了较快发展。中原城市群仅有 9 个国家高新技术产业开发区，分别位于中原城市群的郑州市、洛阳市、安阳市、南阳市、新乡市、平顶山市、焦作市、长治市和蚌埠市（见表 6-12）；共有普通本科高等学校 75 所，只有郑州大学、河南大学 2 所高等学校进入“双一流”大学。与此同时，河南省乃至整个中原城市群区域的博士学位授予点、国家级重点学科、国家级工程研究中心、国家级工程技术中心等方面象征新经济发展的相关指标均远低于全国平均水平。

表 6-12　中原城市群区域国家级高新技术产业开发区情况一览表

省份	国家高新技术产业开发区名称
河南省	郑州国家高新技术产业开发区、洛阳国家高新技术产业开发区、安阳国家高新技术产业开发区、南阳国家高新技术产业开发区、新乡国家高新技术产业开发区、平顶山国家高新技术产业开发区、焦作国家高新技术产业开发区
山西省	长治国家高新技术产业开发区
安徽省	蚌埠国家高新技术产业开发区

中原城市群区域立足比较优势，加强自主创新，加快产业化步伐，大力引进外来高新技术企业，着力提升高新技术产业对经济增长的贡献度。集中目标、形成合力、整合资源、重点突破，把电子信息、生物、新材料培育成具有核心竞争力的新兴先导产业，为中原城市群区域产业结构战略性调整奠定基础，以形成新的支柱产业。围绕上述总体思路，重点提升电子元器件、新型电源两个优势产业，做强硅半导体材料及太阳能电池、新型显示材料及精深加工、超硬材料及制品三大产业链，发展生物医药、生物能源、新型功能材料 3 个高成长性行业，培育数字视听、网络及通信、计算机、软件四类优势产品，壮大郑州、洛阳、安阳、南阳、新乡、平顶山、焦作、长治、蚌埠 9 个高新技术产业集群。

中原城市群区域高新技术产业发展有以下几个特点：一是高新技术产业规模快速扩张。2010 年，河南省高新技术产业销售收入达到 5400 亿元，完成增加值 2100 亿元，比 2005 年翻一番以上。增加值占工业比重提高到 23%以上。二是优势高新技术产业更加突出。建成玻壳、锂离子电池、硅半导体材料、新型平板显示材料、超硬材料及制品、血液制品、抗生素原料药 7 个全国竞争力最强的生产基地。三是自主创新能力不断加强，技术水平显著提升。研发投入占生产总值的比重由目前的 0. 5%提高到 1. 5%。到 2010 年，建成 400 个省级以上企业技术中心，其中国家级企业技术中心 25 个。在优势产业等领域取得重大技术突破，掌握一批拥有自主知识产权的核心技术。四是高新技术骨干企业不断发展壮大，群体优势明显增强。到2010年，河南省高新技术企业达到2500家，其中销售收入超百亿企业10家，超50亿企业20家，超10亿企业50家。五是高新技术产业聚集效应明显。到2010年，沿京广郑州、洛阳、新乡、许昌六大产业集群高新技术产业增加值突破1000亿元，占全省的比重达到50%。

二、中原城市群新经济发展与城市群结构功能优化升级

人类发展历史表明：在人类历史长河中，科学技术在改变人类命运的过程中具有伟大而神奇的力量，当人类面临较大困难时，往往都因技术上的突破而得到解决。在今天人类面临环境退化与经济社会发展两难境地，寻求可持续发展的新的历史关头，希望再次寄托于科学技术的发展上。

目前，以信息技术为标志的新经济对全球社会发展产生巨大影响，同时也增强了人类适应生态环境的能力。一般来说，技术进步包括狭义和广义两种形式，技术进步对资源利用的根本作用在于生态资源利用效率的提高。狭义技术进步的特点是技术进步的结果对生产要素或经济资源的本身性状进行改变。就土地利用来说，如无力开垦的荒坡地、盐碱地、沼泽地、滩涂等变成耕地或其他形式的用地；无土栽培或沙漠灌溉使不毛之地转化为农业用地等。广义技术进步则不要求资源本身改变，或者是并不直接体现在生产因素上。它提高整个生态效率，但并不改变参与经济循环的生态资源数量和质量。这种技术进步的效果是通过对生态资源配置的优化来实现的，它改变生态系统中各生态因子的组织形态或空间组合状态，从而形成结构效应，包括宏观上的生态功能区的优化配置以及微观上的各生态功能区（生态基质、生态斑块、生态廊道和生态网络等）的质量，生态功能区质量提高与生态空间结构优化组合相辅相成，进一步提高了城市群区域的生态环境容量（田国行，2004）。

采用先进技术应遵循以下三个原则：①这些科技的应用可以实现各类资源的集约利用，以抵消日益紧张的资源环境与经济社会发展的矛

盾；②这些科技的应用可以带来环境风险的显著下降并达到费用—效果优化，即该种科技利用不仅可以提高生态功能区的质量，增加物种丰度，而且还可以降低环境风险；③采纳这种科技还可以带来客观的经济社会效益（历伟，2002）。

新经济对中原城市群区域生态空间格局同样产生重要影响：一是对生物多样性产生作用；二是新技术在生物栽培方面的应用；三是新技术在生态空间体系规划管理等方面的应用等。

1. 郑州国家高新技术产业开发区

（1）概况。位于具有中华腹地、十省通衢之称的河南省省会——郑州市的西北部，规划面积 70 平方千米，建成区面积 30 平方千米，总人口 20 万，是郑州市、河南省，乃至中原城市群发展高新技术产业的核心区域。

（2）发展历程。1988 年建区以来，取得的成就主要有：1991 年升格为国家级高新技术产业开发区，先后四次被评为全国先进高新区。2009 年 3 月，经国家科技部批准，成为首批启动国家创新型科技园区建设的高新区，开始向中国建设创新型国家的区域战略中枢迈进。汇集了郑州大学、解放军信息工程大学、河南工业大学、郑州轻工业学院等高等学校，其中郑州大学是河南省乃至中原城市群区域唯一一所“211”工程大学，具有较强的工科、医科、IT 产业等研发力量；汇聚了郑州机械研究所、中国郑州烟草研究院等 6 个部属研究院所，引进培育市级以上工程研究中心、重点实验室和各类检测中心 100 余家，构筑了高新区密集的研发优势。

（3）人才高地。现有各类科技人才 4 万余人，其中博士 1700 多人，高级技术职称人员 6500 余人，硕士 3500 多人；理工科本科人才位居全国高新区之首，科技人才密集度居中原城市群之首。人才云集为技术创新和产业发展提供了强大的人才支撑。

（4）创新体系逐步完善。围绕自主创新能力的提升，建立完善了从研究开发到成果转化，再到产业化的完善政策体系。以企业为主体，产、学、研相结合的技术创新机制初步形成，90%以上的工业企业都建立了相应的技术研发机构，80%以上的高新技术企业同科研院所、高校建立了各种形式的产学研合作关系。现有创业中心、国家 863 中部软件孵化器、河南省专利孵化转移中心 3 个国家级综合孵化器，超硬材料等 5 个专业孵化器。孵化面积 36 万平方米，在孵企业 1150 家。每年投入创新资金 2 亿元以上。

（5）自主创新成果丰硕。累计转化科技成果 3000 余项，列入国家、省、市各类科技计划 1600 余项，150 余项成果获得国家、省、市科技进步奖，申请专利 3400 余件，拥有在全国领先水平的自主创新产品 100 余种。经认定的高新企业占河南省的 31%。郑州航天电子有限公司的电连接器成为连通神六、神七的血脉通道；辉煌科技公司的铁路信号微机监测系统为全国铁路八次大提速提供了强有力的信息支撑等。

（6）“一区多园”战略。郑州国家高新技术产业开发区坚定不移地实施“一区多园”战略，以园区为载体，培植产业优势，引导产业集聚，打造产业集群。现已建成园区有：河南省国家大学科技园西区、国家 863 中部软件园、新材料产业园、生物医药产业园、光机电产业园；正在建设的园区有：河南省国家大学科技园东区、威科姆国际生态软件园、生态创意园、固态照明产业园、光伏产业园等。园区建设将成为促进企业快速发展和产业迅速集聚的重要平台。

（7）五大主导产业高地。现已初步形成了具有区域特色的五大主导产业：电子信息、新材料、生物医药、光机电一体化、新能源产业，形成了电子信息、软件服务外包、网络安全、新能源、仪器仪表、生物制药、超硬材料七大特色产业集群。其中软件产业集中了河南省 70%以上的骨干软件企业；新材料产业集中了郑州市 80%以上的同类骨干企业；生物医药产业被确定为国家级生物高技术产业基地核心区，诊断试剂水平在全国处于领先地位。

（8）“小政府、大服务”管理体制。郑州国家高新技术产业开发区实施“小政府、大服务”的行政体制，坚持“企业优先、服务优先、效率优先”理念，建立投资办事大厅，设立园区服务办公室，简化工作程序，为企业提供保姆式、一站式服务。搭建企业上市通道，提供企业上市服务，引进风险投资、贷款担保公司，为企业发展提供高效的投融资服务平台。在建的高新信息港将为企业提供全新的科技创新公共服务平台。集动力十足的企业文化和生机勃发的校园文化为一体，孕育出了独具特色的区域文化，形成了“鼓励创新、崇尚成功、宽容失败”的社会文化氛围。

2. 洛阳国家高新技术产业开发区

（1）概况。洛阳高新技术产业开发区是1992年国务院批准的53个国家级高新技术产业开发区之一，位于洛阳市区西南部，紧邻涧西大工业基地和智力密集区。管辖面积110平方千米，总人口12万，2015年工业总产值实现1500亿元，已成为洛阳高新技术产业的发展基地和自主创新的重要载体，也是洛阳经济快速发展的重要平台。

（2）重点特色产业。结合洛阳的比较优势，高新技术产业开发区已形成了智能装备制造产业、新材料产业、生物医药产业和信息技术产业四大特色产业。智能装备制造产业已形成光电智能装备、工业自动化控制设备、有色金属加工成套设备、玻璃深加工成套设备、摩托车与汽车整车及生产设备、高端精密轴承、成套石化设备、高端特种专用装备八大产业集群。尤其是在玻璃深加工成套设备、有色金属加工设备等领域的市场占有率以及技术水平均处于国内乃至世界领先地位。新材料产业已形成光伏及硅电子材料、钛材料、钨钼材料三大产业集群，形成了精铸钛制品产业链、硅电子材料产业链、钼钨合金材料产业链等。生物医药产业包括兽用疫苗、生物制药、生物饮品等产业集群。形成了以洛阳中重自动化工程有限公司、凯迈（洛阳）电子有限公司、洛阳高新鸿业科技有限公司、洛阳源创电气有限公司、洛阳方智测控股份有限公司等为龙头企业的信息技术产业。

第六节　结语与讨论

综上所述，可以得到以下三点结论：

第一，城市群区域结构功能优化升级过程是在自然生态环境约束因素、交通道路建设引导因素、产业集群推动因素、社会历史文化制约因素和新经济影响因素的共同作用下进行的。其中，自然生态环境因素是基础，交通道路建设因素是导向，特色产业集群发展是关键，社会历史文化和新经济等因素起着加速或延缓作用。不同时空条件下各影响因素作用强度存在较大差异。各影响因素之间相互影响，相互促进。

第二，随着知识经济时代的到来，自然生态环境、社会历史文化以及新经济因素等在城市群结构功能优化升级过程中发挥着主导性作用，但它们还是要通过传统的交通道路建设、规划编制及实施、政策制定及落实和产业集群等动力因素而发生作用。

第三，各种动力因素之间相互作用，互为因果，只有对其进行有机整合，最终才能使中原城市群区域的结构进一步优化，功能不断提升，城市群经济社会环境才能健康可持续发展，“人与自然”和谐相处。

第七章　中原城市群结构功能优化升级趋势与对策

20世纪末以来，美国最先出现新经济现象，世界逐步进入知识经济时代。与此同时，我国高新技术产业也得到了快速发展。在这种新的经济社会环境条件下，城市群区域结构功能优化升级在国家乃至全球经济社会环境发展过程中的作用则显得越来越重要。中原城市群区域城镇化加速推进，产业结构转型升级、生态环境优化重组、空间结构整合也将成为必然趋势。

第一节　城市规模对土地利用的影响

不同的城市规模对城市用地的影响很大，这种影响主要表现在城市规模大小对城市用地经济效益和用地效率两方面的作用上。

一、城市用地效益与城市规模成正比

城市用地效益可用城市单位土地所产生的经济效益来表示，其总的趋势是大城市的用地效益比中小城市高，即城市用地效益与城市规模呈正相关。

由表7-1可以看出（历伟，2002），随着城市规模的扩大，单位土地面积的工业产值和利税也逐渐增大，超大城市的单位用地工业产值比

小城市高出 1 倍以上，单位用地利税比中小城市分别高出 1 倍和 2 倍多，这说明大城市的土地效益高于中小城市。从万元 GDP 占地面积和每平方千米 GDP 指标来分析，依然可以发现大城市在土地的经济产出方面具有非常大的优势。

表 7-1　1996 年不同城市规模等级城市经济效益比较

城市规模	人口（万人）	建成区面积（万平方千米）	GDP（亿元）	人均产值（万元/人）	地均产值（万元/平方米）
200 万以上	5411.8	3.2	8557.2	1.581	2674.1
100 万~200 万	4099.7	3.6	5926.7	1.446	1646.3
50 万~100 万	4299.7	7.0	5614.7	1.306	802.1
20 万~50 万	15552.9	40.1	13064.8	0.840	325.8
20 万以下	22148.0	120.0	13910.8	0.628	115.9

资料来源：王鹰翔. 世纪之交，中国城市结构整体性变革的挑战［J］. 城市问题，2001（2）.

二、城市规模与土地占用率成正比

就人均建设用地指标来看，总体来说，在城市化推进过程中，各级城市的建设用地面积均会呈上升趋势，都会引起周围农地的非农化过程，但各级城市表现情况不一。一般情况下，大城市人均占地面积的增长速度小于中小城市。

表 7-2　1981~1995 年中国各级城市人均建设用地变化

单位：平方米/人

年份	合计	特大城市	大城市	中等城市	小城市
1981	74.10	68.86	62.21	76.48	102.51
1991	87.08	65.32	85.45	99.62	126.76
1995	101.20	74.64	87.97	107.94	142.67
1998	100.05	75.00	88.06	107.94	142.92

资料来源：中国城市统计年鉴；王鹰翔．世纪之交，中国城市结构整体性变革的挑战［J］. 城市问题，2001（2）.

由表 7-2 可以看出，随着城市规模扩大，城市非农业人口的人均用地面积逐渐缩小，特大城市、大城市的人均用地面积均比全部城市的人均用地面积小，而中小城市的人均用地面积均比全部城市的人均用地面积大，特别是小城市的人均用地面积均比全部城市的人均用地面积高出将近 1 倍。这说明特大城市、大城市在用地方面比中小城市更加节约。1995 年的数据表明小城市人均建设用地面积是特大城市的 2 倍。1991～1995 年间，除了人口 200 万以上的城市人均占地面积的增长速度略大于中等城市外，人口 100 万～200 万及人口 50 万～100 万的城市人均占地的增长速度均比中小城市小得多。5 年间，大城市人均占地面积合计增长 9.16%，而小城市的人均占地增长了 27.49%，远远高于其他规模等级的城市。

就建设用地内部各类用地而言，不同等级规模的城市也呈现出一定的特征。

表 7-3　不同规模城市的人均用地

单位：平方米/人

城市规模	建设总用地	工业用地	仓储用地	对外交通用地	生活居住用地	其他用地
特大城市	57.8	15.0	3.3	3.0	26.8	9.7
大城市	74.0	24.4	4.2	5.3	29.5	10.6
中等城市	81.1	27.3	5.4	5.5	32.9	10.0
小城市（10 万～20 万）	92.6	27.7	8.0	6.4	39.8	10.7
小城市（小于 10 万）	101.1	29.9	8.7	7.8	44.0	10.7

资料来源：张跃庆，张树德．城市经济学［M］．北京：经济日报出版社，1995：63.

表 7-4　1990～1995 年中国各级规模城市用地增长弹性系数

城市规模	200 万以上	100 万～200 万	50 万～100 万	20 万～50 万	20 万以下	所有城市合计
城市用地增长弹性系数	2.03	1.52	1.08	1.30	1.91	1.57

由表 7-3 可以看出，一般城市规模越大，人均各类用地，如工业用地、仓储用地、对外交通用地、生活居住用地等均越小。

各类城市用地增长弹性系数也可以在一定程度上说明不同等级城市之间的用地效率问题。城市用地增长弹性系数是指城市年均用地增长率和人口增长率之比。系数大于 1，表示城市用地增长率大于城市人口增长率，人均用地扩大；等于 1，说明人均用地不变；小于 1，说明人均用地面积缩小。一般情况下，城市规模越大，城市用地弹性系数越小（见表 7-4）。

第二节　中原城市群的定位①

一、总体定位

着眼国家现代化建设全局，发挥区域比较优势，强化创新驱动、开放带动和人才支撑，提升综合交通枢纽、产业创新中心地位，打造资源配置效率高、经济活力强、具有较强竞争力和影响力的国家级城市群。

经济发展新增长极。深入推进供给侧结构性改革，强化大都市区引领和中心城市带动，建设高端发展平台，提升城市群综合实力，打造体制机制较为完善、辐射带动力强的发展区域，成为与长江中游城市群南北呼应、共同带动中部地区崛起的核心增长区域和支撑全国经济发展的新空间。

重要的先进制造业和现代服务业基地。坚持高端化、集聚化、融合化、智能化战略取向，发展壮大先进制造业和战略性新兴产业，加快发展现代服务业，推动一、二、三产业融合发展，培育一批位居国内行业

① 中原城市群发展规划［DB/OL］. http：//www.ndrc.gov.cn/zcfb/zcfbghwb/201701/W020170105525107367104.pdf.

前列的先进制造业龙头企业和产业集群，建成具有全球影响力的物流中心、国际旅游目的地和全国重要的商贸中心。

中西部地区创新创业先行区。发挥国家自主创新示范区引领带动作用，完善区域创新平台，健全区域创新创业生态系统，深度融入全球创新网络，促进各类创新资源综合集成，大力推动大众创业、万众创新，激发各类创新主体、创业人才的动力活力，努力在创新创业方面走在全国前列。

内陆地区双向开放新高地。完善连接国内主要城市群的综合运输通道，构建横贯东中西、联结南北方的开放经济走廊，全面加强与周边地区和国内其他地区的合作互动；强化郑州航空港和其他重要交通枢纽的对外开放门户功能，打造对内对外开放平台，营造与国内外市场接轨的制度环境，加快形成全方位、多层次、宽领域的双向开放格局，形成具有全球影响力的内陆开放合作示范区。

绿色生态发展示范区。牢固树立和践行生态文明理念，加强生态环境保护，传承弘扬中原优秀传统文化，推动历史文化、自然景观与现代城镇发展相融合，打造历史文脉和时尚创意、地域风貌和人文魅力相得益彰的美丽城市，建设生态环境优良的宜居城市群。

二、主要目标

近期目标。到 2020 年，中原城市群整体经济实力明显增强，布局合理、功能完善、大中小城市和小城镇协调发展的现代城镇体系基本形成，常住人口城镇化率超过 56%；先进制造业、战略性新兴产业、现代服务业和现代农业加快发展，优势产业集群不断发展壮大；交通、信息、能源、水利等基础设施共建共享、互联互通水平显著提升，多层次、一体化的生态网络基本建成，地级及以上城市空气质量达标比例、地表水达到或好于Ⅲ类水体比例均完成国家指标；基本公共服务体系一体化水平稳步提升；多层次、立体化的开放平台支撑体系基本形成，实际利用外资、对外贸易保持中西部地区领先地位，基本建成经济发展充满活力、创新能力大幅提升、基础设施高效互联、生态环境持续改善的国家级城市群，区域竞争力和国际影响力明显提高。

远期目标。到2025年，现代基础设施网络全面形成，城市群一体化发展全面实现，综合经济实力和在全国发展大局中的地位快速上升，人口与经济集聚度进一步提高，带动全国发展的新增长极地位更加巩固，参与全球经济合作与竞争的能力大幅跃升。

三、空间布局

坚持核心带动、轴带发展、节点提升、对接周边，推动大中小城市和小城镇合理分工、功能互补、协同发展，促进城乡统筹发展，构建布局合理、集约高效的城市群一体化发展格局。

1. 一核四轴四区

“一核”，即郑州大都市区。支持郑州建设国家中心城市，加快郑州航空港经济综合实验区、郑洛新国家自主创新示范区、河南自由贸易试验区和跨境电子商务综合试验区建设，强化物流及商贸中心、综合交通枢纽和中西部地区现代服务业中心、对外开放门户功能，全面增强国内辐射力、国内外资源整合力。推动郑州与开封、新乡、焦作、许昌四市深度融合，建设现代化大都市区。

“四轴”，即“米”字形发展轴线。一是陇海发展主轴。发挥陆桥通道优势，提升郑州、洛阳、开封、三门峡“一带一路”建设重要节点城市功能，增强运城、商丘、淮北、宿州、菏泽等沿线节点城市经济人口承载能力，联合打造电子信息、汽车及零部件、装备制造、有色金属、生物医药、能源化工等产业集群，形成具有较强实力的先进制造业和城镇集聚带，强化对新亚欧大陆桥国际经济走廊的战略支撑作用。二是京广发展主轴。依托京广通道，发挥郑州的辐射带动作用，提升邢台、邯郸、安阳、鹤壁、新乡、许昌、漯河、驻马店、信阳等城市集聚能力，引导食品加工、高端装备制造、生物医药、精品钢铁、电子信息、节能环保、现代家居等产业加快集聚，打造沟通南北的城镇产业密集带，密切与京津冀、长江中游城市群等的联系。三是济南—郑州—重庆发展轴。依托郑（州）济（南）、郑（州）万（州）高速铁路建设，加速形成综合运输通道，强化聊城、濮阳、平顶山、南阳等节点城市和沿线中小城市支撑作用，培育发展装备制造、能源化工、特色轻工等产业，形成对接成渝城市群、沟通山东半岛城市群的城镇发展带。四是太原—郑州—合肥发展轴。加快郑（州）合（肥）、郑（州）太（原）高速铁路、跨区域高速公路和城际快速通道建设，推动长治、晋城、焦作、济源、周口、阜阳、蚌埠等城市扩容提质，加快装备制造、纺织服装、食品加工、生物医药、汽车及零部件等产业集聚发展，构建连接长江三角洲城市群、山西中部城市群的城镇和产业集聚带。

“四区”。突破行政壁垒，创新体制机制，促进省际相邻城市合作联动，加快构建跨区域快速交通通道，优化产业分工协作，推动教育、科技、文化、生态等资源共享，培育北部跨区域协同发展示范区、东部承接产业转移示范区、西部转型创新发展示范区、南部高效生态经济示范区，打造城市群新的增长区域和开放空间。

2. 城市之间分工

郑州大都市区建设。以郑州国家中心城市建设为契机，以航空港经济综合实验区、自主创新示范区、自贸区建设为抓手，进一步强化国际开放门户和多式联运物流中心功能，建设国家级“双创”示范基地和区域经济、文化、商贸中心，打造集中体现区域竞争力的大都市区核心区，进一步发挥辐射带动作用。发挥公共交通复合廊道对空间发展的引导作用，推动核心区产业和服务功能向周边县（市）拓展，培育形成特色制造中心和新增人口集聚地，打造发展新空间。提升开封、新乡、焦作、许昌集聚产业和人口能力，打造具有较强辐射力和综合服务功能的大都市区门户，促进与大都市区核心区联动发展。推进大都市区一体化综合交通网络建设，打造以轨道交通和城市快速路网为主体的通勤圈，完善一体化发展的体制机制，促进功能互补和公共服务共建共享，形成网络化、组团式、集约型的大都市区空间体系。

区域中心城市建设。以优化城市形态、提升现代服务功能为重点，有序推进新城区建设和老城区改造，推动中心城区产业高端化和功能现代化，增强引领区域发展的辐射带动能力。进一步提升洛阳副中心城市地位，支持长治、邯郸、聊城、安阳、蚌埠、阜阳、商丘、南阳等建设成为区域中心城市。推动基础条件好、发展潜力大的中心城市与周边县城组团式发展，形成300万人口以上的大型城市。

重要节点城市建设。支持工业基础较好的漯河、济源等城市加快产业高端化发展，壮大城市规模和综合实力。支持周口、信阳、驻马店、菏泽、运城等传统农区城市在严格控制建设用地总量和开发边界的前提下，加快新型工业化城镇化步伐，大力发展制造业和服务业，加快人口集聚。支持平顶山、鹤壁、濮阳、三门峡、宿州、淮北、亳州、邢台、晋城等资源型城市加快培育接续产业，实现资源开发与城市建设协调发展。

现代中小城市建设。以县级城市为重点，加强产业和公共服务资源布局引导，提升基础设施和公共服务供给能力，吸引农业转移人口加快集聚。推动基础条件好、发展潜力大、经济实力强的县级城市发展成为50万人以上的中等城市，其他有条件的县城发展成为20万人口以上的小城市。深化省直管县（市）改革，支持具备行政区划调整条件的县有序改市。深入推进中小城市综合改革试点。

特色小城镇建设。把小城镇作为带动农村地区发展的支点和载体，重点选择区位条件优越、基础好、潜力大的小城镇，发展特色产业，传承传统文化，加强生态环境保护，完善市政基础设施和公共服务设施，打造一批具有特色优势的休闲旅游、商贸物流、电子信息产业、先进制造、民俗文化传承、科技教育等魅力小镇。开展经济发达镇行政管理体制改革试点。

四、产业集群

1. 先进制造业集群

落实《中国制造2025》战略，以提高制造业基础能力和创新能力为重点，推进信息技术与制造技术深度融合，加强产业分工协作，促进产业链上下游深度合作，在电子信息、高端装备制造等领域推动新型工业化产业示范基地建设，努力打造具有国际竞争力的优势产业集群，在部分领域引领全国先进制造业发展。加大钢铁、冶金、化工、建材、原材料等传统支柱产业的绿色改造升级和落后过剩产能淘汰力度，打造具有全球竞争力的精品原材料等产业基地。推动大数据、互联网、云计算、物联网等新一代信息技术对传统制造企业的改造，加快产品和技术的升级换代。开展智能制造示范行动，在重点领域推进智能制造、大规模个性化定制、网络协同制造和服务型制造，建设一批智能工厂和数字化车间。

装备制造产业集群。重点发展智能电气装备、冶金矿山及石油大型成套装备、工程装备、现代农机、轨道交通装备、节能环保与新能源装备，建设重要智能装备基地；加快汽车产业发展和产品升级，建设具有较强竞争力的客车生产基地，推动专用车产品创新发展，配套建设特色汽车零部件集群。

消费品产业集群。以冷链食品、面制品、肉制品、休闲食品、饮料、油脂、果蔬等为重点，建设千亿级食品产业集群，打造一批全国知名绿色食品品牌，支持漯河“中国食品名城”建设。发展中高端服装、环保家居、智能家电、制鞋、箱包、发制品、贵金属与珠宝玉石等产业集群。

2. 战略新兴产业集群

瞄准技术前沿，把握产业变革方向，充分发挥郑州、洛阳、新乡、南阳、蚌埠、聊城、邯郸、邢台、运城、长治等城市创新优势和国家高技术产业基地引领带动作用，加强统筹布局和分工协作，联合打造一批创新园区和战略性新兴产业基地，突破产业链关键技术，研究发展全产业链、全生命周期、全溯源链的计量测试技术，加快培育形成生物医药、先进材料、机器人、新能源、新能源汽车等产业集群。

生物医药。重点发展化学创新药、现代中药等优势产品，积极发展生物技术药物和新型医疗器械，加快生物类似药规模化发展和新型疫苗创制，培育壮大一批生物医药产业基地和现代中药产业基地。

先进材料。重点发展电子功能材料、生物基材料、新能源电池材料、超硬材料等特种功能材料，加快高强高模碳纤维、高性能镁合金及精深加工、玻璃深加工及镀膜玻璃、钨钼战略材料、高性能新型铝镁合金研发和制品产业化，积极发展石墨烯、纳米材料、超材料等前沿性材料，推动特色新材料产业集聚发展，建设一批优势突出的特色新材料产业基地。

电子信息产业集群。以郑州航空港经济综合实验区为龙头，建设智能终端研发生产基地。培育高端软件、信息安全、物联网、云计算、大数据等产业集群，建设电子终端、可穿戴设备、网络通信、半导体照明、数字视听、北斗导航定位等电子信息产业集群。

机器人。依托机器人产业联盟，突破机器人整机、精密减速器、高性能机器人专用伺服电机、高速高性能控制器等关键零部件及系统集成技术，重点发展工业机器人、特种机器人，积极发展服务机器人，建设智能机器人制造基地。

新能源汽车。重点发展纯电动和混合动力汽车、燃料电池汽车等新能源汽车，提升动力电池、驱动电机、先进变速器等核心部件的产业化能力，突破安全性、可靠性、结构轻量化等关键核心技术，加大无人驾驶客车研发，建设新能源汽车研发制造基地。

基因检测。依托河南省基因检测技术应用示范中心，积极推进基因检测技术在高发肿瘤、遗传性疾病、心脑血管疾病和感染性疾病等重大疾病防治上的应用。加强与国内外机构合作，促进基因组学研究成果在健康服务、生物育种、精准医疗等方面的应用。

3. 现代服务业集群

加快发展现代服务业。以促进产业转型升级和提高分工效率为导向，重点发展现代物流、现代金融、商务服务、研发设计、信息与软件服务等行业，加快发展服务外包产业，推动生产性服务业进一步细化专业分工，提升专业化水平。以提升便利化、精细化、品质化水平为导向，加快发展与人民生活密切相关的旅游、文化、现代商贸、健康养老等领域，丰富生活服务业供给。充分发挥各类服务业试点示范的引领带动作用，探索完善促进服务业加快发展的体制机制。

现代物流。加快郑州国际物流中心建设，推动国家物流园区节点城市和省级区域节点城市物流基础设施建设与互联互通，布局建设一批现代综合性和专业性物流园区、综合批发交易市场，支持物流企业建立合作联盟，推动中原城市群物流服务一体化。

现代金融。加快发展普惠金融、绿色金融，大力发展多层次资本市场，促进金融与互联网深度融合，构建具有较强融资能力的区域金融服务体系，加快推进郑东新区金融集聚核心功能区建设，打造区域性金融中心。支持郑州商品交易所产品创新和对外开放。

商务服务。大力发展总部经济和会展经济，推动广告、咨询、商务中介、人力资源服务等行业向“专精特优”方向发展，培育一批知名度高、公信力强的商务服务品牌。

现代商贸。依托中心城市建设一批全国性、区域性商贸流通中心，推动传统商圈向主题型、体验式、智慧化商业中心转型，支持商贸流通企业线上线下交易融合发展。

旅游。推动建设一批文化旅游名城。加强跨省旅游风景道建设，联手开发黄河沿线、淮河沿线、南水北调源头、明清黄河故道、隋唐运河、京杭运河、太行山、伏牛山、桐柏—大别山等跨省旅游资源，研究建设中原山水度假旅游区。加大联合旅游营销力度，壮大区域旅游联盟，推动形成区域性旅游联合体。

文化产业。推进文化创意、设计服务与相关行业交互融合，大力发展网络视听、移动多媒体、数字出版、动漫游戏等新兴文化产业，培育具有核心竞争力的创意设计龙头企业和机构。依托特色文化资源，发展一批特色文化产业集群。加快建设开封宋都古城国家级文化产业园区、蚌埠大禹国家级文化产业示范园区，支持省级重点文化产业园区和新闻出版、广播影视产业基地（园区）发展，打造一批海外文化传播平台和文化出口示范基地，创建国家级文化和科技融合示范基地。

健康养老。加快构建以居家为基础、社区为依托、机构为补充的多层次养老服务体系，推进养老服务设施协同规划，建设一批区域性健康养老示范园区。依托中医药优势规划建设一批区域性中医养生中心。

4. 现代农业集群

发展壮大现代农业集群。严格落实耕地保护制度，全面划定永久基本农田，高水平推进粮食生产核心区建设，巩固提升全国重要粮食生产基地地位。加快转变农业发展方式，引导农村土地经营权有序流转，发展多种形式适度规模经营。加快农业结构调整，推进农村一二三产业融合发展，建设新型农业现代化先行区。合作构建优质奶业、小麦、瓜果、花生、专用玉米等一批优势农产品产业带，打造畜禽、花卉、苗木、水果、蔬菜、油料、水产等绿色高效农林产品生产基地。优先布局一批国家现代农业示范区，支持建设中原现代农业科技示范区。培育壮大农业产业化龙头企业，延长农业产业链条，推进农产品生产、加工、物流、营销等一体化发展，打造一批全链条、高循环、高质量、高效益的现代农业产业化基地。发展一村一品，拓展农业多种功能，推进农业与旅游、教育、文化、健康养老等产业深度融合，发展观光休闲农业、创意农业、农业主题公园等新业态，打造一批设施完善、服务规范的都市生态农业园区和连绵区。

五、快速通道网络

1. 现代综合交通系统建设

对外运输通道。加快推进郑州航空港经济综合实验区建设，提升郑州新郑国际机场区域枢纽功能，持续改进航空网络通达性，拓展加密国际航线，构建连接全球重要枢纽机场的空中通道；支持洛阳机场发挥一类口岸功能，适时开辟国际客运航线。依托陆桥通道，向东拓展连接沿海港口群的铁路货运班列运输，向西加密开行至汉堡、卢森堡、法兰克福等欧洲主要城市的中欧班列（郑州），形成连通欧亚的国际物流通道。

综合运输网络。依托国家铁路网、国家公路网、内河航运等重大项目建设，提升京广、陆桥通道功能，建设济（南）郑（州）渝（重庆）、太（原）郑（州）合（肥）、聊（城）邯（郸）长（治）、沿淮通道，完善中原城市群对外运输主通道格局。全面建成“米”字形高速铁路网，推进“四纵六横”货运干线铁路建设，有序推进支线和地方铁路建设，加强国道省际衔接路段建设，提升与周边区域的陆运连通水平。优化城市群民航机场布局，规划建设一批支线机场和通用机场，加密与国内主要城市间的航线。加快推进淮河、沙颍河国家高等级航道建设，打通中原内陆地区直通华东地区的水运通道。

城际交通网络。以核心区和省际相邻城市互联互通为重点，加快发展城际铁路，有序推进支线和地方铁路建设。推动高速公路多路连通，加快繁忙路段增线扩容，开展普通干线公路瓶颈拥堵和低等级路段升级改造，实施农村公路畅通安全工程，打造中心城市间、中心城市与周边中小城市、小城镇间的复合型快速通道，推动城市群交通网络化、一体化发展。

郑州大都市区交通网。加快发展郑州城市轨道交通，建设连接周边组团的市域（郊）铁路，实施干线公路城区段外迁，布局货运专用通道，形成以轨道交通为骨干、城市快速路网为基础的都市区交通廊道。做好城市轨道交通、城际铁路与国家铁路网的衔接，适度增加高速公路城市出入口数量和通行能力，规划建设衔接综合客运枢纽的大容量公交线路和停车换乘设施，确保都市区内外交通衔接顺畅。

综合交通枢纽功能。按照“零距离换乘、无缝化衔接”要求，持续完善郑州站、郑州东站和郑州新郑国际机场三大枢纽场站功能，建成郑州南站等一批枢纽场站，加快航空港、铁路港、公路港三大物流园区建设，将郑州打造成为国际性枢纽城市。推动其他城市发展集多种交通方式于一体的综合客运枢纽、货运枢纽（物流园区），建设洛阳全国性枢纽，阜阳、菏泽、商丘、南阳、安阳、许昌等区域性枢纽，以及蚌埠、聊城、邯郸、新乡、长治、三门峡、漯河、信阳、运城、邢台等地区性枢纽，形成布局合理、层级明晰、分工明确的现代综合交通枢纽体系。

2. 信息网络系统建设

信息网络设施建设。以实现全域互联、智能感知、数据开放、融合应用为目标，推进信息基础设施演进升级和超前布局。发挥郑州国家级互联网骨干直联点综合带动作用，高效疏通河南、山东、山西、安徽等省网间流量。支持建设直达国际通信出入口的国际通信专用通道。推进城际骨干网、城域网升级改造，优化信息通信网络结构。完善城市群新一代高速光纤网络，实现用户千兆接入。支持郑州、洛阳、邯郸等市开展 5G 网络建设试点，实现无线局域网主要公共场所全覆盖，打造“无线城市群”。加快郑州国家下一代互联网示范城市建设。

信息资源与服务共享。加快国家大数据综合试验区建设，联合开展大数据应用示范，建成国家交通物流大数据创新应用示范区和粮食大数据创新应用先行区。推进郑州、洛阳国家级大型数据枢纽建设，优先布局电信、互联网、金融、证券、保险、物流等国家和区域后台服务中心，共建中部数据汇聚交互基地。制定政务信息资源目录和开放办法，建设城市群统一的政府数据共享交换和开放平台，推进公共数据资源开放共享和社会化开发应用。协同推进智慧城市试点建设，建立统一标准，开放数据端口，建设一体化公共应用平台，打造智慧城市群。

网络安全保障体系。加强通信网络、重要信息系统和数据资源保护，增强信息基础设施可靠性，提高网络治理和信息安全保障水平。加强智慧城市网络安全管理，建立健全城市群通信网络和信息安全应急体系衔接机制，促进网络信息应急安全事件处置规范化。开展城市群无线电协同监管。

第三节　中原城市群空间结构优化模式

中原城市群区域空间结构优化模式与全球尺度、国家尺度、区域尺度的城市群空间结构模式一样，即廊道组团网络化模式。中原城市群廊道组团网络化空间结构优化模式主要包括“两主两副两环多组团”四个方面（见图 7-1）。

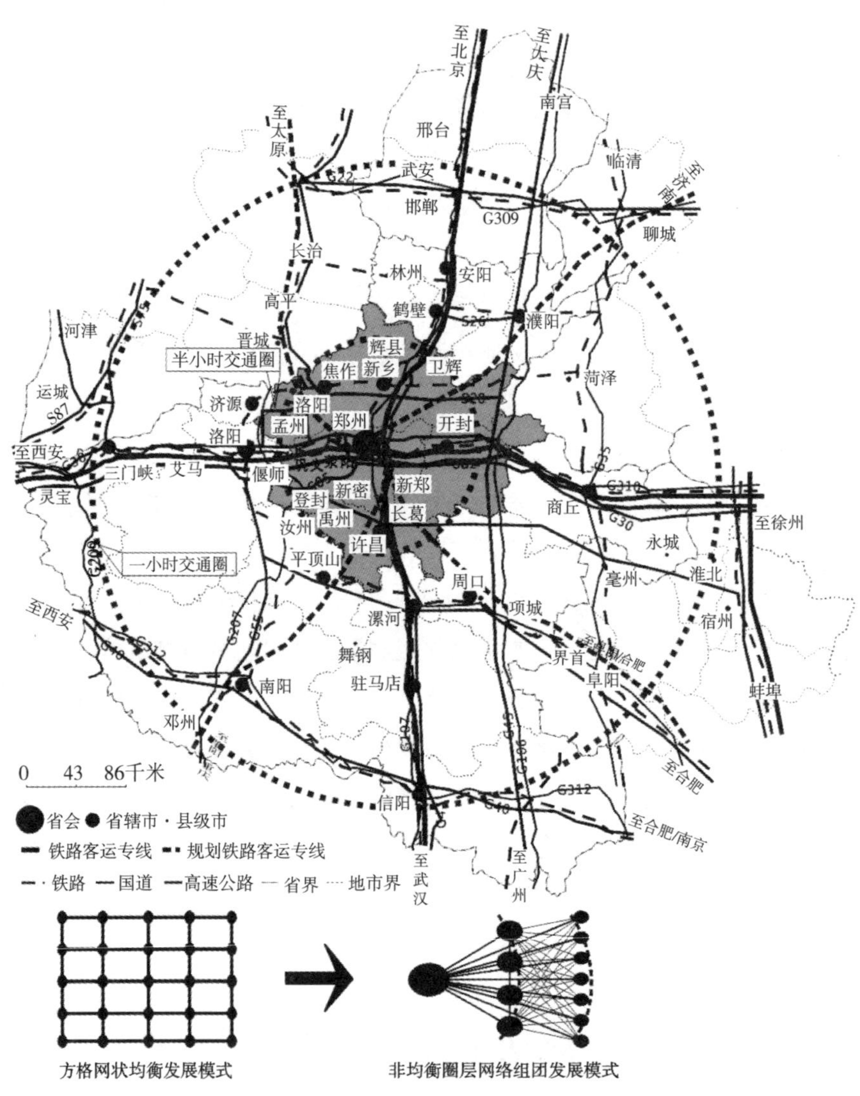

图 7-1　中原城市群城市空间结构演化趋势

一、“两主”

一是东西走向的陇海复合轴线，由东西走向的徐兰铁路客运专线、陇海铁路、连霍高速公路、G310 以及黄河等组合而形成的复合型通道，也是我国提出的“一带一路”战略中“一带”的重要组成部分。陇海复合轴线上分布有郑州市、洛阳市、开封市、商丘市、三门峡市、运城市、巩义市、偃师市、荥阳市、永城市、函谷关镇、芒山镇等国家中心城市、区域中心城市、重要节点城市建设、现代中小城市建设、特色小城镇，该轴线已经成为中原城市群区域中经济最密集、发展活力较强的重要轴线之一。二是南北走向的京广复合轴线，由京广铁路客运专线、京广铁路、京港澳高速公路、G107 等组合而成的复合通道，是我国纵贯南北的一条重要复合通道。京广复合轴线上分布有郑州市、新乡市、许昌市、漯河市、鹤壁市、安阳市、驻马店市、信阳市、邯郸市、邢台市、新郑市、长葛市、禹州市、卫辉市、武安市、沙河市、竹沟镇、神垕镇等国家中心城市、区域中心城市、重要节点城市建设、现代中小城市建设、特色小城镇。

二、“两副”

一是济南—郑州—重庆东北西南向复合轴线，主要有即将建成的郑（郑州市）济（济南市）铁路客运专线、郑（郑州市）万（重庆市万州区）铁路客运专线、许（许昌市）平（平顶山市）南（南阳市）高速公路、G1511 等组合而形成的复合通道，分布有郑州市、新乡市、开封市、濮阳市、菏泽市、聊城市、许昌市、平顶山市、南阳市、邓州市、禹州市、汝州市、新郑市、临清市、神垕镇、石佛寺镇、恼里镇等国家中心城市、区域中心城市、重要节点城市建设、现代中小城市建设、特色小城镇。二是太原—郑州—合肥西北东南向复合轴线，主要依托即将建成通车的郑（州）合（肥）铁路客运专线、郑（州）太（原）铁路客运专线、太（太原市）焦（焦作市）铁路、二广高速公路、机（新郑机场）西（西华县）高速公路、南（南京市）洛（洛阳市）高速公路等形成的复合通道，分布有长治市、晋城市、焦作市、济源市、郑州市、周口市、阜阳市、蚌埠市、新郑市、项城市、界首市、邓城镇等国家中心城市、区域中心城市、重要节点城市建设、现代中小城市建设、特色小城镇。

三、“两圈”

具体包括半小时辐射圈和 1 小时辐射圈。前者主要是指由国家中心城市郑州市至郑州大都市区范围内的开封市、新乡市、焦作市、许昌市最快时间距离控制在半小时以内，形成半小时辐射圈。目前已建成郑（郑州市）开（开封市）城际铁路、郑（郑州市）焦（焦作市）城际铁路，郑州至新乡、郑州至许昌由铁路客运专线替代。后者主要指由国家中心城市郑州市到中原城市群区域内的城市将实现 1 小时左右到达，形成 1 小时辐射圈。目前处于徐兰以及京广铁路客运专线上的城市基本实现这一目标，待“米”字形铁路客运专线建成通车后，郑州市至中原城市群区域内的多数城市基本可以实现 1 小时左右到达，届时 1 小时经济辐射圈基本形成。

四、“多组团”

因空间尺度不同，将形成不同层级的多个组团。在国家尺度层面上，将形成以郑州国家中心城市为中心的中原城市群（城市组团）以及郑州大都市区组团（郑州市、开封市、许昌市、新乡市、焦作市）；在区域尺度层面上，将形成诸如安阳—邯郸城市组团、周口—阜阳城市组团、长治—晋城组团等；在地方尺度层面上，将形成郑州中心城区以及周边的郑州航空港组团、中牟组团、巩义组团等城市组团，以及南阳—镇平—邓州组团等（见图 7-2）。

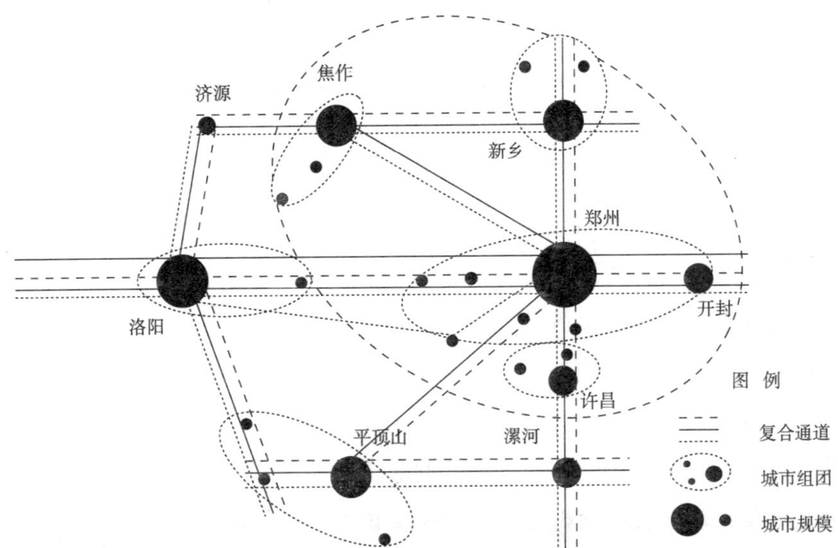

图 7-2 中原城市群部分地区“廊道组团网络化”空间结构优化组合模式

第四节 中原城市群生态空间结构优化模式

根据中原城市群“廊道组团网络化模式”等空间结构特点，城市群区域的自然生态环境条件、生态系统脆弱性分析，以及中原城市群中长期社会经济发展预测，构建科学合理的城市群生态空间结构模式。具体包括城市群域内各种生态功能区的确定，城市群区域自然和人工绿色基质、绿色生态走廊通道、自然绿色生态通道、生态隔离带的确定，城市群区域基本农田保护区的确定，城市群生态缓冲区的确定，自然灾害、生态敏感区等生态风险预测等。最终使中原城市群生态空间结构既能促进和保护经济社会发展，又不使其生态系统遭到破坏。

一、城市群生态空间结构优化模式

根据中原城市群区域的自然地理条件，该区域的生态基质主要包括山地森林生态基质和平原农区生态基质两大类型。山地生态基质（生态屏障）位于中原城市群区域的西部、南部地区，主要包括：秦岭余脉、太行山脉、桐柏山脉、大别山脉，是一些河流的发源地，山高坡陡，土质疏松，生态环境极其脆弱。该区域属于限制开发区域，应封山育林，增强生物多样性，提高生态环境质量，为河流下游地区提供良好的生态屏障。农区生态基质主要位于中原城市群区域的中东部地区，是华北平原的重要组成部分。该区域地势低平，开发历史悠久，是我国人口密集地区，也是生态环境较为脆弱的地区之一。尤其是郑州花园口以下的黄河两岸地区，是中国历史上有名的黄泛区，生态环境遭到较为严重的破坏。但该区域至今仍是我国重要的商品粮、商品棉生产基地。该区域必须严格实施基本农田保护条例，严格保护农田；对区域内盐碱化、沙化地区要及时进行治理；积极进行田边地头的农田防护林建设；合理安排耕作，有序推进休耕制度，以提高农区生态基质的生态环境承载能力，支持中原城市群区域的经济社会环境健康可持续发展。

中原城市群区域的生态斑块主要为：低山丘陵斑块和城乡居民点生态斑块。低山丘陵斑块是指分布于中东部农区的低山丘陵，对其进行保护绿化，以改变农区生态基质的单一性，增强生物多样性，提高生态环境质量。城乡居民点生态斑块是指位于平原或山前平原地区的城市以及散布的农村居民点，必须按照生态城市、生态乡镇、美丽乡村的要求进行生态建设：优化重组每个城市或乡村的生态空间结构，尤其是城市的生态空间结构，使城市建成区的生态基质、生态斑块、生态廊道等连接为一个有机整体；同时在建筑物的顶部、前后左右合理进行绿化，使各个城市或乡村成为镶嵌于农区的一个个生态斑块，达到增强生物多样性的目的，使每个城市都能够建设成为“宜居城市”。

中原城市群区域的生态廊道主要为：河流廊道、交通廊道、大型工程廊道等。中原城市群区域的河流主要包括黄河水系、长江水系、淮河水系、海河水系，由其干流及其支流纵横交织，组成河流廊道系统。要保持河流廊道正向生态流的畅通无阻，首先要对沿河污水注入进行严厉整治，其次要沿河进行生态建设，使上述河流真正成为中原城市群区域的生态廊道。尤其是黄河、淮河等河流东西横贯城市群区域，黄河、淮河沿线湿地保护、滩涂绿化形成的生态廊道是中原城市群区域生态空间结构优化的重要组成部分。中原城市群区域的交通建设包括公路（含高速公路）、铁路（含铁路客运专线）等通道的建设。通道沿线要加强绿化，使其成为生态廊道。大型工程廊道主要指南水北调中线工程建设和平原防护林带建设。南水北调中线工程纵贯南北，工程沿线要及时进行生态建设，构成生态廊道。

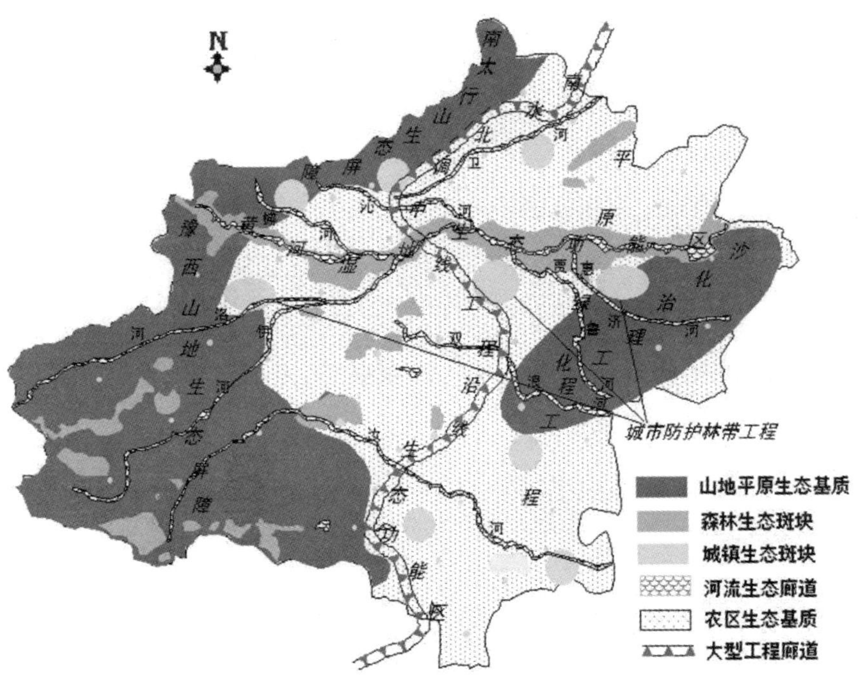

图 7-3　中原城市群（部分地区）生态空间结构优化重组组织模式

由图 7-3 可以看出，中原城市群区域的生态基质、生态斑块、生态廊道相互连接在一起，使城市群区域的生态系统成为一个有机整体，这种优化的空间组合与生态功能区质量的提高共同作用，将进一步提高中原城市群区域的生态环境承载能力，有力地支撑城市群区域经济社会的可持续发展。

二、城市群生态空间结构优化措施

1. 规划通道建设导向

根据中原城市群区域的具体情况，认真做好城市群发展规划及各专项规划，通过规划约束以及城市群区域通道建设（包括机场、高速公路、高速铁路、城市群内联络线、城市轻轨在内的高效、快速综合交通运输体系等），通过通道建设引导形成产业集群，优化生态空间格局。

2. 产业集群支撑

依据国内外经济形势及中原城市群的具体情况逐步形成先进制造业、战略新兴产业等产业集群，使大中小城镇各具特色。同时还要用工业理念发展现代农业，在中原城市群区域逐步形成优质小麦生产基地、沿黄优质无公害水稻生产基地、黄河滩区绿色养殖带、中原肉牛产业带、南部花卉苗木特色农业带等，形成现代农业产业集群，使农业发展与二三产业发展有机地结合在一起，提高农业集约化程度，应变国内外市场供求变化状况。依托中原城市群区域交通便利，尤其是郑州交通、信息综合枢纽优势，积极发展生产性第三产业，逐步形成郑州物流枢纽、期（现）货交易中心、金融证券中心和信息中心等，积极发展科教文卫事业，开发旅游精品，发展文化产业，不断完善社会化服务体系。

3. 新农村建设

目前，农村建设过程中还存在着农业发展粗放经营，化肥农药过量使用，土地片状污染严重；乡镇企业分散布局，“三废”排放不加任何处理；原有村落过密状况将导致农村居住用地过多，降低了土地利用效率，同时还造成农村住宅建造散乱无序，农村环境条件较差等问题。因此，在中原城市群的新农村建设过程中科学制定乡村建设规划、加速推进农业产业化、加快乡镇企业整合过程、加强农村科技文化教育、完善农村社会化服务体系、积极推进农村民主化进程，以提升乡村地区生态环境质量，优化乡村地区生态空间结构，提高乡村地区生态环境承载能力。

4. 生态建设

主要是通过生态建设、生态修复等生态手段，合理开发利用水资源、矿产资源、土地资源以及动植物资源等，最终提高生态环境容量和生态环境质量，使经济社会环境相互协调可持续发展。中原城市群区域生态建设主要包括：黄河湿地生态功能区、南水北调中线工程沿线生态功能区、豫西山地生态屏障、南太行山绿化工程、平原绿化工程、沙化治理工程、城市防护林带建设工程、河流生态廊道建设工程、源头治理工业“三废”工程以及城市内部生态建设工程等。

5. 创新发展

随着人类社会步入知识经济时代，创新正成为社会经济活动的核心，也是影响城市生态空间结构优化重组的重要因素。关于创新，具有包括技术创新、体制创新、政策创新、法制创新、思维创新等。创新组织与管理使城市群区域生态空间结构优化重组，可产生良好的生态效益，使城市群生态系统步入良性循环状态。通过不断创新使城市群区域生态承载力不断增加，城市群生态空间结构向着合理有序的方向发展。

第五节　中原城市群结构功能优化升级趋势及建议

一、中原城市群结构功能优化升级趋势

1. 城市群产业结构转型升级

城市群产业结构转型升级，就是根据城市群区域的比较优势和外部环境条件，对各层次产业进行整理，淘汰落后产业，改造传统产业，转变经济增长方式，积极发展具有比较优势的新兴产业和高新技术产业，

重点发展特色产业集群，与全球产业链进行有效对接，及时进行产业转型升级，实现城市群产业结构重构和空间重组，形成城市群区域竞争优势。城市群产业结构优化是以劳动地域分工为基础，以协作联合为主导，包括内部组织性和组织化程度改善，外部协调性和协调化程度提高，尤其是上、下游产业以及旁侧产业的衔接度增强，产业集中度提高，空间结构合理。最终形成城市群区域比较优势资源（尤其是特色优势资源）得以高效循环利用的不同层次的联系紧密的特色产业集群，经济社会环境健康协调发展，综合竞争能力不断提高，城市群结构不断优化、功能不断升级。

中原城市群区域要积极培育特色产业集群，要围绕比较优势资源（特色资源）发展壮大相关主导产业，拉长产业链条，围绕特色产业链条使城市群区域各城市之间形成合理分工，形成有相关配套产业支撑的特色产业集群。即城市群区域内各城市就同一产业或相近的几个产业能够分工合作，形成密切的产业联系。城市群区域核心城市与一般城市、城市与乡村之间存在着较大差异，空间集聚能力也存在着较大差异，各城市应从改善要素条件入手，通过市场机制打造城市群区域特色产业集群。城市群区域各城市政府应对本区域的比较优势资源进行梳理，通过城市群区域各城市之间的规划与协调，实现城市之间的错位发展和互补发展，并从构建城市群特色产业集群的高度出发，进行有效的资源配置和利用，达到城市群区域产业协调发展、合作发展的共赢目标。

2. 城市群生态结构优化

随着世界城市化水平的不断提高，城市群非农区域不断蔓延扩大，农区等生态功能区面积不断缩小，河流等生态廊道遭到极大破坏，严重阻断了土地呼吸、植物生长、水系循环，尤其是生态流的交换。从城市群内部来看，要保持或不断提高生态环境舒适程度主要有两个途径：一是直接提高城市群区域生态功能区质量，扩大生态环境容量；二是优化重组城市群生态空间结构，使城市群区域各生态功能区的服务功能产生“1+1>2”的效果。城市群生态环境结构优化必须从生物的生态学属性、生态功能区的完整性、自然环境特征和经济社会条件出发，通过对现有生态功能区的优化组合或引入新的成分，调整或构建合理的城市群生态空间格局，使整体生态功能最优（生态环境容量最大），达到经济社会活动与自然过程的互利共生、协同进化，实现自然保护、生物多样性和生态景观的可持续利用。城市群区域生态廊道、生态基质、生态斑块、生态节点等生态功能区有机耦合而形成的“廊道组团网络化”格局是城市群区域生态环境结构优化的重要模式之一，它与经济社会发展的有机耦合，是城市群结构优化与功能升级的基础。要及时构建政策、规划、交通道路建设、产业集群培育、经营管理、自然生态环境约束等导向机制，引导城市群各项城乡建设更加符合自然生态环境正向演变要求，逐步形成“廊道组团网络化”城市群生态空间格局，不断提高城市群区域各生态功能区质量，扩大生态环境容量，使经济社会环境可持续发展，人与自然和谐共处。

城市群生态环境结构优化过程必须因地制宜、充分合理地利用区域内的自然山水、河湖平原、居民点、人工建设工程等各类要素。要以大的自然地理单元为基础，构建生态基质；以分布其间的湖泊、城镇等生态环境条件为基础，营造生态斑块；架构城市群区域河流、交通道路、大型工程以及城市内部街道绿化等生态廊道网络，最终使生态基质、生态斑块、生态廊道、生态节点等各类生态功能区有机地衔接在一起，形成物质流、能量流高效流动的“斑块—廊道—基质”生态网络系统。中原城市群必须结合其自然地理条件进行生态空间结构优化，使生态空间结构与经济社会发展布局得到有机耦合（见图7-4）。

与此同时，城市群区域还必须大力加强生态建设。通过湿地、水源区和物种保护，绿化，土壤改良，源头治理工业“三废”以及城市内部生态建设、生态修复等手段，加强生态基质、生态斑块、生态廊道、生态节点等生态功能区建设，使城市群生态功能区质量提高与生态空间格局优化有机地结合起来，进一步提高生态环境容量，推动经济社会环境健康协调发展。

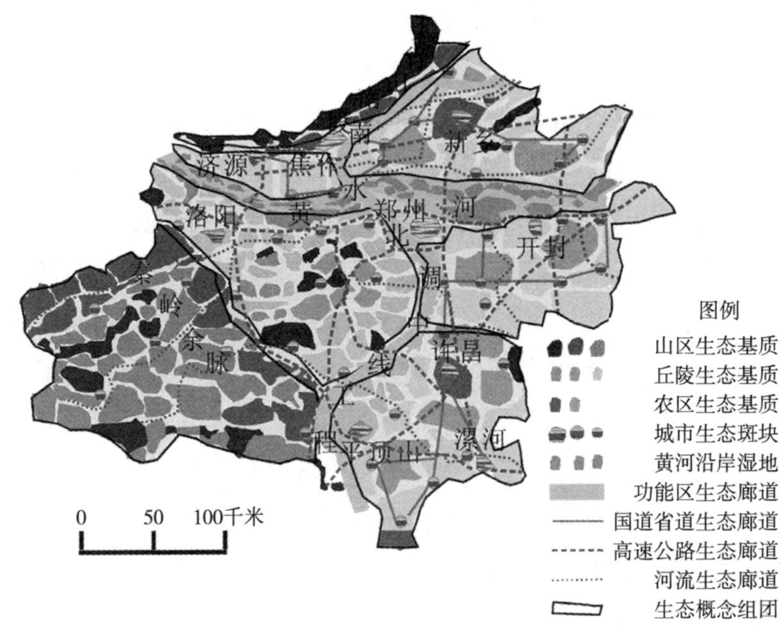

图 7-4　中原城市群区域（部分地区）廊道组团网络化生态空间结构优化组合模式

河流的发源地，山高坡陡，土质疏松，生态环境极其脆弱。坡度在25°以上的山地主要应以水源涵养林、自然保护区、森林公园等不同林相斑块为主，划定为禁止开发区域；坡度在25°～15°的山坡地应以植树种草为主，划定为限制开发区；坡度在15°以下的河谷地带、盆地主要应以城乡聚落、农田斑块为主，划定为重点开发区。其间通过河流、交通道路等生态廊道将其有机地连接在一起，形成山地生态组团。其生态功能为增强区域生物多样性，提高生态环境质量，继而成为中原城市群区域的生态屏障。

东部平原农区生态基质。包括黄河以北，南水北调中线工程两侧的两个生态功能组团；黄河以南，南水北调中线工程以东的两个生态功能组团。该区域地势低平，开发历史悠久，是我国人口密集的地区之一，也是生态环境较为脆弱的地区之一。尤其是郑州花园口以下黄河两岸地区，是中国历史上有名的黄泛区，生态环境破坏严重。然而，该区域至今仍是我国重要的粮棉生产基地，应划定为基本农田保护区。今后应严格实施基本农田保护条例，严格保护耕地；对区内盐碱化、沙化地区及时进行治理；合理安排耕作；积极进行田边地头农田防护林建设，提升农区生态环境容量。

中部丘陵生态基质。该区域处于黄河以南的西部山地与东部农区生态基质之间，应严格遵循“因地制宜”原则，科学发展农林牧渔各业，形成丘陵地区各生态斑块的有机组合。

生态斑块。①低山丘陵生态斑块，指东部农区内的低山丘陵，尤其是一些森林公园等，划定为限制开发区，对其进行保护绿化，以改变农区生态基质的单一性，增强生物多样性，提高生态环境质量。②城市生态斑块，主要处于平原或山前平原地区，划定为优化开发区，必须按照生态城市要求进行生态建设：优化城市生态空间结构，使城市建成区内生态基质、生态斑块、生态廊道等连接为一个有机整体；同时在建筑物前后左右及顶部进行合理绿化，最终使各个城市成为镶嵌于农区的一个个生态斑块，以达到增强生物多样性的目的等。

生态廊道。包括河流生态廊道、大型工程廊道、交通道路沿线生态廊道以及城市内部街道绿化生态廊道等。通过生态廊道建设，使各生态组团有机地连接在一起，形成“廊道组团网络化”城市群生态空间格局，并与“廊道组团网络化”城市群空间结构有机耦合，以中原城市群生态环境容量，推进中原城市群经济社会环境和谐发展。

3. 城市群空间结构优化

根据河南省城市空间结构现状特征与演化机制，结合“增长极”理论与全球城市化背景，为增强河南省整体经济实力，必须优先选择一些区位条件优越、经济社会基础较好的中心城市优先发展，继而带动其他地区发展。

（1）中心极化态势。2017 年郑州市 GDP 总量为 9913 亿元，占河南省 GDP 总量的 22%，在河南省辖市中排名第一。然而，与成都市（13889 亿元，占四川省 GDP 总量的 37.56%）、武汉市（13410 亿元，占湖北省 GDP 总量的 36.72%）等国家中心城市相比，郑州市经济总量规模以及占比仍具有较大发展潜力。近些年来，郑州市虽然有了长足的发展，但与成都市、武汉市等国家中心城市相比，郑州市的产业结构转型升级，尤其是拥有核心技术知识产权的高新技术产业发展仍很缓慢。随着郑州—焦作、郑州—开封、郑州—洛阳、郑州—新郑机场—许昌—平顶山、郑州—新乡的城际轨道交通以及郑州—合肥（郑合）、郑州—重庆（郑渝）、郑州—太原（郑太）、郑州—济南（郑济）铁路客运专线的建成通车（或正在建设中），郑州市的快速通道节点位置更加突出，通道枢纽地位进一步增强，极化效应进一步凸显。与此同时，郑州、开封、新乡、焦作、许昌 5 个城市组成的郑州大都市区建设也被提到重要的议事日程。在未来一定时期内，河南省中心城市“极化”仍将处于主导地位，城市空间结构也将由原来的“方格网状均衡发展模式”演化为“一核两圈八轴七点”的非均衡发展模式（见图 7-1）。

（2）“米”字形骨架格局。随着郑州城市首位度的进一步提高，其核心地位得以确立。与此同时，郑州市将沿城际轨道交通对周边的开封、新乡、焦作、许昌等城市产生更加紧密的联系，实现郑、开、新、焦、许 5 个城市的一体化发展，推动郑州大都市区快速建设；沿京广、郑西、郑徐、郑合、郑渝、郑太、郑济等铁路客运专线对安阳、鹤壁、濮阳、洛阳、三门峡、南阳、平顶山、漯河、驻马店、信阳、商丘、周口等城市产生辐射作用，最终形成有利于郑州国家中心城市“极化”的“米”字形放射状“一核两圈八轴七点”的廊道组团网络化空间发展模式（见图 7-1）。

（3）圈层空间布局模式。郑州大都市区的不断极化，尤其是城际轨道交通以及其他城际快速通道建设，使郑州与开封、新乡、焦作、许昌之间人流、物流、资金流、信息流、生态流的联系更加紧密，将形成河南省城市之间联系较为频繁的紧密圈层（半小时交通圈）。郑合、郑渝、郑太、郑济等铁路客运专线的规划建设，以及原有的京广、郑西、郑徐铁路客运专线等，将使郑州国家中心城市（建设中）与其他 13 个城市联系成为一个有机整体，形成外围洛阳、南阳、信阳、周口、商丘、濮阳、安阳7个地区中心城市，构成中原城市群的外围圈层（一小时交通圈），最终形成“一极两圈八轴七点”的圈层空间发展模式（见图7-1）。

在城市群产业结构与生态环境结构优化的基础上，城市群空间结构也将得到进一步优化。中原城市群30个城市进行了明确定位，将形成以郑州为中心、洛阳为副中心，其他城市为支撑，大中小城市分工协作、协调发展的“廊道组团网络化”城市群空间结构优化组合模式。中原城市群将形成“两主两副”复合型通道（分别由河流、铁路、国道、高速公路、铁路客运专线、光纤电缆干线等组合而成），中原城市群各具特色的产业集群与“廊道组团网络化”城镇空间格局的雏形已经显现（见图7-1）。

城市群空间结构优化措施主要包括：①成立城市群协调机构。互通信息，相互协作；共同进行经济、社会文化、生态环境规划整合；共同整顿市场。②实施“联通工程”。将城市群区域公路、铁路、航空、水运、管道等各种通道有机地连接起来，构成快速畅达的网络通道体系，加快生产要素流动。③构建城市群共赢机制。及时消除各城市之间的“行政区经济”束缚，积极培育城市群特色产业集群、特色名优品牌产品等，统一联动营销、对外宣传，最终达到资源共享、市场共享、效益共享和品牌共建之目的。

二、中原城市群结构功能升级建议

1. 加强郑州大都市区建设

城市的建设发展要彻底摆脱“就城市论城市”的狭隘发展思路，要从更广阔的视角、更大的尺度、更高的层次谋划城市的定位与发展。随着郑州国家中心城市定位的确立，其建设发展必须跳出郑州市的行政管辖范围，从国家尺度乃至全球视角谋划郑州市以及郑州大都市区的建设发展，形成郑州市、开封市、新乡市、焦作市、许昌市深度融合的现代化大都市区，从而使其交通区位优势、资源优势、社会文化优势进一步显现，以便于加强合作，产生“1+1>2”的效果，从而克服城市首位度较低之不利，不断提升郑州大都市区的吸引辐射功能，增强郑州国家中心城市职能。

郑州市作为大都市区的建设主体，又是河南这一人口大省的省会城市，应及早谋划大都市区的建设发展工作，及时整合区位重要、腹地广阔、人力资源丰富、文化底蕴深厚等比较优势，抢抓国务院支持郑州建设国家中心城市机遇，以及郑州航空港经济综合实验区、郑州—洛阳—新乡国家自主创新示范区、中国（河南郑州—开封—洛阳）自由贸易实验区以及中原城市群“三区一群”国家战略叠加优势，扬长补短，形成具有自身特色的在全球产业链条中占据重要环节的产业集群，形成经济社会环境健康、协调、可持续发展的良好格局。

2. 推动产业结构优化升级

进一步强化郑州大都市区各城市间的分工协作，不断完善基础设施建设，努力推进产业结构优化升级。鉴于郑州市第三产业占比较低的不利局面，要进一步提升服务业发展水平，尤其是现代生产性服务业发展水平。继续加强郑州期货交易平台、郑东新区高端金融业的建设发展，积极引进全球跨国公司或企业集团的区域性、功能性总部等，形成现代生产性服务业基地。努力推进郑州大都市区电子信息、汽车及零部件制造、高端装备制造等特色产业集群的健康发展，不断提升其国际竞争能力；培育发展壮大新一代智能终端、电子核心部件、制造装备等主导产业集群，形成先进制造业基地。促进“互联网+”业态创新，加快培育市场需求潜力巨大的体验经济、平台经济、共享经济、社区经济等新经济，形成“三产”融合健康发展的新格局。

3. 引进科学技术研发机构

不断加大公共财政的科技投入，尤其是研发经费投入，充分发挥财政支出在科技发展方面四两拨千斤的作用，进一步引导更多的企业创建科研平台，增加研发经费投入，保护知识产权，营造良好的科研氛围。

充分利用河南这一巨大市场，积极引进国内外高端实用的科研院所在郑州大都市区建设分支机构，或与河南的相关科研机构联合建设国家实验室、国家研究平台。进一步加大人才引进力度，持续做好高端人才引进工作。近期内要形成“不求所有，只求所用”的高端人才用人机制，以尽快扭转郑州大都市区高端科技人才少的不利局面。进一步提升郑州大都市区经济社会发展中的科技贡献率。

4. 重点培养自主创新能力

充分发挥郑州市、洛阳市等核心城市科研平台较多、科技人才荟萃等优势，把推进自主创新作为转变经济增长方式的中心环节，重点建设一批国家级实验室、国家级工程中心、面向企业的创新支撑平台和技术中心，加强科学技术基础能力建设，努力掌握核心技术和关键技术，增强科技成果转化能力。营造自主创新氛围，完善育人、选人、用人机制，加强知识产权保护。完善落实支持自主创新的相关政策，加大政府采购对自主创新产品的支持力度，充分发挥企业作为技术创新主体的作用。大力提高原始创新能力，大力加强集成创新能力，努力实现关键领域的整体突破，不断形成自主创新体系，最终使郑州市、洛阳市等核心城市成为中原城市群区域的创新中心和创新基地。

5. 营造创新创业良好氛围

“大众创业，万众创新”是郑州大都市区建设发展的不竭动力，是激发亿万中原儿女创新潜能与创业活力的有效途径。在郑州大都市区建设过程中，要进一步深化体制机制改革，加快政府职能转变，实现创新公共服务资源开放共享，营造良好的“双创”环境，释放更大的创新潜能和创业活力，形成多种多样的三产融合发展模式。

6. 努力完善配套设施建设

进一步完善基础设施配套建设，充分发挥郑州大都市区的交通区位优势，着力增强航空枢纽建设，不断提升郑州国际航空货运和洲际航空客运地位；进一步优化铁路枢纽布局，完善货运集疏系统，扩大中欧班列（郑州）服务范围；努力推进郑州大都市区航空、铁路、公路、出海港（国际陆港）一体协同发展，形成多式联运的国际物流中心，为三产融合发展提供有力支撑。

7. 强化生产性服务业培育

充分发挥郑州市作为中原城市群金融管理中心的资金、信息、人才等优势，积极推进金融体制改革和金融工具创新。以信息化带动工业化和农业现代化，促进中原城市群信息化水平和城乡经济运行效率提高，做强做大信息技术服务业。积极引进和培养科技服务人才，加大研发投入，提高研发水平，拓宽服务领域，形成功能社会化、服务产业化、手段现代化的科技服务体系。充分发挥核心城市郑州市的交通枢纽和综合辐射功能，整合物流资源，提升物流效率，构建物流基地、物流中心、物流配送中心等互为补充、协调发展的物流服务平台。积极引进国际知名的会计、法律、咨询、评估等中介企业，促进一批中介服务机构向集团化方向发展，形成立足郑州都市圈、辐射中原城市群、中部地区乃至全国的商务服务体系。加快大型现代化会展场馆建设，使核心城市郑州市成为国际化会展中心。

8. 实现有效对接合作共赢

新国际劳动分工导致世界城市体系重组，中国城市群也必将加入这次国际城市分工体系的重组竞争之中。中原城市群必须与同级城市群错位发展，与国家级乃至世界级城市群进行有效对接，才能争取到中原城市群在国家乃至世界城市网络体系中应有的地位。合作就是要从中原城市群的比较优势出发，建立城市群区域多功能协调体系和优化城市群主导功能。要及时做好中原城市群区域的产业整合、生态环境整合与空间整合，使中原城市群区域各部分、各行业能够有效配合，产生协同效应，最终实现共赢。

9. 始终坚持绿色发展理念

绿色是生命的象征，绿色代表美好生活的希望。绿色发展是党中央国务院提出的事关我国发展全局的一个重要发展理念，这就要求在郑州大都市区建设过程中必须始终坚持低碳发展、循环发展和绿色生态发展，为创建低碳绿色生态文明的郑州大都市区奠定良好基础。

10. 统筹城乡健康协调发展

城市的发展并不是孤立存在的。美国城市学家刘易斯·芒福德曾明确指出："城与乡，不能截然分开；城与乡，同等重要；城与乡，应当有机结合在一起，如果问城市与乡村哪一个更重要的话，应当说自然环境比人工环境更重要。"城市发展与乡村发展密不可分，城乡是一个有机整体。

因此，在统筹中原城市群区域的城乡健康协调发展过程中，要统筹城乡空间布局，统筹城乡产业发展，推进城乡生态对接；要围绕城乡统一路网和重点港站枢纽建设与运力、运量、运距以及中转集散功能开发，在国家中心城市郑州市集中发展一批具有较大影响的大型专业批发市场，使之成为区域性商品集散中心、名优特新产品汇聚中心和市场价格形成中心。加快中原城市群区域城乡信息基础设施建设，适时推进"三网"融合。研究编制中原城市群区域的村镇体系规划、城乡一体化规划，合理部署城镇空间格局，统筹城乡发展。加强中原城市群区域的资源环境保护、开发与建设，使其成为生态环境友好的具有较强竞争力的城市群区域。规划引导村落有效迁并，着力做好中心村建设，形成一批各具特色的、与城镇有效衔接的社会主义新农村。

第六节　结语与讨论

城市以及城市群的发展均具有突出的规模效益，在特定的发展时期规模过小或过大都会对其最佳综合效益产生相应的影响。根据中原城市群规划的总体定位和主要目标要求，其空间结构优化模式为"廊道组团网络化模式"，主要包括"两主两副两环多组团"四个方面。在此基础上，使中原城市群区域的生态基质、生态斑块、生态廊道相互连接在一起，使城市群区域的生态系统成为一个有机整体。这种优化的城市群空间组合，将使中原城市群的功能进一步提升、生态质量进一步提高，最终使城市群区域经济、社会以及生态环境之间互促互进，支撑城市群区域经济、社会、环境健康可持续发展。为此，中原城市群结构功能优化升级必须加强郑州大都市区建设，推动产业结构优化升级，引进科学技术研发机构，重点培养自主创新能力，营造创新创业良好氛围，努力完善配套设施建设，强化生产性服务业培育，实现有效对接合作共赢，始终坚持绿色发展理念，统筹城乡健康协调发展。

第八章　结论与创新点

第一节　结论

有关城市群空间结构演变过程及其形成机制的国外研究水平要高于国内研究水平，有关城市群空间发展模式的一些理念的提出主要源于国外，尤其是源于城市化水平较高、城市群发展较为成熟的国家和地区；国内城市群空间结构研究主要侧重于实证研究、物质研究，由于多种原因的影响研究方法主要侧重于定性描述，研究人员主要侧重于地理学者和城市规划学者。从综合视角研究城市群结构功能优化升级的相关成果较少。城市群结构功能优化升级研究将会引起更多专家学者的关注。

城市群结构功能优化升级模式构建需要遵循空间相互作用理论、层域理论、产业集群理论、生态学原理、生态系统有序理论以及可持续发展理论等。城市群区域产业转型升级、生态结构与空间结构优化之间是一种互利共生、协同进化关系。

城市群结构功能优化升级过程是在多种影响因子共同作用下进行的，不同时空条件下各影响因子作用强度存在较大差异。知识经济时代，自然生态环境、社会历史文化及新经济因素在城市群结构功能优化升级过程中发挥主导作用，但它们还是要通过传统的交通道路建设、规划编制及实施、产业集群等动力因素而发生作用。只有及时整合各种动力因素，才能使城市群结构得以不断优化，功能得到进一步提升。

中原地区良好的自然环境孕育了悠久的文明，使其成为我国古代文明的发祥地之一，也是我国城市最早的诞生地。中原城市群的历史发展演变过程主要经历了城市形成阶段、城市发展阶段、区域城市群组建阶段及国家城市群组建阶段四个阶段。目前，中原城市群的结构功能优化升级仍然存在着城市化水平低、中心城市弱小、城市呈方格网状均衡分布、各城市间经济结构雷同等诸多问题。

上述问题的存在，使中原城市群区域的自然生态环境遭到一定程度的破坏、产业集群没有得到相应的发展壮大、社会历史文化产生一些负面影响等，中原城市群区域生态空间格局遭到严重破坏。生态基质逐步碎化（西部生态屏障质量下降、中东部土地沙化严重）；生态廊道受阻（黄河湿地碎化、河流廊道消失等）；部分生态斑块消失；生态空间缺乏有机组合；生态环境容量逐步下降；等等。中原城市群各城市内部也存在着同样的问题。

中原城市群结构功能优化升级演变趋势。中原城市群发展规划明确指出：要着眼国家现代化建设全局，发挥区域比较优势，强化创新驱动、开放带动和人才支撑，提升综合交通枢纽、产业创新中心地位，把中原城市群打造成资源配置效率高、经济活力强、具有较强竞争力和影响力的国家级城市群，使其成为我国经济发展的新增长极、重要的先进制造业和现代服务业基地、中西部地区创新创业先行区、内陆地区双向开放新高地、绿色生态发展示范区。根据中原城市群区域空间结构演化趋势，必须及时推进“两主两副两环多组团”的廊道组团网络化空间结构优化进程，形成优质高效的经济社会与生态环境空间结构，及时做好城市群区域的产业转型升级，最终使中原城市群的结构功能不断优化升级。

因此，在今后的中原城市群建设发展过程中，必须进一步加强郑州大都市区建设，努力推动产业结构优化升级，加大引进科学技术研发机构力度，重点培养自主创新能力，营造创新创业良好氛围，努力完善配套设施建设，强化生产性服务业培育，实现有效对接合作共赢，始终坚持绿色发展理念，统筹城乡健康协调发展，实现中原城市群结构功能优化升级。

第二节　创新点

（1）“廊道组团网络化”城市群结构优化组合模式。从空间相互作用理论、层域理论、产业集群理论、生态学原理、生态系统有序理论以及可持续发展理论角度出发对城市群结构功能优化升级进行分析，认为城市群区域产业转型升级、生态结构与空间结构优化之间是一种互利共生、协同进化关系。①城市群范围内城市规模大小合理、密度适宜，城市群空间结构组织有序，城市群生态空间结构优化高效，城市群经济社会与城市群生态环境之间互利共生、协同进化，城市群健康、持续、协调发展。②小至一个地区，大至全球，“廊道组团网络化模式”是城市群空间结构演化的必然趋势。因时空条件差异，不同区域范围内的城市群将形成不同形态的“廊道组团网络化模式”、具体包括同心圆状廊道组团网络化模式、线状廊道组团网络化模式和树枝状廊道组团网络化模式。③城市群“廊道组团网络化模式”形成的城市群结构功能有利于“人与自然”和谐相处。城市群“廊道组团网络化”进一步将城乡有机地联系在一起，高效率的生态功能区得以建设，城市群生态空间结构合理有序，城市群区域生态环境容量大幅度提高，城市群区域经济社会环境持续协调发展。

（2）城市群结构功能优化升级演变动力机制。城市群结构功能优化升级演变动力机制为自然生态环境、交通道路建设、产业集群、社会历史文化、新经济环境等方面，分析了这些因素变化对城市群结构功能优化升级的影响。结论为城市群区域结构功能优化升级过程是在多种影响因子共同作用下进行的，不同时空条件下各影响因子作用强度存在较大差异；知识经济时代，自然生态环境、社会历史文化及新经济因素在城市群生态空间结构优化重组过程中发挥主导作用，但它们还是要通过传统的交通道路建设、规划编制及实施、产业集群等动力因素而发生作用；及时整合各种动力因素，最终才能使城市群生态空间结构逐步趋向合理，城市群经济社会环境才能可持续发展，“人与自然”才能和谐相处。

（3）首次对拓展范围后的中原城市群结构功能优化升级进行系统研究。①中原城市群结构功能现状格局。②中原城市群结构功能优化升级动力机制。③中原城市群结构功能优化升级趋势。④中原城市群空间结构优化模式。提出了中原城市群“‘两主、两副、两环、多组团’的廊道组团网络化模式”。

第三节　有待进一步探讨的问题

城市群结构功能优化升级是一个涉及自然、社会、经济、环境、政治、文化、人口、空间等诸多方面相互交织作用的极为复杂的系统工程，需要诸多学科的共同努力。加之研究条件限制和作者自身水平等原因，本书还存在诸多问题有待进一步探讨。

由于统计制度等原因，对中原城市群区域的资料收集不全，在实证分析过程中主要采取了一些替代材料，这将对中原城市群区域结构功能优化升级的动态分析产生一定影响，对城市群区域各城市的发展定位等还有待进一步探讨。

城市群区域产业转型升级、生态空间结构优化、空间结构重组等方面的研究是20世纪中期以后，尤其是20世纪80年代以来世界各国政府和专家学者关注的热点问题。本书所提出城市群结构功能优化升级研究只是城市群研究的一部分，城市群的经济产业发展、社会文化建设、生态环境修复等诸多问题还需要进一步研究。

参考文献

[1] Bartelmus P. A System of Integrated Environmental and Economic Accounts (SEEA) [C]. Washington D. C., Organization of American State, 1993.

[2] Doxiadis C. A. Man's Movement and His Settlements [J]. Ekistrics, 1970, 29 (1).

[3] Frideman J. R. The World City Hypothesis: Development & Change [J]. Urban Studies, 1986, 23 (2).

[4] Frideman J. R. Urbanization, Planning and National Development [M]. London: Sage Publication, 1973.

[5] Gottman J. Megalopolis, or the Urbanization of the Northeastern Seaboard [J]. Economic Geography, 1957, 33 (7).

[6] Gottman J. Megalopolis: The Urbanization of the Northeastern Seaboard of the United States [M]. Cambridge: MIT Press, 1961.

[7] Hagerstrand T. Innovation Diffusion as a Spatial Process [M]. Chicago: University of Chicago Press, 1968.

[8] Haggett P., Cliff A. D. Locational Models [M]. London: Edward Amold Ltd., 1977.

[9] Hall P. Spatial Structure of Metropolitan England and Wale [M]. Cambridge, England: University of Cambridge Press, 1971.

[10] Ivan Tosics. European Urban Development: Sustainability and the Role of Housing [J]. Journal of Housing and the Built Environment,

2004：19.

[11] John Celecia. UNESOCO'S Man and the Biosphere Program and Urban Ecosystem Research：A Brief Overview of the Evolution and Challenges of a Three-Decade International Experience，the First Meeting of the Adhoc Working Group to Expore Application of the Biosphere Reserve Concept to Urban Areas and Their Hinterlands，2000.

[12] John I. Carruthers. Growth at the Fringe：The Influence of Political Fragmentation in United States Metropolitan Areas [J]. Regional Science，2003（82）.

[13] Jungyul Sohn，et al. Information Technology and Urban Spatial Structure：A Comparative Analysis of the Chicago and Seoul Region [J]. Regional Science，2003（37）.

[14] Kunzmann K. R.，Wegener M. The Attern of Urbbanization in Western Europe [J]. Ekistics，1991，50（2）.

[15] Lynch K. Good City Form [M]. Boston：University of Harvard Press，1980.

[16] Mc Gee T. G. The Emergence of Desakota Regions in Asia：Expanding a Hypothesis [M]. Honolulu：University of Hawail Press，1991.

[17] Nancy B. Grimm，J. Morgn Grove，Steward T. Prickett. Integrated Approaches to Long-Term Studies of Urban Ecological System [J]. Bio-Science，2000，50（7）.

[18] Philippe Aghion，Peter Howitt. Endogeneous Growth Theory [M]. Cambridge：MIT Press，1998.

[19] Pyrgiotis Y. N. Urban Networking in Europe [J]. Ekistics，1991，50（2）.

[20] Rondinelli D. A. Applied Methods of Regional Analysis：The Spatial Dimensions of Development Policy [M]. Boulder：Westview Press，1985.

[21] Ullman E. L. American Commodity Flow [M]. Seattle：University

of Washington Press, 1957.

[22] Undp. Human Development Report 1990, 1992, 1993, 1994, 1995 and 1996 [M] . New York: Oxford University Press, 1997.

[23] E. P. Odum. 生态学基础 [M]. 孙儒泳等译. 北京: 人民教育出版社, 1981.

[24] K. J. 巴顿. 城市经济学原理和政策 [M]. 北京: 商务印书馆, 1984.

[25] 毕凌岚. 生态城市物质空间系统结构模式研究 [D]. 重庆大学博士学位论文, 2004.

[26] 蔡晓明. 生态系统生态学 [M]. 北京: 科学出版社, 2000.

[27] 陈德宁, 沈玉芳. 广东城市化的动力特征与发展方向探讨 [J]. 经济地理, 2004, 24 (1).

[28] 陈军飞. 城市生态系统诊断预警研究 [D]. 河海大学博士学位论文, 2004.

[29] 陈勇. 生态城市理论与规划设计方法 [M]. 北京: 科学出版社, 2002.

[30] 崔大树. 经济全球化进程中城市群发展的制度创新 [J]. 财经问题研究, 2003 (5).

[31] 崔功豪, 王本炎. 城市地理学 [M]. 南京: 江苏教育出版社, 1992.

[32] 代合治. 中国城市群的界定及其分布研究 [J]. 地域研究与开发, 1998, 17 (2).

[33] 戴宾. 城市群及其相关概念辨析 [J]. 财经科学, 2004 (6).

[34] 戴学珍, 蒙吉军. 京津空间一体化研究 [J]. 经济地理, 2000, 20 (6).

[35] 党兴华, 赵景. 关中城市群建设与区域经济发展 [J]. 经济与管理研究, 2005 (1).

[36] 丁圣彦, 曹新向. 清末以来开封市水域景观格局变化 [J].

地理学报，2004，59（6）.

［37］段汉明，张刚．大西安的框架和发展机制［J］．城市规划，2001，25（11）.

［38］樊杰，盛科荣．辽宁中部城市群发展的经济基础分析［J］．城市规划，2004，28（1）.

［39］方创林，宋吉涛．中国城市群结构体系的组成与空间分异格局［J］．地理学报，2005，60（4）.

［40］富田和晓．大都市圈的结构演化［M］．东京：古今书院，1995.

［41］谷海洪．基于网络状主体的城市群区域规划政策研究［D］．同济大学博士学位论文，2006.

［42］顾朝林．论中国城市持续发展研究方向［J］．城市规划汇刊，1994（6）.

［43］顾朝林．中国城镇体系［M］．北京：商务印书馆，1992.

［44］顾朝林等．中国城市地理［M］．北京：商务印书馆，2002.

［45］关琰珠．地方环境立法应遵循可持续发展原则［J］．中国人口·资源与环境，2002，12（2）.

［46］官卫华，姚士谋．城市群空间发展演化态势研究［J］．现代城市研究，2003（2）.

［47］广东省委省政府．珠三角城镇群协调发展规划［DB/OL］．http：//www.fswater.gov.cn/news/rdnews/200407/200407270021.htm.

［48］郭丕斌．基于生态城市建设的产业转型理论与方法研究［D］．天津大学博士学位论文，2004.

［49］郭清和．广州市城市森林服务功能及价值研究［D］．中南林学院博士学位论文，2005.

［50］郭荣朝，苗长虹，夏保林等．城市群生态空间结构优化组合模式及对策——以中原城市群为例［J］．地理科学进展，2010，29（3）.

［51］郭荣朝，苗长虹．基于“边缘效应”的南襄城市群构建研究

[J]. 经济经纬，2008 (1).

[52] 郭荣朝，苗长虹. 基于特色产业簇群的城市群空间结构优化研究 [J]. 人文地理，2010，25 (5).

[53] 郭荣朝，张艳，孙小舟. 鄂豫陕毗邻生态脆弱区城镇空间结构研究 [J]. 地理与地理信息科学，2005，21 (4).

[54] 韩增林，尤飞，张小军. 高速公路经济带形成演化机制与布局规划方法探讨 [J]. 地理研究，2001，20 (4).

[55] 何剑，王良健，许抄军. 长株潭城市群等级规模结构分形特征研究 [J]. 西南农业大学学报（社会科学版），2004，2 (2).

[56] 何兴元，金莹杉，朱文泉. 城市森林生态学的基本理论与研究方法 [J]. 应用生态学报，2002，12 (12).

[57] 胡刚，姚士谋. 构建环杭州湾巨型组合城市研究 [J]. 经济地理，2002，22 (2).

[58] 黄光宇，陈勇. 生态城市规划的理论与方法 [M]. 北京：科学出版社，2002.

[59] 黄肇义，杨东援. 国内外生态城市理论研究综述 [J]. 城市规划，2001，25 (1).

[60] 贾春宁. 城市生态系统的可持续发展研究及其在天津市的应用 [D]. 天津大学博士学位论文，2004.

[61] 蒋志学. 城市群实施可持续发展战略应注意的若干问题 [J]. 环境保护，1999 (6).

[62] 孔繁德. 生态保护概论 [M]. 北京：中国环境科学出版社，2001.

[63] 李博. 生态学 [M]. 北京：高等教育出版社，2000.

[64] 李学鑫，苗长虹. 关中、中原、山东半岛三城市群产业结构与分工的比较研究 [J]. 人文地理，2006，21 (5).

[65] 李正最，吴雅琴. 河流与城市生态系统 [J]. 水电站设计，2001，17 (4).

[66] 历伟．城市化进程与土地持续利用 [D]．南京农业大学博士学位论文，2002.

[67] 厉以宁．区域发展新思路 [M]．北京：经济日报出版社，2000.

[68] 梁留科，牛智慧．中原城市群公路网络建设与城市化水平相关性分析 [J]．地域研究与开发，2007，26（1）.

[69] 林珲，孔云峰．关于发展中国城市群 GIS 的探讨 [J]．地理与地理信息科学，2004，20（1）.

[70] 林先扬，陈忠暖，蔡国田．国内外城市群研究的回顾与展望 [J]．热带地理，2003，23（1）.

[71] 刘贵利．城市生态规划的理论与方法 [M]．南京：东南大学出版社，2002.

[72] 刘贵清．辽中南城市群产业空间结构形成机理与调控研究 [D]．东北师范大学博士学位论文，2006.

[73] 刘惠清等．长春城市土地生态区的生态建设 [J]．地理研究，1999，18（3）.

[74] 刘静玉，王发曾．城市群形成发展动力机制研究 [J]．开发研究，2004（6）.

[75] 刘静玉．当代城市化背景下的中原城市群经济整合研究 [D]．河南大学博士学位论文，2006.

[76] 刘荣增．城镇密集区发展机制与整合研究 [D]．南京大学博士学位论文，2002.

[77] 刘小飞，司增绰．城市群空间层级的定量分析——一种方法的引入及在长江三角洲城市群中的应用 [J]．华东经济管理，2005，19（6）.

[78] 刘易斯·芒福德．城市发展史 [M]．倪文彦，宋俊岭译．北京：中国建筑工业出版社，1989.

[79] 刘云刚．大庆市资源型产业结构转型对策研究 [J]．经济地

理，2000（5）.

［80］马光，胡仁禄．城市生态工程学［M］．北京：化学工业出版社，2003.

［81］马世骏，王如松．社会—经济—自然复合生态系统［J］．生态学报，1984，4（1）.

［82］马雁军，崔劲松，刘晓梅等．1987—2002年辽宁中部城市群大气污染物变化特征分析［J］．高原气象，2005，24（3）.

［83］麦克哈格．设计结合自然［M］．芮经纬译．北京：中国建筑工业出版社，1992.

［84］麦克劳林·J. B. 系统方法在城市和区域规划中的应用［M］．王凤林译．北京：中国建筑工业出版社，1988.

［85］孟旭光．我国国土资源安全面临的挑战与对策［J］．中国人口·资源与环境，2002，12（1）.

［86］苗长虹，王海江．中国城市群发展态势分析［J］．城市发展研究，2005，12（4）.

［87］苗长虹．城市群作为国家战略：效率与公平的双赢［J］．人文地理，2005，20（5）.

［88］宁越敏，施倩，查志强．长江三角洲都市连绵区形成机制与跨区域规划研究［J］．城市规划，1998（1）.

［89］裴稹．中心城市与周边城市的分工与产业整合——长江三角洲城市群的发展［D］．复旦大学博士学位论文，2004.

［90］彭重华．长株潭（CZT）城市绿地系统景观生态研究［D］．中南林学院博士学位论文，2005.

［91］齐康，段进．城市化进程与城市群空间分析［J］．城市规划汇刊，1997（1）.

［92］沈清基．新城市主义的生态思想及其分析［J］．城市规划，2001，25（11）.

［93］沈玉芳．长江三角洲地区城市化发展的态势、问题和方向探

讨［J］. 上海综合经济，2004（1-2）.

［94］宋永昌等．生态城市的指标体系与评价方法［J］. 城市环境与城市生态，1999，12（5）.

［95］苏雪串．城市化进程中的要素集聚、产业集群和城市群发展［J］. 中央财经大学学报，2004（1）.

［96］隋映辉．城市创新：山东半岛“城市创新圈”及其构建［J］. 山东经济，2004（5）.

［97］唐路，薛德升，许学强．1990 年代以来国内大都市带研究回顾与展望［J］. 城市规划汇刊，2003（5）.

［98］陶松龄，甄富春．长江三角洲城镇空间演化与上海大都市增长［J］. 城市规划，2002，26（2）.

［99］田国行．城市绿地景观规划的理论与方法［D］. 中国农业大学博士学位论文，2004.

［100］田银生．自然环境——中国古代城市选址的首要因素［J］. 城市规划汇刊，1999（4）.

［101］王发曾，郭志富，刘晓丽等．基于城市群整合发展的中原地区城市体系结构优化［J］. 地理研究，2007，26（4）.

［102］王发曾．河南城市发展与布局的历史启示［J］. 城市问题，1994（1）.

［103］王发曾．开封市生态城市建设中的开放空间系统优化［J］. 地理研究，2004，23（3）.

［104］王乃静．国外城市群的发展模式及经验新探［J］. 技术经济与管理研究，2005（2）.

［105］王其亨．风水理论研究［M］. 天津：天津大学出版社，1992.

［106］王如松，周鸿．人与生态学［M］. 昆明：云南人民出版社，2004.

［107］王圣安，刘科伟．陕西城市发展研究［M］. 西安：西安地

图出版社，1995.

[108] 王树功，周永章，麦志勤等．城市群（圈）生态环境保护战略规划框架研究——以珠江三角洲大城市群为例［J］. 中国人口·资源与环境，2003，13（4）.

[109] 王鹰翔．世纪之交，中国城市结构整体性变革的挑战［J］. 城市问题，2001（2）.

[110] 邬建国．景观生态学的十大研究论题［J］. 生态学报，2004，24（9）.

[111] 吴启焰．城市密集区空间结构特征及演变机制——从城市群到大都市带［J］. 人文地理，1999，14（1）.

[112] 夏维力，李博．群效应——从产业集群到城市群［M］. 西安：西北工业大学出版社，2007.

[113] 肖笃宁，解伏菊，魏建兵．区域生态建设与景观生态学的使命［J］. 应用生态学报，2004，15（10）.

[114] 徐清梅等．中国城市群几个基本问题的观点评述［J］. 城市问题，2002（1）.

[115] 徐祥德．城市化环境大气污染模型动力学问题［J］. 应用气象学报，2002，13（特刊）.

[116] 徐晓霞．中原城市群城市生态系统分析、评价与城乡一体化调控［D］. 河南大学博士学位论文，2004.

[117] 许学强，张俊军．广州市可持续发展的综合评价［J］. 地理学报，2001，56（1）.

[118] 许学强，周春山．论珠江三角洲大都会区的形成［J］. 城市问题，1994（4）.

[119] 许学强，周一星，宁越敏．城市地理学［M］. 北京：高等教育出版社，1996.

[120] 薛东前，孙建平．城市群体结构及其演进［J］. 人文地理，2003，18（4）.

[121] 薛东前，王传胜. 城市群演化的空间过程及土地利用优化配置 [J]. 地理科学进展，2002，21 (2).

[122] 薛东前，姚士谋，张红. 关中城市群的功能联系与结构优化 [J]. 经济地理，2000，20 (6).

[123] 阎金明. 国内外大都市带的发展经验及启示 [J]. 城市，2003 (5).

[124] 杨建. "珠三角"经验对中原城市群发展的启示 [J]. 学习论坛，2004，20 (1).

[125] 杨培峰. 城乡生态规划理论与方法研究 [D]. 重庆大学博士学位论文，2002.

[126] 杨士弘等. 城市生态环境学 (第二版) [M]. 北京：科学出版社，2003.

[127] 姚士谋，陈彩虹，陈爽等. 沪宁杭地区城市群发展规划探索 [J]. 长江流域资源与环境，2005，14 (3).

[128] 姚士谋，朱英明，陈振光等. 中国城市群 (第二版) [M]. 合肥：中国科学技术大学出版社，2001.

[129] 姚士谋. 我国城市群的特征、类型与空间布局 [J]. 城市问题，1992 (1).

[130] 叶裕民. 中国城市化之路 [M]. 北京：商务印书馆，2001.

[131] 尹继佐. 世界城市与创新城市 [M]. 上海：上海社会科学院出版社，2003.

[132] 于涛方. 城市竞争力研究 [D]. 南京大学博士学位论文，2003.

[133] 张崇宝. 长春市绿地生态系统建设与可持续发展研究 [D]. 东北林业大学博士学位论文，2005.

[134] 张钢，徐贤春，刘蕾. 长江三角洲 16 个城市政府能力的比较研究 [J]. 管理世界，2004 (8).

[135] 张京祥. 城镇群体空间组合 [M]. 南京：东南大学出版

社，2000.

[136] 张卫星．中原城市群等级规模结构演变分析 [J]．南阳师范学院学报，2006，5 (12).

[137] 张祥建，郭岚，徐晋．长江三角洲城市群的空间特征、发展障碍与对策 [J]．上海交通大学学报（哲学社会科学版），2003，11 (6).

[138] 张旭建．中原城市群产业集群发展研究 [J]．学习论坛，2007，23 (1).

[139] 张学真．城市化对水文生态系统的影响及对策研究 [D]．长安大学博士学位论文，2005.

[140] 赵曦，沈清基．城市群生态环境规划探讨 [J]．上海市城市规划研究，2001 (5).

[141] 纸野桂人．有可持续发展性的关西都市圈建设方案和大阪湾开发 [M] //黄光宇，陈勇．生态城市规划的理论与方法 [M]．北京：科学出版社，2002.

[142] 中国科学院地理科学与资源研究所．西部开发应重点培育三大都市经济区和七个城市群 [J]．领导决策信息，2003 (33).

[143] 中华人民共和国国民经济和社会发展第十三个五年规划纲要 [DB/OL]．中国人大网，http：//www. npc. gov. cn/wxzl/gongbao/2016-07/08/content_ 1993756. htm.

[144] 中华人民共和国发展和改革委员会．中原城市群发展规划（2016—2025）[DB/OL]．http：//www. ndrc. gov. cn/zcfb/zcfbghwb/201701/W020170105525107367104. pdf.

[145] 周国华，朱翔，罗文章．试论长株潭城市群开发区群体一体化发展 [J]．城市规划汇刊，2001 (3).

[146] 周年兴，俞孔坚．农田与城市的自然融合 [J]．规划师，2003，19 (3).

[147] 周一星．城市地理学 [M]．北京：商务印书馆，1995.

[148] 朱铁臻．城市圈崛起是城市化和地区发展的新趋势［J］．南方经济，2004（6）．

[149] 朱英明，姚士谋，李玉见．我国城市群地域结构理论研究［J］．现代城市研究，2002（6）．

[150] 朱英明，于念文．沪宁杭城市密集区城市流研究［J］．城市规划汇刊，2002（1）．

[151] 宗跃光．大都市空间扩展的周期性特征——以美国华盛顿—巴尔的摩地区为例［J］．地理学报，2005，28（3）．

后 记

《城市群结构功能优化升级研究——以中原城市群为例》一书，是河南省高等学校哲学社会科学应用研究重大项目（2016-YYZD-01）、河南省教育厅人文社会科学研究一般项目（2019-ZZJH-303、2019-ZZJH-096）、城乡协调发展河南省协同创新中心研究成果。该书从讨论提纲、实地调研、查阅资料、访谈咨询、反复修改，到今天终于付梓了。此时此刻，我们心中既有完成一件事情的欣慰，又有做事没有尽意的遗憾。

在课题研究和本书撰写、出版过程中得到了教育部人文社科重点研究基地河南大学黄河文明与可持续发展研究中心主任苗长虹教授，南京大学建筑与规划学院副院长甄峰教授，江苏师范大学地理测绘与城乡规划学院副院长欧向军教授，河南省教育厅社会科学处刘禹佳老师、杨维纳老师，河南财经政法大学副校长刘荣增教授，河南财经政法大学现代教育技术中心主任郭清溥教授，经济管理出版社杨雪编辑等多位领导、老师的关心和指导，在此深表谢意。本书出版还要感谢课题组的张永民副教授、郭方博士等成员的支持，他们进行了课题的设计论证、方案讨论、实地调研和相关研究论文的撰写，在本书的撰写过程中也参考和吸纳了他们的研究成果。本书的撰写还参考和引用了有关专家、学者的许多研究成果，并从中借鉴了不少有价值的东西，在此谨致诚挚谢意。

本书在研究水平、对材料的把握等方面还有不足，书中难免会存在许多不足与疏漏之处，恳请各位专家、学者、读者批评指正。

郭荣朝　宋双华

2018 年 12 月